民國文化與文學_{研究}文叢

五 編

李 怡 主編

第 **17** 冊

時代潮汐衝擊下的文壇砥柱
——茅盾（上）

丁爾綱 著

國家圖書館出版品預行編目資料

時代潮汐衝擊下的文壇砥柱——茅盾（上）／丁爾綱 著 -- 初
版 -- 新北市：花木蘭文化出版社，2015〔民 104〕

目 2+262 面；19×26 公分

（民國文化與文學研究文叢 五編：第 17 冊）

ISBN 978-986-404-259-3（精裝）

1. 沈德鴻 2. 學術思想 3. 文學評論

541.26208　　　　　　　　　　　　　　　104012153

特邀編委（以姓氏筆畫為序）：

丁　帆　　　王德威　　　宋如珊
岩佐昌暲　　奚　密　　　張中良
張堂錡　　　張福貴　　　須文蔚
馮　鐵　　　劉秀美

ISBN-978-986-404-259-3

9 789864 042593

民國文化與文學研究文叢
五　編　第十七冊　　　　　　ISBN：978-986-404-259-3

時代潮汐衝擊下的文壇砥柱
——茅盾（上）

作　　者	丁爾綱	
主　　編	李　怡	
企　　劃	四川大學現代中國文化與文學研究中心	
	北京師範大學民國歷史文化與文學研究中心	
總 編 輯	杜潔祥	
副總編輯	楊嘉樂	
編　　輯	許郁翎	
出　　版	花木蘭文化出版社	
社　　長	高小娟	
聯絡地址	235 新北市中和區中安街七二號十三樓	
	電話：02-2923-1455／傳真：02-2923-1452	
網　　址	http://www.huamulan.tw 信箱 hml 810518@gmail.com	
印　　刷	普羅文化出版廣告事業	
初　　版	2015 年 9 月	
全書字數	471518 字	
定　　價	五編 24 冊（精裝）新台幣 45,000 元	

時代潮汐衝擊下的文壇砥柱
——茅盾（上）

丁爾綱　著

作者簡介

丁爾綱，1933 年出生於山東省黃縣（今改爲龍口市）。是享受國家特殊津貼的中國現當代文學史家。歷任中國現代文學研究會、中國當代文學研究會、中國少數民族文學研究會、魯迅研究會、丁玲研究會理事、常務理事或副會長。茅盾研究會主要發起人之一，並歷任常務理事、副秘書長，現爲學會顧問。中國作家協會會員。中國作家協會《茅盾全集》編輯室常務副主任。出版中國現當代文學論著有：《丁爾綱新時期文論選集》（上、下）《新時期文學思潮論》、《魯迅小說講話》、《山東當代作家論》（主編、主筆）。參予主編《中國現代文學史》（上、下）、《中國現代文學研究論文選集》、《少數民族文學作品選講》、參予編寫《中國當代文學史》（上、中、下）。茅盾研究論著有，傳記系列：《茅盾評傳》、《茅盾翰墨人生八十秋》、《茅盾孔德沚》、《茅盾人格》（合作）。創作研究系列：《茅盾作品淺論》、《茅盾散文欣賞》、《茅盾的藝術世界》、《時代潮汐衝擊下的文壇砥柱茅盾》。編輯出版《茅盾序跋集》、《茅盾作品精選》、參予主持編輯《茅盾全集》（40 卷本加附集），是三人審定稿小組成員，負責校勘注釋《茅盾全集》第 11 卷、第 27 卷。主持編輯茅盾研究會出版的論文結集：《茅盾研究論文選集》（上、下）、《茅盾九十誕辰紀念論文集》、《茅盾與中外文化》、《茅盾與二十世紀 紀念茅盾誕辰一百週年國際學術討論會論文選集》。

提　　要

　　本書重在全面、宏觀評述茅盾一生，寫他從容在應對時代潮汐一次又一次的衝擊的時代環境中，引領文化藝術思潮，作出理論批評、文學創作、組織領導文化藝術隊伍諸多方面的重大貢獻，以扎扎實實的建樹，奠定了文壇中流砥柱和前驅者、領導者的歷史地位。

　　全書收文 38 篇，寫作時間縱跨 58 個年頭。結集時不加藻飾，保持了時代印痕，共分五編。序編強調以史識糾正時識的偏頗，以便正確地「重新認識茅盾」。題旨屬於方法論性質。甲編依歷史線索和茅盾的人生道路探討茅盾的思想發展、政治道路、引領社會的文化的文藝的思潮等活動、文藝思想的多方建樹，特別是在各種時代潮汐衝擊下，在多個重大焦點上所作的卓越理論貢獻。推動了文化發展，也展現了高尚品格與心靈風采。乙編論述剖析茅盾主要的文學創作。重點在不同時期影響極大，引發爭論甚至遭到非難的多部代表作。丙編針對茅盾遭受的風吹雨打、潮汐衝擊，區別問題性質，有的反駁，有的辯證，有的作客觀、公正、具科學性的批判。附編則是對拓展茅盾研究學科、建立「茅盾學」的建議，並述及作者自己所作的一些努力。

　　茅盾及其作品引發許多爭論，也遭到曲解、非議甚至顛覆。針對這些予以反撥或反駁，是本書的基本取向與重要內函。但甲、乙兩編正面立論爲主，駁論爲輔。丙編駁論爲主，主論爲輔。這些取向，在本書論文陸續發表過程中，都引起過關注和評論。評論文章認爲這形成了「思辨性、論戰性和開拓性」等特點。

民國文學：闡釋優先，史著緩行
——第五輯引言

李　怡

　　中國學界提出「民國文學」的概念已經超過十五年了，〔註1〕在新一波的文學史寫作的潮流之中，人們對民國文學的研究也出現了一種期待，就是希望盡快見到一部《民國文學史》，似乎只有完整的文學通史才足以證明「民國文學」研究的合理性，或者說在當前林林總總的文學史寫作意見裏，證明自己作爲新的學術範式的存在。在我看來，受各種主客觀條件的限制，目前最需要開展的工作還不是撰寫一部體大慮深的文學史著，而是努力從不同的角度深入勘探、考察，對這一段歷史提出新的解釋。

一

　　眾所周知，中國文化具有悠久漫長的「治史」傳統。在一個宗教裁決權並沒有獲得普遍認可的國度，人們傾向於相信，通過歷史框架的確立可以達到某種裁決與審判的高度，所謂「名刊史冊，自古攸難，事列春秋，哲人所重。」〔註2〕中國最早的史官除了司職記事，還負責主持祭祀，占卜吉凶，溝通神靈。史不僅可以成爲「資治通鑒」，甚至還具有某種道德的高度，所謂「孔子成《春秋》，亂臣賊子懼」，〔註3〕史家如司馬遷等也是以「究天人之際，通古今之變」自我期許。

〔註1〕 中國大陸最早的「民國文學」設想出現在 1997 年（陳福康），最早的理論倡導出現在 2000 年代早期（張福貴）。
〔註2〕 劉知幾撰，浦起龍釋：《史通通釋·人物》第 240 頁，上海：上海古籍出版社 1978 年版。
〔註3〕 《孟子·滕文公章句下》，見楊伯峻《孟子譯注》上冊 155 頁，中華書局 1960 年版。

　　文學史的出現原本是現代的事物，它顯然不同於古代的史官治史，這種來自西方的學術方式更屬於學院派知識份子的個體行為。但是，歷史的因襲依然存在，尤其是在一些世代交替的時節，無論是政治家還是知識份子本身，都自覺不自覺地認定「著史」可以樹立某種新的「標準」，完成對過往事物的「清算」。於是，如下一些史著的意義是可以被我們津津樂道的：

　　奠定中國現代文學學科的基礎是王瑤先生的《中國新文學史稿》。集中代表了撥亂反正過渡時期的文學史觀的是唐弢、嚴家炎先生主編的《中國現代文學史》。

　　體現了新時期的現代文學視野、集中展示研究新成果的是錢理群、陳平原、溫儒敏等人的《中國現代文學三十年》。

　　生動體現著「重寫文學史」意義的是陳思和的《中國當代文學史》。

　　展示 1990 年代以降學術研究的「歷史化」傾向的是洪子誠的《中國當代文學史》。

　　揭示「文學周邊」豐富景觀的是吳福輝獨撰的插圖本《中國現代文學史》。

　　錢理群主編的最新三卷本《中國現代文學編年史》展示了以「廣告為中心」的文學生產、流通、接受及其他社會文化環節，讓文學敘述的圖景再一次豐富而生動。

　　今天，隨著「民國文學」研究的呼聲漸起，在一系列命名和概念的討論之後，應該展示更多的文學史研究實績，只有充分的實績才能說明「民國社會歷史框架」的確具有特殊的文學視野價值，如何集中展示這些實績呢？目前容易想到的似乎就是編寫一部紮實厚重的《民國文學史》。

　　但是，在我看來，文學史編寫的工作固然重要卻又不可操之過急。因為，今天所倡導的「民國文學」，並不僅僅是一個名稱的改變（以「民國」替代「現代」），更重要的是一些研究視角和方法的調整。這些重要的改變至少包括：

　　正視民國歷史的特殊性，而不是簡單流於「半封建半殖民地」等等的簡略判斷。 據史學界的知識考古，「半封建」一詞曾經出現在馬克思、恩格斯筆下，列寧第一次分別以「半封建」「半殖民地」指稱中國，以後共產國際以此描述中國現實，「半殖民地」一說並先後為中國國民黨人與中國共產黨人所接受，又經過蘇聯內部的理論爭鳴及共產國際的理論演繹，「半

封建半殖民地」的並稱出現在 1926 年以後，〔註4〕又經過 1930 年代初的「中國社會性質問題論戰」，逐步成爲中共領導的馬克思主義史學的基本概括。到延安時期，毛澤東最爲完整清晰地論述了這一學說，從此形成了對中國知識份子歷史認知的主導性影響，直到今天應該說都有其獨到的深刻的一面。但是作爲一種總體的社會性質的認定，是不是就完全揭示了民國歷史的特點呢？就不需要我們具體的歷史問題的研究了呢？當然不是。例如對「封建」一詞的定義在史學界一直爭議不已，民國時代的經濟已經明顯走上了資本主義的發展道路，忽略這一現實就無法解釋中國近現代工商業文化對於文學市場的重要作用，辛亥革命之後的中國儘管軍閥混戰，也難掩其專制獨裁的性質，但是卻也不是「帝國主義買辦與走狗」這樣的情感宣泄就能「一言以蔽之」的。對於民國史，國外史學界同樣多有研究，有自己的性質認定，這也需要我們加以研讀和借鑒。之所以強調這一點，乃是因爲在此之前的《中國現代文學史》，幾乎都是以主流史學界的社會性質概括作爲文學發展的前提，從舊民主主義革命到新民主主義革命就是中國現代文學發生發展的基礎，文學的偉大和深刻就在於如何更加深刻地反映了這一歷史過程，1980 年代以後，爲了急於從這些政治判斷中脫身，我們的文學史又試圖在「回到文學自身」的訴求中另闢蹊徑，所謂「審美的文學史」成爲了口號，但是關於中國現代文學在民國時代的諸多歷史基礎的辨析卻被擱置了起來，今天，如果不能正視民國歷史的特殊性，也就不能在文學的歷史前提方面有眞正的突破。

　　發掘民國社會的若干細節，揭示中國現代文學生存發展的具體語境。無論是政治、經濟、社會文化等方面，民國社會的種種特徵都直接影響了現代中國文學的生產、傳播和接受，決定著文學的根本生存環境。關於這方面的研究，最近幾年已經在「文化研究」的推動下頗有收穫，不過，鑒於文化研究在來源上的異質性，實際上我們的考察也還較多地襲用外來的文化

〔註 4〕一般認爲，1926 年上半年，蔡和森在莫斯科中共旅俄支部會上作《中國共產黨的發展（提綱）》，已經提到「半殖民地和半封建的中國」和「半封建半殖民地的國家」（《聯共（布）、共產國際與中國國民革命運動（1926～1927）》，下冊第 408 頁，北京圖書館出版社，1998 年），另據李洪岩考證，最早的「半殖民地半封建」字樣，則是 1926 年 9 月 23 日莫斯科中山大學國際評論社編譯出版的中文周刊《國際評論》創刊號上的發刊詞，見《半殖民地半封建理論的來龍去脈》（《中國社會科學院近代史研究所青年學術論壇 2003 年卷》，社會科學文獻出版社，2005 年）。

理論，沒有更充分地回到民國自己的歷史環境。例如性別研究、後殖民批判、大眾文化理論等等的運用，迄今仍有生吞活剝之嫌。要眞正揭示這些歷史細節，就還需要完成大量紮實的工作，例如民國經濟在各階段的發展與營運情況，各階層的經濟收入及其演變，社會分化與社會矛盾的基本情形，經濟與政治權利的區域差異問題，法制的發展及對私人權利（包括著作、言論權利）的保護與限制，軍閥政治對輿論及思想的控制方式，國民黨政權對輿論及思想的控制方式，國民政府時期的「黨政關係」及其內在的間隙，國民黨內部各派系的矛盾及其對思想控制的影響，民國各時期書報檢查制度的制定與實施情況，民國時期出版人、新聞人、著作人各自對抗言論控制的方式及效果，主流倫理的演變及民間道德文化的基本特點，文學出版機構的經營情況與文學傳播情況，民國時期作家結社及其他社會交往的細節等等，所有這些龐雜的內容倉促之間，也很難爲「文學史」所容納，在一個相當長的時間裏都將成爲文學研究的具體話題。

解剖民國精神的獨特性、民國文本的獨特性，凸顯而不是模糊這一段文學歷史的的形態。文學史究竟是什麼史？這個問題討論過很多年，至今也可能存在不同的意見，在我看來，儘管我們今天一再強調歷史研究與文化研究的重要性，但是所有這些討論最終還都應該落實到對於文學作品的解釋中來，否則文學學科的獨立性就不復存在了。最近幾年，民國文學研究的倡導與質疑並存，但更多的時候還都停留在口號的辨析和概念的爭論當中，就文學研究本身而論，這樣並不是對學術發展的眞正推進。如果民國文學研究的提倡不能以大量的具體文學作品的闡釋爲基礎，或者說民國文學的理念不能落實爲一系列新的文學闡釋的出現，那麼這一文學史框架的價值就是相當可疑的；如果我們尙不能對若干文學作品的獨特性提出新的認識，那麼又何以能夠撰寫一部全新的《民國文學史》呢？

以上幾個方面的工作都是一部新的文學史寫作的必須的前提。我們的文學史的新著，從大的歷史框架的設立與理解到局部事件的認定和把握，乃至作爲歷史事件呈現的文本的闡釋都與應該此前我們熟悉的一套方式——革命史話語、現代性話語——有所不同，如果只是抓住名稱大做文章，幾乎可以肯定的是，其結果必然很快陷入到業已成熟的那一套知識和語言中去，所謂「民國文學史」也就名不副實了。早在 1994 年，人民出版社就出版過《中國民國文學史》，這個奇特的書名——不是「中華民國文學史」而是「中國民國

文學史」——顯然反映出了當時的某種政治禁忌，平心而論，在 10 年前，能
夠涉及「民國」二字，已屬不易，對於其中所承受的禁忌，我們深表理解；
但是也的確因為這一禁忌的存在，所謂「民國」的諸多歷史細節都未能成為
文學史觀察和分析的對象，所以最終的成果還是普遍性的「現代化」歷史框
架，「中國民國文學史」的主體還是不折不扣的「現代文學三十年」，對歷史
性質、文學意義的描述都依然如故，對作家的認定、作品的解釋一如既往，
只不過增加了一點補充：民國建立到五四新文化運動發生的幾年。這樣的文
學史著，自然還不是我們理想中的「民國文學史」。

二

　　當然，能夠標舉「民國」概念的文學史論已經出現了，這就是臺灣學者
尹雪曼主編的《中華民國文藝史》及周錦主編的《中國現代文學研究叢刊》
系列叢書，也包括最近兩岸學者的最新努力。

　　尹雪曼（1918～2008），本名尹光榮，河南汲縣（今衛輝市）人。抗戰
時期西北聯合大學畢業，美國密西里大學新聞學院文學碩士。曾主編重慶《新
蜀夜報》副刊，在上海、天津、西安等地擔任報社記者，1949 年去臺灣。曾
任臺灣中國作家藝術家聯盟會長，《中華文藝》月刊社社長，在成功大學、
中國文化大學等校任教。自 1934 年起，創作發表了小說、散文及文學評論
多種。是很有代表性的遷臺作家。周錦（1928～1992），江蘇東臺人，1949
年赴臺，曾經就讀於臺灣師範大學、淡江大學等，後創辦燕智出版社，擔任
臺北中國現代文學研究中心主任。兩人的最大貢獻便是撰寫、主編或者參與
編撰了一系列的中國現代文學研究論著，在新文學記憶幾近中斷的臺灣，第
一次系統地總結了五四以來的中國文學發展歷史，尹雪曼撰寫有《現代文學
與新存在主義》、《五四時代的小說作家和作品》、《鼎盛時期的新小說》、《抗
戰時期的現代小說》、《中國新文學史論》、《現代文學的桃花源》，總纂了《中
華民國文藝史》。〔註 5〕其中，《中華民國文藝史》大約是第一部以「民國」
命名的大規模的系統化的文學史著作，民國歷史第一次成為文學史「正視」
的對象；周錦著有《中國新文學史》、《朱自清作品評述》、《朱自清研究》、《〈圍
城〉研究》、《論呼蘭河傳》、《中國新文學大事記》、《中國現代小說編目》、《中
國現代文學作家本名筆名索引》、《中國現代文學作品書名大辭典》、《中國現

〔註 5〕 《中華民國文藝史》由臺北正中書局 1975 年初版。

代文學鄉土語彙大辭典》等，此外還主編了《中國現代文學研究叢刊》三輯共 30 本，於 1980 年由成文出版社有限公司印行出版。《中國現代文學研究叢刊》的史論也具有比較鮮明的「民國意識」。《中國現代文學研究叢刊編印緣起》這樣表達了他的「民國意識」：

> 中國新文學運動，是隨著中華民國的誕生而來。儘管後來有各種文藝思潮的激蕩以及少數作家思想的變遷，但中國現代文學卻都是在國民政府的呵護下成長茁壯的……〔註6〕

這樣的表述，固然洋溢著大陸文學史少有的「民國意識」，不過，認真品讀，卻又明顯充滿了對國民黨政權形態的皈依和維護，這種主動向黨派意識傾斜，視「民國」為「黨國」的立場並不是我們所追求的學術客觀，也不利於真正的「民國」的發現，因為，眾所周知的事實是，疲於內政外交的「國民政府」似乎在「呵護」民國文學方面並無傑出的築造之功，嚴苛的書報檢查制度與思想輿論控制也絕不是現代文學「成長茁壯」的理由。民國文學的真實境遇難以在這樣的意識形態偏好中得以呈現。

同樣基於這樣的偏好，民國文學的優劣也難以在文學史的書寫中獲得准確的評判，例如尹雪曼《中華民國文藝史·導論》作出了這樣概括：「中華民國的文藝發展，雖然波瀾壯闊，變幻無常；但始終有民族主義和人文主義作主流；因而，才有今日輝煌的成就。」「至於所謂『三十年代』文藝，則不過是中華民國文藝發展史中的一個小小的浪花。當時間的巨輪向前邁進，千百年後，再看這股小小的浪花，只覺得它是一滴泡沫而已。其不值得重視，是很顯然的。」〔註7〕

民國時期的現代文學是不是以「民族主義」為主流，這個問題本身就值得討論，至少肯定不會以國民政府支持下的「民族主義文藝運動」為主導，這是顯而易見的；至於所謂的「三十年代文藝」當指 1930 年代的左翼文學，事實上，無論就左翼文學所彰顯的反叛精神還是就當時的社會影響而言，這一類文學選擇都不可能是「一個小小的浪花」、「是一滴泡沫而已」，漠視和掩蓋左翼文學的存在，也就很難講述完整的民國文學了。

由此看來，20 世紀下半葉的冷戰不僅影響了大陸中國的學術視野，同樣扭曲了海峽對岸的學術認知。受制於此的文學史家，雖然不忘「民國」，但他

〔註6〕周錦：《中國新文學簡史》1 頁，臺北成文出版社 1980 年。
〔註7〕尹雪曼總纂：《中華民國文藝史》1 頁，臺北正中書局 1975 年。

們自覺不自覺地要維護的中華民國依然是以國民黨統治爲唯一合法性的「黨國」，民國社會歷史的眞正的豐富與複雜並不是「黨國」意識關心的對象。以民國歷史的豐富性爲基礎構建現代中國的文學敘述，始終是一個難題，對大陸如此，對臺灣也是如此。

當然，考慮到臺灣歷史與文學的種種情形，《民國文學史》的寫作可能還會再添一個難度：如何描述海峽對岸當今的文學狀況，是排除於我們的「民國文學史」還是繼續延伸囊括，〔註8〕排除於現實不符，從「民國」敘述轉向「臺灣」敘述，恐怕也正是「獨派」的願望，相反，努力將「臺灣」敘述納入「民國」敘述才能體現中華統一的「政治正確」；不過，納入卻也同樣問題重重，「民國」與「人民共和國」並行，不僅有悖於「一個中國」的基本政治理念，就是在當下的臺灣也糾纏不清。我們知道，在今日，繼續奉「民國」之名的臺灣目前正大張旗鼓地推進「臺灣文學」甚至「臺語文學」，所謂「民國文學」至少也不再是他們天然認同的一個概念，學術考察如何才能反映出研究對象本身的思想追求，這個問題也必須面對。也就是說，在今日臺灣，「民國」之說反倒曖昧而混沌。

2011 年，臺灣學者陳芳明、林惺嶽等著的《中華民國發展史・文學與藝術》出版，較之於此前冷戰時期的文學史，這一著作終於跳出了「黨國」意識的束縛，體現出了開闊的學術視野，〔註9〕但是由於歷史的阻隔，關於民國文學的豐富細節都未能在這一史著中獲得挖掘，我們看到的章節就是：百年來文學批評的開展與轉折，百年女性文學，百年現代詩發展與自我身份的探求，故事萬花筒——百年小說圖志，美學與時代的交鋒——中華民國散文史的視野，百年翻譯文學史，從啓蒙救亡開始：中華民國現代戲劇百年發展史等等。從根本上說，《中華民國發展史・文學與藝術》由多位學者合作，各自綜述一個獨立的文學藝術領域，在整體上更像是一部各種文學藝術現象的概觀彙集，而不是完整的連續的歷史敘述。

也是在 2011 年，大陸學者湯溢澤、廖廣莉出版了《民國文學史研究》

〔註 8〕 丁帆先生試圖繼續延伸民國文學的概念，他區分了政治意義的「民國」和作爲文化遺產的「民國」，試圖以此作爲破解難題的基礎，不過這一延伸也不得不面對與臺灣作家及臺灣學者對話、溝通的問題（見《關於建構民國文學史過程中難以迴避的幾個問題》，《當代作家評論》2012 年 5 期）。

〔註 9〕 陳芳明、林惺嶽等著：《中華民國發展史・文學與藝術》，臺灣政治大學、聯經出版公司 2011 年。

（1912-1949）。〔註10〕湯先生是中國大陸較早呼籲「民國文學史」研究的學者，在這一部近 40 萬字的著作中，他較好地體現了先前的文學史設想：回歸政治形態命名的歷史記事，上溯民國建立的文學發端意義，恢復民國時期文學發展的多元生態。可以說這都觸及到了「民國文學史」的若干關鍵性環節，《民國文學史研究》由「史觀建設」與「編史嘗試」兩大部分組成，前者討論了民國文學史寫作的必要性，後者草擬了「民國文學史綱」，嚴格說來，「史綱」更像是民國時期文學的「大事記」，似乎是湯先生進一步研究的材料準備，尚不能全面體現他的「民國文學史」面貌。

　　海峽兩岸的學者都開始彙集到「民國文學」的概念下追述歷史，這令人鼓舞，但目前的成果也再次說明，書寫一部完整的《民國文學史》，無論是史觀還是史料，都還有相當的欠缺，時機尚未成熟，同志仍需努力。

<h2 style="text-align:center">三</h2>

　　民國文學史，在沒有解決自己的史觀與史料的時候，實在不必匆忙上陣。在我看來，民國文學研究在今天的主要任務還是對民國社會歷史中影響文學的因素展開詳盡的梳理和分析，對現代文學歷史演變中的一些關鍵環節與民國社會各方面的關係加以解剖，如民國建立與新文學出現的關係、民國社群的出現與現代文學流派的形成、民國政黨文化影響下的思想控制與文學控制、民國戰爭狀態下的區域分割與文學資源再分配等等，至於文學自身力量也不能解決的文學史寫作難題當然更可以暫時擱置（如當代臺灣文學進入民國文學史的問題）。只要我們並不急於完成一部完整系統的民國文學史，就完全可以將更多的精力放在民國文學一個一個的具體問題之上，可供我們研究範圍也完全可以集中於民國建立至人民共和國建立這一段，我想，海峽兩岸的學者都可以認定這就是「民國歷史」的「典型」時期，這同樣可以為我們的雙邊交流營造共同的基礎。在民國文學史誕生之前，我們應該著力於歷史更多更豐富的細節，對細節的了悟有助於我們歷史智慧的增長，而歷史智慧則可以幫助我們最終解決這樣或那樣的歷史書寫的難題。

　　那麼，在一部成熟的《民國文學史》誕生之前，還有哪些課題需要我們清理和辨析呢？

〔註10〕湯溢澤、廖廣莉：《民國文學史研究》（1912～1949），吉林大學出版社 2011年。

　　我覺得在下列幾個方面，還有必要進一步研討。

　　一是「民國文學」研究究竟能夠做什麼。隨著近幾年來學界的倡導，對於「民國文學」研究的優勢大約已經獲得了基本的認識，但是也有學者提出了自己的疑慮：研討民國文學，對於那些反抗民國政府的文學該如何敘述？例如左翼文學、延安文學。或者說，民國文學是不是就是國統區追求民主、自由這類「普世價值」的文學，「民國機制」是不是與「延安道路」分道揚鑣？在我看來，「民國文學」就是一種近現代中國進入「民國時期」以後所有文學現象的總稱，既包括國統區的文學，也包括解放區的文學，因為「民國」不等於「黨國」，也代表了某種「革命者」共同的「新中國」的夢想，左翼文化、解放區反抗的是一黨專制的「黨國」，而不是民主自由均富的「新中國」，尤其在抗戰時期，當解放區轉型為民國的特區之後，更是恰到好處地利用了民國的憲政理想為自己開闢生存空間，為自己贏得道義與精神上的優勢，只有在作為「新中國」的「民國」場域中，左翼文學與延安文學才體現出了自己空前的力量，「延安道路」才得以實現。「民國文學」也不是歌頌民國的文學，相反，反思、批判才是民國時期知識份子的主流價值取向，所以，我們可以發現，「民國批判」往往是民國文學中引人矚目的主題，左翼文學精神恰恰是民國時代一道奪目的風景，儘管它的文學成就需要實事求是地估價。在這個意義上，民國文學史的研究肯定是中國近現代史學的組成部分，而不是大眾時尚潮流（如所謂「民國熱」）的結果。

　　民國文學研究更深入的理論問題還在於，這樣一種新的文學史研究範式的出現究竟有什麼深刻的學術意義？對整個文學史研究的進行有何啟發？我認為，相對於過去強調「現代性」時間意義的「中國現代文學史」而言，「民國文學史」更側重提醒我們一種「空間」的獨特性，也就是說，從過去的關注世界性共同歷史進程的「時間的文學史」轉向挖掘不同地域與空間獨特涵義的「空間的文學史」，以空間中人的獨特體驗補充時間流變中的人類共同追求，這就賦予了所謂「民族性」問題、「本土性」問題與「中國性」問題更切實的內涵，從此出發，中國文學研究的新範式也許可以誕生？

　　二是「民國文學」研究當以大量的具體文學現象的剖析為基礎。這一方面是繼續考察各類民國文化現象對於文學發展的重要影響，包括經濟、政治、法律、教育、宗教之於文學發展的動力與阻力，也包括各區域文化現象對於文學生長的有形無形的影響，包括民國時期一些重要的歷史事件對於文學的

特殊作用，例如國民革命。過去我們梳理中國現代的「革命文學」，一般都從
1927 年大革命失敗之後的無產階級文學倡導開始，其實「革命」是晚清以來
就一直影響思想與現實的重要理念，中國現代文學的「革命意識」受到了多
重社會事件的推動，從晚清種族革命到國民革命再到無產階級革命等等都在
各自增添新的內容，仔細追溯起來，「革命文學」一說早在國民革命之中就產
生了，國民革命也裏挾了一大批的中國現代作家，爲他們打上了深刻的「革
命」意識，不清理這一民國的重要現象，就無法辨析文學發展的內在脈絡。
大量現代文學現象（特別是文學作品）的再發現、再闡釋是民國新視野得以
確立的根據。如果我們無法借助新的視野發現文學文本的新價值，或者新的
文學細節，就無法證明「民國視野」的確是過去的「現代文學視野」能夠代
替的。所幸的是，最近幾年，一些年輕的學者已經在「民國機制」的視野下，
發掘了中國現代文學的新的內涵。這裡僅以《文學評論》雜誌爲例：顏同林
從「法外權勢的失落與村落秩序的重建」這一角度提出對趙樹理小說的嶄新
認識〔註 11〕，周維東結合延安文化，剖析了解放區文學「窮人樂」主題的意
味〔註 12〕，李哲發現了茅盾小說中沉澱的民國經濟體驗〔註 13〕，鄔冬梅結合
1930 年代的民國經濟危機重新解讀了左翼文學〔註 14〕，羅維斯發現了民國士
紳文化對茅盾小說的影響〔註 15〕，張武軍透過「民國結社機制」挖掘了從南
社到新青年同仁的作家群體聚散規律，賦予社團流派研究全新的方向〔註
16〕。在重新研討新文學發生過程的時候，李哲發現了北京大學教育「分科」
的特殊意義〔註 17〕，王永祥則解剖了民國初年的國家文化所形成的語境與氛
圍〔註 18〕。這樣的研究都在很大程度上突破了過去的「現代文學」研究視域，
通過自覺引入民國歷史視角而推動了文學史研究的發展。

〔註 11〕 顏同林：《法外權勢的失落與村落秩序的重建——以趙樹理四十年代小説爲
例》，《文學評論》2012 年 6 期。
〔註 12〕 周維東：《解放區的天是明朗的天——延安時期的移民運動與「窮人樂」敍
事》，《文學評論》2013 年 4 期。
〔註 13〕 李哲：《經濟‧文學‧歷史——〈春蠶〉文本的三個維度》，《文學評論》2012
年 3 期。
〔註 14〕 鄔冬梅：《民國經濟危機與 30 年代經濟題材小説》，《文學評論》2012 年 3 期。
〔註 15〕 羅維斯：《「紳」的嬗變——《動搖〉的一種解讀》，《文學評論》2014 年 2 期。
〔註 16〕 張武軍：《民國結社機制與文學的演進》，《文學評論》2014 年 1 期。
〔註 17〕 李哲：《分科視域中的北京大學與「新文化運動」》，《文學評論》2013 年 3 期。
〔註 18〕 王永祥：《〈新青年〉前期國家文化的建構與新文學的發生》，《文學評論》2013
年 5 期。

　　當然，類似的文本再解釋、歷史再發現工作還遠遠不夠，我們期待更多的研究者加入。

　　三是對於從歷史文化的角度闡釋現代文學的這一思路本身也要不斷反思和調整。在相當多的情況下，民國文學研究與現代文學研究都擁有相似的研究對象，相近的研究方法，不過，相對而言，「民國」一詞突出的國家歷史的具體情態，「現代」一詞連接的則是世界歷史的共同進程。所以，所謂的民國文學研究理所當然就更加突出民國歷史文化的視角，更自覺地從歷史文化的角度來分析解剖文學的現象，倡導文學與歷史的對話。鑒於民國歷史至今仍然存在諸多的晦暗不明之處，對於歷史的澄清和發現往往就意味著主體精神的某種解放，所以澄清外在歷史真相總是能夠讓我們比較方便地進入到人的內在精神世界之中，因而作為精神現象組成部分的文學也就得到了全新的認識。最近幾年，中國現代文學研究中較有收穫的一部分就是善於從民國史研究中汲取養分，詩史互證，為學術另闢蹊徑，文學研究主動與歷史研究對話，歷史研究的啟發能夠激活文學研究的靈感，「民國文學」的概念賦予「現代文學」研究以新機。雖然如此，我們也應該不斷反思和調整，因為，隨著歷史研究、文化研究在文學考察中的廣泛運用，新的問題也已經出現，那就是，我們的文學闡述因此而不時滑入到了純粹的歷史學、社會學之中，「忘情」的歷史考察有時竟令我們在遠離文學的他鄉流連忘返，遺忘了文學學科的根本其實還是文學作品的解釋。捨棄了這一根本，模糊了學科的界限，我們其實就面臨著巨大的自我挑戰：面向文學的聽眾談歷史是容易的，就像面對歷史的聽眾談文學一樣；但是，如果真的成了面對歷史的聽眾談歷史，那麼無疑就是學科的冒險！對此，每一位文學學科出身的學人都應該反覆提醒自己：我準備好了嗎？

　　在這個意義上，我們應該始終牢記，從歷史文化的角度研究文學，最終也需要回到「大文學本身」，民國文學研究對民國時期文學現象的研究，而不是以文學為材料的民國研究。將來我們可能要完成的也不是信馬由繮的《民國史》而是不折不扣的《民國文學史》。

　　沒有對這些研究前提、研究方法的反思，就不會有紮實的研究，當然最終的文學史是什麼樣子，也就難以預期了。闡釋優先，史著緩行，民國文學史的寫作，當穩步推進。

目次

序　編

大潮過後的沉澱升華
——論時識與史識相結合的緊迫性

·

一

　　歷史的自發性之一大概是積澱；歷史的自覺性之一則應該表現爲對既逝現實作理性的反思與理論的昇華。不過歷史並不常常表現其歷史的自覺性，倒常常表現其自發性。這樣，時識就不可能被理性作充分的過濾，史識也就難以自覺地形成。這時，很多正面的和反面的經驗，往往就白來世上走一遭，而不得不面對塵封的命運。一直等到後來人之中的有識者，作二度發掘和史識的探討。那時，有的時識固然否極泰來，滯後一些上升爲史識；另一些卻往往被略掉。作爲歷史的主人，這是很不合算的。我們何不抓住時機，及時清理，使時識盡量及時地昇華爲史識呢？

　　在中國現當代社會文化思潮史上，特別是其中的文學思潮史，出現過兩次東西方社會文化思潮與文學思潮的大撞擊，這兩次即「五四」時期和社會主義新時期。

　　「五四」時期的文學思潮，把西方上千年的文學進化歷史的歷時性內容壓扁了，又作橫向展開後，以共時性方式一齊引進中國。當時中國經過上千年的封閉、禁錮，打開門窗睜開眼。從清朝末帝到北洋政府，對意識形態，已經失去了控制的能力。引進和擁入，都幾乎百無禁忌。這當然免不了泥沙俱下。然而從歷時性看，對當時落後的中國說，在西人爲舊，在中國人看來，仍不失爲新，仍未失卻借鑒的意義。所以我們當時有個總的態度。後來魯迅作了精闢的文字表述：曰「拿來主義」。

　　然而拿來時雖百無禁忌，拿來者卻各有篩選。但當時的拿著又幾乎毫無例外地具有強烈的「推廣」欲。這就是「時識」。由於它的作用，於是在西方本已經相互撞擊過的東西，來到中國後的撞擊，其強度仍有加無已。這時的先覺者中，固然不乏智者和頭腦清醒者，如魯迅、茅盾、郭沫若即是。魯迅是當時最諳國情者，他的「拿來主義」不是照搬，而是有擇取、有剔除，更有發展。茅盾也很辯証，他主張在西洋文學和中國舊文學的幫助下，創造一種自有的新文學。這就是「史識」：是對當時的以「新」為好，以「舊」為壞的時識的反撥和昇華，代之以真、善、美辯証統一的嶄新的價值觀念。

　　魯迅也大力倡導「為人生並且改良這人生」的文學。但在藝術追求上，他更重兼收並蓄，而不特別倡導某一特定流派。他自己的定位選擇是現實主義；但他並不像茅盾那樣廣為提倡。他的創作如同羅曼‧羅蘭以新理想主義充實其現實主義（這被年青的茅盾誤認為新浪漫主義）那樣，也以自己「刪削些黑暗，裝點些歡容」的獨特方式，體現出理想主義新追求。對此，馮雪峰等稱之為「清醒的現實主義」以示區別。近些年國內外又稱之為「更高級的現實主義」。南斯拉夫學者斯韋塔‧盧基奇指出：「魯迅把各種不同的趨勢和傾向綜合在一起」。「用高爾基的現實主義或任何其他的現實主義的範疇來套中國這位偉大的作家是不適當的……魯迅遠遠超越了俄羅斯現實主義和其他現實主義文學的界限」。法國的羅曼‧羅蘭、巴比塞、俄國的高爾基都是如此。也就是說，由於受到浪漫主義和形形色色的現代主義的撞擊而產生的汲取與「綜合」，在文學歷史上，在批判現實主義與社會主義現實主義即革命現實主義之間，有一種中介形態：魯迅、羅曼‧羅蘭和高爾基等在那個過渡階段，已突破批判現實主義但尚未達到革命現實主義期間，其創作方法就具此中介性形態。但當時的時識既未達到理論高度，事後也未昇華為足夠的史識，從而尋找到恰如其分的美學範疇作理論表述。

　　當時並非沒有人想作時識的提煉與昇華。但沒達到科學水準。在「五四」過後倡導「革命文學」口號而引起的論爭中，創造社、太陽社的某些人把魯迅打成資產階級以至封建階級的墮落文人；隨後又倡導非文學本體論性質的唯物主義辯証法的創作方法。這種荒謬化的理性整合，不僅離史識甚遠，而且也把時識的正確部分和文學情態的真實面目扭曲了。這一去何止「二三里」？所存留的又哪有「四五家」？當時就想把文壇搞成「唯我獨尊」的一家。此一去卻造成了歷史斷裂，至今那些為魯迅的寶貴的獨創性所充實著的

文學情態現象，及充滿相對真理性的時識，仍未獲得升華為史識並進入美學殿堂的時機。後人雖然較其同代人器重它，仍然只能以「清醒的」、「更高級的」等等淺層次的情態描述代替理論表述。這實在令人遺憾。它留下了帶辛酸凄楚意味的經驗教訓：抓緊時代契機，使時識昇華為史識並使二者緊密結合，對任何大潮過後的時代說來，都是一椿極具緊迫性的時代使命與歷史期待。

二

進入社會主義新時期後，盡管歷史翻過六十多年的篇幅，許多後來的有識者感受到這種緊迫性而做了大量的補救工作。這種把滯留下來的「前」時識昇華為史識的現象，是時代和歷史都允許甚至嘉許的。然而正如魯迅當年所說：歷史往往有驚人的相似之處。在新時期，一方面對塵封的「前」時識作補課工作使之向「史識」昇華；一方面又重蹈「五四」過後諸如「革命文學」論爭那樣的覆轍。另有些人則被已逝的茅盾針對「五四」前後文壇情況所作的批評不幸而言中：仍然是頑固地堅持以「新」為「好」和以「舊」為「壞」。這是對真、善、美相統一的美學觀的極大的誤認。這是令人悲哀的！

新時期的文壇接受外來文學思潮，仍然不可能把歷時性的諸般形態以「魚貫而入」方式加以對位，仍然是把文學進化過程壓扁了之後，又橫向展開，以共時性方式一齊擁入或一齊引進。這種規模足可與「五四」比肩的文學大潮，再度造成文學的大繁榮。然而，仍然如「五四」當年；依然是泥沙俱下，魚龍混雜。但是這時，我們國家性質發生了質變，建立了社會主義新制度。在「兩為」方向與「雙百」方針指引下，我們具有過濾和篩選的能力和手段。因此，在西方機制內本身就存在真、善、美與假、惡、醜相撞擊的文學思潮，一旦引進或擁入，其撞擊程度較之「五四」時期有加無已！

正因為此，時識向史識昇華以求時識和史識的統一的緊迫性，較之「五四」時期就更加強烈了。然而也許真被魯迅說中了，中國人，起碼其中相當的一部分人，是健忘的；因健忘又重蹈覆轍。先是以「外」為「新」，繼而以「新」為好，同時又以「中」為「舊」，以「舊」為「壞」，在很大程度上放棄了社會主義意識形態的真、善、美辯証統一的審美觀標準；遂把糟粕與精華相混，一起當作真、善、美的好東西了！遺憾的是盡管有「兩為」方向和

「雙百」方針的指引，有些人仍然得意忘「本」，開始時是爲自己的流派要求一個位置（應該承認，包括現代派在內，如果以「兩爲」與「雙百」爲準繩，這要求當然是合理的）。一旦立足，就產生了自我膨脹的排他性：不僅以現實主義爲陳舊，而且謀求獨占文壇而不想給對方一席之地了。這就重蹈了「五四」之後文壇「整合」謀求一統的老路；不過其走向是相反的罷了。

這同樣堵塞了由時識向史識昇華的道路。在現代派衝擊下，現實主義由封閉走向開放的大好情態，本可得到健康地發展和突破。由於生存空間受到威脅，反而產生逆反心理而走向對抗，或一度失卻了生機。因受衝擊而獲得發展的種種再生力與新情態，至今仍未擺脫時識狀態並向史識昇華，仍被稱爲「開放性的現實主義」。這依然不是個科學範疇或理論概括，依然和「清醒的現實主義」同處在情態描繪階段。而一度謀求獨占文壇的現代派自身，盡管有人想名之曰「革命的現代主義」，然而比「開放性的現實主義」更加不被認同，其情態描繪的層次也等而下之了。因爲曲「高」和寡出現的疲軟情況，是在政治衝擊之前。何況又有「新寫實主義」步其後塵，用如法炮製的方式，謀取而代之的位置。「新寫實主義」的命運，恐怕也不會好多少，因爲其形成的氣候，遠小於前者；何況它本身能否成立，歷史還在拭目以待。在我看來，它充其量不過是自然主義的新版本而已。而且還少了些嚴肅，多了些油滑。

本來，對這些相互矛盾、屢屢衝突的時識，應該稍爲從容地加以清理，提煉，去粗取精，去僞存眞，力爭昇華爲史識與美學概括。遺憾的是健忘症再次侵襲了我們。一方是從失勢到產生對立情緒，寧可罷筆，卻不肯作冷靜的反思。另一方則因壓力解脫而寬鬆，其繼續謀求發展的勢頭有的能保持，有的由寬鬆而放鬆，由放鬆漸趨疲軟。恕我直言，其中也不乏重蹈覆轍的成分：把現代派在中國的崛起的複雜情態，簡單化地等同於自由化。不僅在「一元」與「多元」問題上繼續追究，甚至還有把批評升級爲批判之勢。這是否合乎「雙百」方針？這是否就能避免重蹈歷史的覆轍？

就此問題下任何結論，目前似爲時尚早；但有一點可以斷言：把時識加以過濾，使其帶眞理性的內涵向合乎社會主義意識形態的眞、善、美相統一的美學理論和史識昇華的主觀努力，一定程度上確是放鬆了。在經歷了這麼多、這麼久的曲折反覆之後，歷史自發性仍未能避免，歷史自覺性仍未能自覺地出現，而且顯然也沒有緊迫感：這又是令人遺憾的事！

　　我們的時間在低效運轉和自我消耗、自我抵消中失去的太多太多了！本世紀即將結束，下一個世紀即將到來。一個新的文學思潮史轉折點和昇華期，很可能隨著改革開放步子的加快而加速到來。我們不應該讓歷史自行積澱；在大潮過後，應該加強在沉澱基礎上作歷史自覺性的升華的緊迫感；應該在接受過去正與反許多方面的歷史經驗教訓的基礎上，更加充分地認識時識經過過濾上升為史識的緊迫性；以這種時代緊迫感和歷史使命感為動力，加緊進行提煉、昇華的偉大工程。以歷史為鏡子，以前人為殷鑒，在「兩為」方向與「雙百」方針指引下，把文壇取向搞正。

（1992 年 5 月 2 日《作家報》總第 190 期）

面對「重新認識茅盾」的時代課題

　　1981 年 3 月 27 日凌晨 5 時 55 分，當那雙枯瘦的手冰冷僵硬，再也不能執如椽大筆，譜寫時代華章時，一代偉人茅盾，到了蓋棺論定的時候了。

　　茅盾一生，毀譽起伏；這種情況，其身後仍在延續：他的名字，最近還被從文學大師名單上抹掉。這似乎難以理解。但若考慮到思潮搖擺頻率特高的中國國情，考察茅盾和中國革命三個不同歷史階段密切關聯的恢弘的一生，對此不但不難理解，還會看到其必然性！

　　茅盾的人生，浩瀚磅礡。究竟怎麼觸摸他那博大的胸襟？怎樣才能走進他那熾熱如火的心靈？怎樣才能全方位地客觀公正地評價這位歷史偉人？

　　早在青年時代，茅盾就接觸過這個話題：「假使你是一位科學家，用精密的科學方法，來分析來剝脫中國社會的人層，你總該不至於失望你的工作的簡單易完。……你至少……可以分出七層八層的『文化代』來。過去五十年，一百年，二百年，三百五百年，甚至於一千年，人類的思想方式，生活方式，都像用了『費短房』的縮時術（我以為中國傳說上的精於縮地術的費長房該有一個兄弟短房，懂得縮時術）似的，呈現在現代的中國社會內，使我們恍如到了歷史博物館。呵！中國。神秘的中國，正是如何的廣大複雜呵！」〔註1〕生為神秘的中國的一代傳人，茅盾自然具備這凝縮漫長歷史於共時性的「廣大複雜」性。

　　丹納說：「因為風俗習慣與時代精神對於群眾和對於藝術家是相同的；藝術家不是孤立的人。我們隔了幾世紀只能聽到藝術家的聲音；但傳到我們耳

〔註1〕《王魯彥論》，1928 年 1 月 10 日《小說月報》第 19 卷第 1 號；《茅盾全集》第 19 卷，第 167～168 頁。

邊來的響亮的聲音之下，還能辨別出群眾的複雜而無窮無盡的歌聲，像一大片低沉的嗡嗡聲一樣，在藝術家四周齊聲合唱。只因爲有了這一片合聲，藝術家才成其爲偉大。」〔註 2〕列寧說：「歷史早已証明，偉大的革命鬥爭造就偉大人物，使過去不可能發揮的天才發揮出來。」〔註 3〕這就是說，要認識偉大的人物，等於是認識造就他的那個時代，那個人文環境，和他緣以產生的人民群眾。拔出蘿蔔帶出泥！認識茅盾，評價茅盾，自難例外。

因此，認識與評價茅盾，是個時代性重大課題。這個認識與評價的過程，也必然是漫長的。對此有清醒估計的，是已故的周揚。1983 年 3 月 27 日他在紀念茅盾逝世兩周年的全國首屆茅盾研究學術討論會上說：茅盾的「成就是不朽的。對於這些成就，至今還沒有作出全面的評價。」我和他「盡管天天在一起，有一段也住得很近……但是我也不能很深刻地認識他。……一直到他去世的時候，也不能說我完全認識了他。所以認識一個人，特別是認識一個偉大的作家，也並不那麼容易，這需要時間。」〔註 4〕這些哲理性很強的話，從認識論與方法論角度，給我們指出了一條不斷重新認識茅盾的正路。

而今我們仍處在這充滿艱難的認識過程之中。不斷出現的曲折，更增加了認識的難度。我們當然無法和周揚比；我們攀登的也許還夠不上一個台階；至多不過踏過一木一石。

然而階梯畢竟是一木一石地建構的，因此決不能放鬆立志攀登的決心和努力。

〔註 2〕《藝術哲學》，人民文學出版社，1963 年版，第 6 頁。
〔註 3〕《列寧全集》第 19 卷，人民出版社版，第 71 頁。
〔註 4〕《茅盾研究》叢刊創刊號，文化藝術出版社，1984 年版，第 5 頁。

甲　編

鄉村的泥土氣與都市人的氣質
——茅盾的文學家素質探源

1933 年長篇《子夜》和短篇集《春蠶》相繼問世之後，茅盾說了一段自省的話：

> 生長在農村，但在都市裡長大，並且在都市裡飽嘗了「人間味」，我自信我染著若干都市人的氣質；我每每感到都市人的氣質是個弱點，總想擺脫，卻怎地也擺脫不下；然而到了鄉下住下，靜思默念，我又覺得自己的血液裡原來還保留著鄉村的「泥土氣息」。
>
> ……
>
> ……並不是把鄉村當作不動不變的「世外桃源」所以我愛，也不是因為都市「醜惡」。都市美和機械美我都讚美的。我愛的，是鄉村的濃郁的「泥土氣息」。不像都市那樣歇斯底列，神經衰弱，鄉村是沉著的，執拗的，起步雖慢可是堅定的，——而這，我稱之為「泥土氣息」。

—— 《鄉村染景》，《全集》第 11 卷，第 179 頁

這番話帶有鮮明的「尋根」性質；觸及到古老的中華民族的民族屬性烙印在茅盾性格中的重要側面。過去我們一直看重茅盾的「都市人的氣質」，而一定程度地忽視了其「鄉村的泥土氣息」。然而有了它，才配稱之為地道的「龍」的傳人；而這，又是以農立國的古老的華夏文明長期孕育的結果。

從 1896 年茅盾呱呱墜地於那塊被他稱作地處水陸要衝，為「兩省（江蘇、浙江）三府（湖州、嘉興、蘇州）七縣（烏程、歸安、崇德、桐鄉、秀水、吳江、震澤）交界之地」的烏鎮時起，這古老的農業文明就浸染著他。

此地的文化歷史，可上溯到七千年前，是與河南、陝西的仰韶文化同屬新石器中期的馬家濱文化；分布在桐鄉石門鎮羅家畝、晏城鄉吳家牆門、崇福鎮新橋以及茅盾生地烏鎮東三里許的譚家灣；後者距今約六千餘年。稍後，與龍山文化同屬新石器晚期的良渚文化遺址，分布在靈安鎮、晚村鄉、屠甸鄉、青石鄉、百桃鄉，距今約四千餘年。屬青銅器時代的商周文化，已有文字記載。《尚書‧禹貢》說：「桐地在揚州之域。」進入鐵器時代的戰國史著則記載了馬鎮是吳越交兵之地。越壘石為門以作疆界，石門鎮以此得名。吳戍烏鎮，故烏鎮古稱烏戍。越滅吳，此地歸越：楚滅越，比地歸楚。秦改郡縣，烏鎮屬會稽郡；西漢亦然。東漢、隋、唐又屬蘇州。宋、元、明、清則屬嘉興。這一系列農業文化系統，自原始階段到先進階段的史前文化與文字記載的歷史系統，在民間文學中也有系統的反映。

我們從《中國民間文學集成‧桐鄉縣卷》中的許多故事如「大禹育稻」、「白馬化蠶」、「昭明求學」、「武則天吃魚」、「趙匡胤吃眚神」（野雞）「朱元璋放鴨」、「乾隆訪麻溪」，一直到許多關於太平天國的傳說，不僅記錄了農業文化發展的歷史，而且反映了與其相應的經濟、政治、意識形態、民族矛盾的歷史文化積澱，兩者都是形成茅盾血液中的「鄉村的『泥土氣息』」的根源。

這當中有四次重大的戰爭，影響著茅盾歷史文化意識的形成。首先是吳越之戰，它對茅盾的影響雖不如魯迅之與會稽精神；但那「十年生聚、十年教訓」的韌性與復仇精神，不能說與「沉著的，執拗的，起步雖慢可是堅定的」「泥土氣息」毫無關係；但更主要的是和其「謹言慎行」的「母教」，和變革求新、奮發圖進的「父教」精神相結合，從而影響了他的一生。到 1961 年他寫《關於歷史和歷史劇》一書時，在閱讀與研究了五十多種《臥薪嘗膽》劇本基礎上，又把這種精神論述與發揮得淋漓盡致。

第二是宋金之戰。它導致了趙構南渡與北民南遷。客觀地看，其後果一是使黃河文化與長江文化進一步融合；二是促進了江浙地區經濟的繁榮，烏鎮以其交通之利首先受益。三是北曲南漸等文藝交流，推動了江浙地區文藝事業的繁榮和發展。這一切構成了茅盾成長的大環境。微觀地看，這一切又通過茅盾父母的婚姻，滲透到茅盾的血緣關係與家庭教養中；構成了潛移默化的母系教養與父系教養的重要內容。從茅盾的長篇回憶錄《我走過的道路》（以下簡稱《道路》）可化看出：他的外祖父的家風基本上屬於黃河文化系

統。對此茅盾格外重視，所以追溯家庭環境時，他先從母系說起：「陳家本來是河南開封一帶的人，宋高宗南渡建都臨安（今浙江省杭州市），中州人不願受金國奴役而紛紛南下，陳家是其中之一。」它帶來的是儒醫合一的「歧黃傳世」精神。這是中原農業文化傳統的一個側面。然後才寫到「沈家本來是烏鎮近鄉的農民，後來遷至鎮上做小買賣。到了我的曾祖的祖父時候，開一個煙店」，「是商業和手工業的綜合體」。曾祖父沈煥幼讀詩書，長則由商而官，卻以詩書與仕途傳家。這是伸向當地農業文化的一根神經。以上兩者以茅盾的父母為紐帶，完成了一個小格局的黃河文化與長江文化這兩大文化，北人與南人這兩大血統的具體而有機的結合。

在《北人與南人》中，魯迅有一段精闢的概括：「北人的優點是厚重，南人的優點是機靈。」「北人南相者，是厚重而又機靈，南人北相者，不消說是機靈而又能厚重。」相書上有一條說。「北人南相，南人北相者貴」，「在現在，那就是做成有益的事業了。這是中國人的一種小小的自新之路。」〔註1〕如此說來，茅盾當屬「南人北湘」一族，茅盾的血統和家教，賦予了機靈而厚重的性格，舖就了一條「自新之路」。茅盾在《道路》中對祖輩與外祖的形象描寫，清楚地說明了這一點。

其三是明嘉靖抗倭之戰，像呂希周（明嘉靖年間桐鄉縣騎塘鄉人，官至左通政）築崇德城以抗倭寇、宗禮（明嘉靖桐鄉縣人、官至參將）抗倭壯烈殉國等在《桐鄉縣志》、《石門鎮志》《烏青鎮志》中均有記載，宗禮的忠祠自明清至民國，香火歷久不衰。這種精神和茅盾少年時代目睹的清朝那喪權辱國，對外卑恭屈膝，對內橫施暴虐的所謂「寧贈友邦，勿予家奴」態度，形成鮮明對比。這從正反兩個方面給幼小的茅盾以愛國主義與民族氣節的教育、薰陶；它溝通著《第一階段的故事》等抗戰小說。其四是影響最大也最直接的太平天國與清軍之戰。李秀成為挽後期太平天國之狂瀾於既倒，並解天京之圍，自 1860 年至 1862 年曾兩克杭州，並率軍親臨桐鄉縣指揮作戰，把江浙建成天國基地。茅盾參予策劃的《烏青鎮志》記載了以下史實：烏鎮「董某」歡迎太平軍，備禮「筷百雙，棗百斤，燈一千，雞五百，隱寓『快早登基』」之意。小麻里人凌毛頭搭「接風台」，兩側對聯云：「來往官兵，今日尤如親兄弟；各路英雄，他年必定分君臣。」烏鎮鄉民獻旗一方，上書「太

〔註 1〕 《魯迅全集》第 5 卷，第 436 頁，人民文字出版社版，1981 年。以下凡引《魯迅全集》，均出此版本，不再一一注明。

平天國安民鄉」。此外還有屠句王花大鎬餉投軍等事,這在當時和後世,都有口皆碑。反映了農民起義軍的深得民心。鎮志還記載了太平天國「考試文武童生」、採用西曆,「服飾無分貴賤,夏日短衣跣足,雖頭目有偽爵者亦然」等農民革命傳統。這一切對童少年茅盾影響之大,從其許多小說、散文回憶錄中看得分外明顯,它使茅盾從「鄉村的『泥火氣息』」中,出人意料「執拗的,起步雖慢可是堅定的」屬「老通寶式」的側面外,還看到自陳涉、吳廣(他的短篇《大澤鄉》寫此)到太平天國那揭竿而起,反抗統治的「多多頭式」的革命造反精神。

這漫長的歷史文化傳統,體現了兩個重大歷史轉折:即,吳越之戰反映看由奴隸制向封建制過渡的歷史,太平天國起義體現著由封建制向以農民革命為主體的資產階級舊民主主義革命的過渡。這宏觀背景,左右著茅盾生存其中的現實。祖籍是農民使茅盾對農村有「尋根」般的家世身世感;跟祖母養蠶養豬從中獲得了農桑生產方式、生活方式的初步體驗;烏鎮把太湖流域生產過程延續到流通過程,給茅盾提供了跟蹤研究與把握農民命運的脈搏;與佣人、丫姑爺等的交往,使他與農民的心靈相通。茅盾說:「他們倒不把我當作外人,我能傾聽他們坦白直率地訴說自身的痛苦,甚至還能聽到他們對於我所抱的理想的質疑和反應,一句話,我能看到他們的心,並從他們口裡知通了農村中一般農民的所思所感與所痛。」〔註2〕這加深了他對農民面臨的列強入侵後經濟鯨吞及其加劇了農村大魚吃小魚、小魚吃蝦米的殘酷現實的認識。他就能動態地看到農村和城鎮的日趨衰敗及其原因,並考慮根治的辦法。他就有可能對比古往今來中國農民的不同命運和道路:一生馴順勤勞但牛馬不如的老通寶,和敢於反叛的多多頭,到底哪條路才是中國農民真正的出路!

烏鎮的物質文明、精神文明,連結著古老的農村經濟、農業文化與發達的現代經濟、現代文化,由此形成的「鄉村的『泥土氣息』」與「都市人的氣質」,則是這棵蓓蕾對立統一、不可或缺的兩大性格基因。離開哪一面,都無法說明茅盾為什麼選擇了這樣的人生道路,離開哪一面,也難以理解為什麼他既能寫出典範的都市文學《子夜》又能寫出典範的鄉土文學《農村三部曲》、《水藻行》等里程碑式的作品。

〔註2〕 《我怎樣寫〈春蠶〉》,1945年10月《青年知識》第1卷第3期。

茅盾的早期思想和政治道路

一

　　公認的中國現代文學史的奠基人是魯迅、茅盾與郭沫若。

　　魯迅已獲得了公正的評價：五四「文化新軍的最偉大和最英勇的旗手。魯迅是中國文化革命的主將，他不但是偉大的文學家，而且是偉大的思想家和偉大的革命家。」「魯迅的方向，就是中華民族新文化的方向。」〔註1〕這是魯迅逝世後第四個年頭的蓋棺論定的結論。郭沫若也有這樣的幸運。一九七八年他逝世後悼詞中說他是「為共產主義事業奮鬥終生的堅貞不渝的革命家。」是「繼魯迅之後，在中國共產黨領導下，在毛澤東思想指引下，我國文化戰線上又一面光輝的旗幟。」〔註2〕

　　表面看來，茅盾比魯迅和郭沫若還要幸運。在他生前即五十歲壽辰的一九四五年〔註3〕重慶文藝界為他慶壽時，黨中央領導同志就第一次作出了對他的崇高評價。當時離毛澤東寫作《新民主主義論》的時間只有五年零五個月，離中共第七次代表大會閉幕只有十多天。那時「左」傾思潮雖已時起時伏，但還不像解放後，特別是文化大革命那麼嚴重。人們評價歷史人物尚能保持實事求是的冷靜、客觀的態度。這種歷史的冷靜與客觀，十分珍貴地反映在王若飛題為《中國文化界的光榮，中國知識分子的光榮——祝茅盾先生

〔註1〕 毛澤東：《新民主主義論》。

〔註2〕 鄧小平：《在郭沫若同志追悼會上致的悼詞》。

〔註3〕 茅盾生於公曆一八九六年七月四日。重慶文藝界是按虛歲計算，把一九四五年五月二十五日作為茅盾的誕辰。

五十壽日》的講話，和由廖沫沙起草，由周恩來、王若飛等中央領導同志修改審定的重慶《新華日報》題為《中國文藝工作者的路程》的社論裡。王若飛的講話所作的評價是「中國文藝界的一位巨人，中國民族與中國人民最優秀的知識分子，在中國文壇上努力了將近二十五年的開拓者和領導者。」「他所走的方向」是「為中國民族解放與中國人民大眾解放服務的方向，是一切中國優秀的知識分子應走的方向。」經周恩來等同志修改審定的重慶「新華日報」社論的評價是：「為民族、為人民、為中國最大多數人民的自由解放」辛勤工作了二十五年的新文化運動中「一位彌久彌堅，永遠年青，永遠前進的主將」，是一面「光輝的旗子。」

　　把這些評價總括分析，可以得出一個結論：兩文都是從中國現代革命史、中國現代文化史和中國現代文學史著眼作宏觀歷史評價，並認為三位歷史巨人都是「旗子」，都是「主將」，都代表了無產階級和中國共產黨領導的中國新文化的總方向。而茅盾不同於魯迅與郭沫若的是：僅以其半生貢獻在活著時就獲得了可與魯迅、郭沫若的蓋棺論定評價相比肩，略遜於魯迅，略高於郭沫若的評價的。自一九四五年到茅盾逝世的一九八一年止，茅盾又為中國人民和中國文化事業奮戰了三十六年，就時間論，比他自一九一六年入商務印書館到一九四五年的二十九年歷程多七年之久；就貢獻論，後三十六年較之前二十九年，其革命史、文化史、文學史成就即或並未超過，起碼也不遜色。按照常規，茅盾後三十六年並沒犯過政治錯誤，其蓋棺論定的評價，即或不超過一九四五年，起碼也不應低於一九四五年。然而事實卻恰恰相反。蓋棺論定評價的範圍較一九四五年縮小了；評價的調子也大大降低了：從革命文化的「開拓者和領導者」「彌久彌堅，永遠年青，永遠前進的主將」到「文藝界的一位巨人」，這些崇高而準確的評價都沒有了；「光輝的旗子」不提了；「應走的方向」不見了。於是，中國現代文學史上的三面紅旗剩下了兩面。隨著中國歷史三十六年的驚天動地的流逝，雖然茅盾高歌奮進，戰功累累，但所得的蓋棺論定評價卻大大降低。歷史評價的經驗積累卻帶來了歷史人物評價的不公平。

　　這就難怪在茅盾生前多次攻訐於他，評價人物不無偏頗、有時偏左、有時偏低的周揚也感到太不公平。他在茅盾逝世兩周年舉行的全國茅盾首屆學術討論會上的講話中說：「茅盾同志是新文學運動的創始人之一，是現實主義流派的重要開拓者，是新中國文化事業的領導人之一。在文學事業上，他的

貢獻是眾所周知的，他的成就是不朽的。對於這些成就，至今還沒有作出全面評價。」事實上周揚的評價也低於一九四五年。而且他也沒有涉及茅盾在中共黨史、中國革命史及五四以來建國以前中國文化史上茅盾的貢獻。不過我們不能因此責怪周揚。因為他最先公開說出「至今還沒有作出全面評價」的，大家早已為此不平的心裡話，而且接著作了自我批評：「我和他長期在一起工作，但是我深深感覺到，對他的認識是不夠的。不但對魯迅的認識不夠，對茅盾的認識也是不夠的。儘管天天在一起，有一段……毗鄰而居，但我也不能很深地認識他。……一直到他去世的時候，也不能說我完全認識了他。所以認識一個人，特別是認識一個偉大的作家，也並不那麼容易，這需要時間。」〔註4〕

這些話令人感動！在當前，最難得的可貴品質之一就是自我批評精神！作為文藝前輩，周揚近年來的文學反思，常常帶著自我解剖和自我批評的性質。這博得廣泛的尊敬。他這段話還很難得地提出了一個哲理性的問題：「認識一個人，特別是認識一個偉大的作家，也並不那麼容易」；此外他還提出一個意味深長的解決問題的條件：「這需要時間」。這真是一針見血的確論。我們應該無條件地確認周揚的全部觀點與方法，時不我待地努力完成這件帶歷史使命性的任務。

從二十年代到茅盾逝世，茅盾研究的範圍儘管不斷擴大，但其經歷卻曲折複雜，雖然我們取得了，特別是解放後取得了明顯的成績，但和茅盾的成就、他所涉及的思想政治文化藝術許多領域的恢宏建樹相比，我們的視角過於狹窄，我們的研究格局過於狹小！他在許多方面所作的貢獻，有些甚至是啟蒙性、先驅性的貢獻，或者被同代人遺忘了，或者被忽視了，或者竟被有意地迴避了，甚至故意地掩蓋了！而我們這一代研究者只是茅盾後期活動的見証人，比我們年青的這代研究者，則和我們仰視茅盾解放前的建樹同樣，只能憑有限的書面材料，和訪問記憶力已明顯衰退，事實又明顯地經過主客觀條件過濾了的被訪問者所得的局限性很大的口述和追憶。加之，恕我直言，年青一代研究者中，很有些人對文藝與政治的關係持有偏見，這和「左」傾思潮導致的我們以及我們的前輩中某些人的偏見，是一個片面性的兩個「極端」，很難說這些因素的存在會有利於茅盾研究和重新認識，重新評價茅盾工作的開展。加之我們該做的事也太多了，所以，至今茅盾研究許多領域

〔註 4〕《茅盾研究叢刊》1983 年第一輯。

尚待開拓〔註5〕，重新評價又離不開這開拓性工作的成果。因此，僅就這個意義上說，也是「需要時間」的。

但是我們無法回避這些問題：茅盾究竟是不是中國現代史上偉大的思想家，算不算中共黨史上偉大的老一輩無產階級革命家和中國共產黨的創始人之一，他這面旗幟，為什麼後來不被認為和魯迅、郭沫若一樣，可稱之為中國現代文化史與中國現代文學史上並列無愧的「三面紅旗」？回答這些問題的基礎和關鍵，我認為在於對茅盾如何作政治評價。而打開這一局面的契機之一，是對茅盾在建黨前後的思想與活動如何實事求是地承認歷史，如何認真估計他在歷史轉折關頭政治道路的那段曲折。如何按照歷史特定條件加以辨析。我們還必須改變過去那種比較零散、比較狹窄的觀察視角，而從宏觀性、綜合性、系統性、全局性加以把握，把茅盾研究工作放在更廣闊的革命歷史與文化源流的開闊場景中作整體性和多學科性的研究，並且放到中外文化交流、古今文化承傳的歷史長河中作廣泛探究。只有這樣，才能認清：茅盾確實是「文學家與革命家的完美結合。」

二

茅盾生活在由風雲變幻的中國資產階級舊民主主義革命向無產階級領導的新民主主義革命及社會主義革命、社會主義建設歷史新階段發展的幾個歷史時期，經歷了三個性質不同的歷史階段。這種歷史的幸運，使他既能與立志改革中國社會、全力叱咤時代風雲的同輩政治家李大釗、陳獨秀、瞿秋白、毛澤東、周恩來等一起從事政治啟蒙運動與創建及發展中國共產黨；又使他能與終生致力以文藝服務於人民解放、服務於社會改革的同輩文學家魯迅、郭沫若、葉聖陶等一起，為中國五四新文化與新文學破土奠基，澆花育苗。他和這些站在不同戰線，同居時代前沿的偉大歷史人物一起，既應時代而生成為時勢所造的英雄，又依歷史客觀規律而動，充分發揮改造社會、創造歷史的能動作用，和人民一起走開拓古往今來多少仁人志士、「風流人物」心嚮往之的理想的時勢。這種歷史的幸運和他個人獨特的文學機緣、文學素質，又使他能為歷史提筆，譜寫時代的華章，以作社會歷史發展的見証。

茅盾盡管初入社會就偶登文壇，但他更大的志向在於政治，在於改造社會，為民謀求解放之途。所以他的文學活動，歷來同所從事的政治革命相統

_____

〔註5〕 關於這些，我在《茅盾研究的突破》一文中曾略有陳述。

一；他的創作，歷來以大規模反映時代趨勢、歷史動向與社會發展為基本追求，並且形成為其文學素質、創作個性基本特徵，道理也就在這裡。而且其原始動因與其說是文藝的，勿寧說是政治的和社會的。他一開始就把自己的命運、自己的文藝事業和國家的安危、民族的存亡、人民的生死命運緊緊連結在一起。

在一九二○年以前，他還不曾接受馬克思列寧主義的洗禮，他的社會政治觀，還是革命民主主義的。他和魯迅一樣，一開始就把改造中國社會的歷史重任和希望，寄託在青年一代的身上。

早在一九一七年下半年，他自己還僅二十一歲，他就寫了一篇論述青年學生社會歷史職責的政治論文：《學生與社會》〔註6〕。這篇文章與一九一七年改版後的《新青年》上所刊的文章，如胡適的《文學改良芻議》、陳獨秀的《文學革命論》差不多同時發表、互相配合，對兩千多年的封建主義的政治思想、治學道路，作了徹底否定。稱之為「奴隸道德」的「注解」。因此提出：「是故學生在社會中也，必求自主。」他認為青年學生的歷史作用「為一國社會之種子，國勢之強弱，固以社會之良窳為準，而社會之良窳，又以其種子之善否為判。現社會良，而種子惡，國勢必衰。反之，現社會雖不良，而種子善，國勢必振。」於是他向包括自己在內的青年發出呼籲；要求他們具有這樣的壯志雄圖：「有擔當宇宙之志」，「尤須有自主之心，以造成高尚之人格，切用之學問，有奮鬥力以戰退惡運，以建設新業。」

一個月後，他在所寫的另一篇社會政治論文《一九一八年之學生》〔註7〕中，提出了三大主張：「革新思想」；「創造文明」；「奮鬥主義」。在五四運動之前，這種青年革命行動綱領式的主張及其倡導，無異是發聲振憤的啟蒙教育！

他繼魯迅之後向封建制度發起進攻，所選的突破口之一，也是倡導婦女解放運動。他在注目青年運動之同時，把被壓在封建社會最底層的婦女的解放問題放在十分突出的地位。他先從理論宣傳入手，翻譯和論著並重，一兩年間，作出了卓越建樹。

僅在一九二○年一月到一九二○年九月不到一年的時間，他的翻譯文章就包括下列各篇：

〔註6〕刊於 1917 年 12 月號《學生雜誌》上。
〔註7〕刊於 1918 年 1 月《學生雜誌》第 5 卷第 1 期。

《現在婦女要求的是什麼？》（Mirgaret Liewelyn Davies 著）（1920 年 1
　月 5 日《婦女雜誌》第 6 卷第 1 號）；

《歷史上的婦人》（Lester F. Ward 著）（1920 年 1 月《婦女雜誌》第 6 卷
　第 1 號）；

《強迫的婚姻》（A. Strindberg 著）（1920 年 1 月 5 日《婦女雜誌》第 6
　卷第 1 號）；

《將來的育兒問題》（Margaret Mcmillan 著）（1920 年 2 月 5 日《婦女雜
　誌》第 6 卷第 2 號）；

《歐洲婦女的結合》（恩淑南著）（1920 年 2 月 5 日《婦女雜誌》第 6 卷
　第 2 號）；

《愛情與結婚》（愛倫凱著）（1920 年 3 月 5 日《婦女雜誌》第 6 卷第 3
　號）；

《女子的覺悟》（海爾夫人著）（1920 年 4 月 5 日《婦女雜誌》第 6 卷第
　4 號）；

《兩性間的道德關係》（據 Patrick Geddes 及 Authur Thomson 兩教授合著
　之《兩性論》第九章譯）（1920 年 7 月 5 日《婦女雜誌》第 6 卷第 7
　號）；

《婦女運動的造就》（據《What Woman Want》第十六章譯）（1920 年 9
　月 5 日《婦女雜誌》第 6 卷第 9 號）。

　　而從一九一九年十一月到一九二〇年八月這九個多月的時間內，他關於
婦女問題的論著就有：

《解放的婦女與婦女的解放》（1919 年 11 月 15 日《婦女雜誌》第 5 卷第
　11 號）；

《讀〈少年中國〉婦女號》（1920 年 1 月 5 日《婦女雜誌》第 6 卷第 1
　號）；

《婦女問題的建設方面》（1920 年 1 月 5 日《婦女雜誌》第 6 卷第 1 號）；

《男女社交公開問題管見》（1920 年 1 月 5 日《婦女雜誌》第 6 卷第 2
　號）；

《世界兩大系的婦人運動和中國的婦人運動》（1920 年 2 月 10 日《東方
　雜誌》第 17 卷第 3 號）；

《評女子參政運動》（1920 年 2 月 15 日《解放與改造》第 2 卷第 4 號）；

《我們該怎樣預備了去談婦女解放問題》（1920年3月5日《婦女雜誌》第6卷第3號）；

《〈愛情與結婚〉譯者識》（1920年3月5日《婦女雜誌》第6卷第3號）；

《〈女子的覺悟〉前記》（1920年4月5日《婦女雜誌》第6卷第4號）；

《家庭服務與經濟獨立》（1920年5月3日《時事新報・學燈》）；

《怎樣方能婦女運動有實力》（1920年6月5日《婦女雜誌》第6卷第6號）；

《〈兩性間的道德關係〉前記》（1920年6月5日《婦女雜誌》第6卷第6號）；

《婦女運動的意義和要求》（1920年8月5日《婦女雜誌》第6卷第8號）。

在這些論著中，年青的沈雁冰是從革命民主主義立場和反封建、爭民主、要自由、求解放的出發點從事婦女運動的啓蒙教育與宣傳活動的。他把占人類和中國人口大約一分之一的婦女當作與男性絕對平等的「人」來看待，他認爲解放被壓迫人民首先要解放更受壓迫的婦女。他宣稱：「我願我們青年人對於妻的觀察是如此：不是我的妻，也不是我父母的媳婦，——是一個『人』！也就是年長者的妹妹，年幼者的姊姊！」〔註8〕他認爲：「婦女解放這要求」「是根據人類平等的思想來的」，「奴隸要解放，所以那些奴隸（是就中國最舊的男尊女卑觀念說的）的婦女也應得解放。」〔註9〕因此在《他的僕》後記中，他提出了「丈夫供給妻子，妻子辦丈夫的雜務到底算不算主僕關係」的重大問題。這一語點破了封建主義與資本主義不平等的家庭關係的實質。在《歷史上的婦人》譯後記中，他尖銳批判了尼采的「婦人仍不過是個貓是隻鳥，頂好是個母牛」的謬論。在《暮》譯後記中，他深刻地指出：「同在生活壓迫底下的男女，女人較男人更苦，女人背上有兩重石頭：——生活困苦和兩性的不平等。」這和毛澤東總結的「四權統治」相一致，但此文寫於一九二〇年一月，早於《湖南農民運動考察報告》（寫於一九二七年）七年左右。

〔註8〕《「一個問題」的商榷》，1919年10月30日《時事新報》。

〔註9〕《解放的婦女與婦女的解放》，1919年11月15日《婦女雜誌》第5卷第11號。

他對資本主義社會的所謂「男女平等」與「男女社交公開」持批判態度。認爲那是「徒有虛名，黑暗重重！」認爲「男女社交」問題「在西洋各國已經感著『過』的痛苦，正和我們中國感著『不及』的痛苦一般。」因此他主張：「我們現在欲改造社會，豈不複蹈人家的覆轍！」他「始終主張對於男女問題，不應該直援西洋的例，亦步亦趨。」〔註 10〕他堅決主張走中國徹底解放婦女也同時徹底解放人類的正路：「我是希望有一天我們大家以地球爲一家，以人類爲一家族，我是相信遲早總會做到這一步。」〔註 11〕

這種對資本主義社會問題的深刻分析的態度已經突破了革命民主主義世界觀的局限，包孕著社會主義與共產主義思想的胚芽，反映了年青的沈雁冰堅定的人民立場。這從他的另一個思想側面中也同樣反映出來，這就是他對五四時期民主與科學的統一認識以及對現代科學在社會發展中的作用的認識。

作爲五四反封建運動的建設性口號，科學精神與民主精神是帶綱領性質的。當時有識之士對它的倡導，同樣帶有啓蒙主義的性質。馬克思主義把科學作爲社會生產力，是其基本理論中的核心問題之一。然而不僅在當時，就是在新中國成立以後，在科學的社會性質上依然存在不小的分歧。直到結束了十年動亂，我們才重新確認「科學是生產力」這個馬克思主義的根本原理。一旦有了這個認識，在「四化」建設中顯示出不可估量的威力。而且發展爲「第一生產力」的新評價。因此，回顧六十五年前年青的沈雁冰把科學當成生產力而孜孜不倦地致力倡導，無論如何也不該像幾十年來所做的那樣，低估以至抹煞了他的歷史功績。

他在五四前夕登上歷史舞台，視野之開闊遠非文學框架所能限制。因爲他繼承了晚清時代那些憂國憂民的前輩志士的革命精神，其立足點是拯救中華民族，振興炎黃子孫鼎盛時代的一切勞績。因此他一方面鼓吹徹底改變封建制度賴以立足的生產關係，另一方面要解放被其束縛的生產力使之得到長足發展。因此提高中華民族的物質文明與精神文明的水平，相應地開拓青年們的這種視野以便健康成長，翱翔馳騁，這些都在他的觀照之中。在他看來，用文學潛移默化地冶才育人，和用科學改善中華民族現有的素質，是同等重要、並行不悖的兩翼。因此早在踏入商務印書館，他的改革和提高中華民族

〔註 10〕《結婚的早晨》譯者前言，1920 年 2 月 5 日《婦女雜誌》第 6 卷第 5 號。
〔註 11〕《讀〈少年中國〉婦女號》1920 年 1 月 5 日《婦女雜誌》第 6 卷第 1 號。

尤其是青年一代的科學水平與科學素質的立志，與其說與用文藝改造社會的立志同時並舉，勿寧說後者是晚於前者的。

他以《中學生》爲陣地，以介紹科學家的治學道路和介紹普及性科學知識與尖端性新興學科、項目與手段，總的宗旨都在造就一代具有革命意識、科學頭腦與科學水平的新青年，以取代老一代並結束老一代那種落後愚昧的精神狀態，因爲只有人改變了舊貌，生產關係才會呈現新質，包括科學在內的生產力才能得到順利發展的生存空間，中國才能振興昌盛，趕上時代並與侵華的列強匹敵。

他把發展科學生產力的希望寄託在青年和勞動者身上。從一九一七年底到一九一八年下旬，他的兩組論著《學生與社會》、《一九一八年之學生》和《履人傳》〔註12〕、《縫工傳》〔註13〕，就是在這種指導思想支配下相繼問世的。他希望在青年和勞動者中尋求改變中華民族基本素質之路。這才有條件達到前面所說的那種境界，把代表祖國未來的青年學生看作決定「國勢之強弱」、「社會之良窳」的種子，最終目的則是追逐社會之「良」與國勢之「振」。他把青年放到這麼重要的位置，正是著眼於發展，寄希望於未來。這就是茅盾當時的恢宏視野與立志開拓前景的宏觀格局。

最難得的是他當時即把期待的目光放在勞動者身上。希望從他們中湧現出一代振興中華、成就大事業的大勇者。他在《履人傳》序中熱情而頗具氣魄地寫道：

> 夫芝蘭無根，醴泉無源；王侯將相無種。丈夫貴能自立，閭閻豈能限人哉！閒常泛覽外史，取少賤爲履人之名人，撮其事跡，薈萃一篇，爲《履人傳》，亦見人在自樹。自暴自棄者，天厭之！窮巷牛衣之子，其亦聞風自興而勉。爲書中人乎，吾願其效卡萊之好學，百折不回；學喬治之束身，不爲眾涅。效肖物爾之見義忘生；約翰〔註14〕之貧而好善。……

這裡所舉，不僅限於履人出身的科學家，但內含之。而且其精華在於「人在自樹」的精神。好一個「人在自樹」！這不就和《縫工傳》序中所說的「勵志高抗」異曲同工嗎？他在《縫工傳》序中開宗明義地說：

〔註12〕 1918 年 4 月 5 日至 6 月 5 日載於《學生雜誌》第 5 卷第 4、6 號。
〔註13〕 1918 年 9 月 1 日至 10 月 1 日載於《學生雜誌》第 5 卷第 9、10 號。
〔註14〕 這四人皆爲書中所介紹的履人而成才並有卓越建樹的。詳見該文。此序寫於1918 年 1 月，用文言而無標點，引文中標點係引者所加。

夫中流失舟，一壺千金。一壺至賤也，適當於用，則一壺爲
重，而千金爲輕。叔世風教掃地，禮義廢弛；滔滔頹流，不知所
底。苟有人焉，勵志高抗，一言一行，可以風薄俗，懲邪忒，而救
陷溺之人心；則是人也，雖非生於高貴之家，……蓋亦中流一壺之
意也。……

這裡也超出了科學範圍而含有五四的民主精神，以「勵志高抗」，「可以風薄
俗懲邪忒，而救陷溺之人心」爲旨，這就把要求青年「人貴自樹」和他從事
的立志「樹人」的事業結合起來、統一起來了。這種改變社會民族素質、改
變知識結構與代表科學、體現科學生產力的知識分子的階級結構的宏觀主
張，在當時無導於空谷足音，實在是開時代之先河的！把它譽爲五四運動之
先聲，不爲過分罷？

如果說上述觀點是從人著眼以改變生產力結構狀況的，那麼一九一九年
到一九二○年前後他那一大批科學介紹文章，則是從物著眼兼及育人而以改
變生產力狀況爲目的所撰寫的。這些文章分爲兩類。一類是普及科學知識的。
早在一九一六年，他剛到商務印書館不久，就被派去協助孫毓修編譯科普讀
物，後來孫僅掛名，實際工作全是茅盾所作。其成果首先是編譯了卡本脫的
通俗讀物《衣》、《食》、《住》（原作次第和名稱是：《人如何得食》、《人如何
得衣》、《人如何得住》；現有次第係孫毓修據中國人習慣提法所致）和沈雁冰
自著的《三百年後孵化之卵》〔註15〕。另一類則是介紹當時新興的現代化的，
甚至是尖端科學成就的文章。如：

《探「極」的潛艇》（1919 年 12 月 5 日《學生雜誌》第 6 卷第 12 號）；
《第一次飛渡大西洋的 R34 號》（1919 年 12 月 5 日《學生雜誌》第 6 卷
　　第 12 號）；
《沉船？寶藏？探寶潛艇？》（1920 年 1 月 5 日《學生雜誌》第 7 卷第 1
　　號）；
《家庭與科學》（1920 年 2 月 5 日《婦女雜誌》第 6 卷第 1 號）；
《生物界的奇譚》（1920 年 2 月 5 日《婦女雜誌》第 6 卷第 2 號）；
《譚天——新發見的星》（1920 年 2 月 5 日《學生雜誌》第 7 卷第 2 號）；
《關於味覺的新發現》（1920 年 3 月 5 日《學生雜誌》第 7 卷第 3 號）；

〔註15〕前三種由商務印書館出版了單行本，後者作爲單篇文章刊於 1917 年 1 月、2
　　　月、4 月《學生雜誌》第 4 卷第 1、2、4 號。

《人工降雨》（1920 年 4 月 5 日《學生雜誌》第 7 卷第 4 號）；

《天河與人類的關係》（1920 年 7 月 5 日《學生雜誌》第 7 卷第 7 號）；

《航空救命傘》（1920 年 8 月 5 日《學生雜誌》第 7 卷第 8 號）；

《火山——地球上的火山——月球上的火山和實驗室裡的火山》（1920
年 10 月 5 日《學生雜誌》第 7 卷第 10 號，這是譯作）。

從今天的水平看來，這些著譯當然沒有多大的學術價值，但在當時不僅有普及科學的認識意義，不少文章確有開拓視野的學術價值。而且對作者自己以至讀者形成辯証唯物主義和歷史唯物主義的世界觀，不啻是個前進的階梯。有趣的是，當年魯迅也從事過相同的工作，他的《說鈤》、《中國地質略論》〔註 16〕早於茅盾十多年，但出發點則完全一致，這些文章留下了文化界思想先驅從事啓蒙運動的清晰的足跡。

茅盾介紹資本主義發達國家的先進科學，並非說他沒看出其生產力與生產關係之間的矛盾；反之，他倒是相當敏感地指出了資本主義生產關係束縛生產力發展的事實。在《探「極」的潛艇》前言中，他以「潛艇發明史中一個開路先鋒」西門拉克被譏爲「癡子」，被銀行經理嘲笑爲「發狂的發明家」，而西門拉克終於戰勝重重阻力，用自己的行動証明了這「狂」想，使之成了事實的典型事例，充分說明生產力的進一步發展，正受著因此也有必要衝破資本主義生產關係的束縛。

在這裡我們可以時時看到，茅盾在許多方面的廣闊視野，使他的思想量變創造了思想質變的良好條件；我們可以從上述這些角度看到一個可喜的現象，就像看到了母雞孵卵，在那溫馨的蛋殼裡，社會主義的無產階級的思想因子，好像卵殼裡初具雛型的雞雛，時時都有衝破革命民主主義的「蛋殼」，脫穎而出的趨勢！

三

終於，在一九二○年前後，這隻雞雛脫穎而出、蹣跚走路了！年青的沈雁冰借助精通英文的優勢，先於許多人，在十月革命前後閱讀並翻譯了大量馬克思主義論著，並使自己的思想具備了無產階級世界觀的新質。他隨即參加了中國共產黨的前身——上海共產黨小組。並於一九二一年中國共產黨誕生時成爲它的創建者之一。此後成爲中共中央聯絡員和大區基層黨的領導人

─────────────

〔註 16〕均寫於一九○三年。

之一。從這個意義上講，認爲沈雁冰是黨的創始人之一和老一輩無產階級革命家，完全名實相符，沒有什麼不可以的。因爲列寧指出。「在分析任何一個社會問題時，馬克思主義理論的絕對要求，就是要把問題提到一定的歷史範圍之內」〔註17〕；他又說：「最可靠、最必需、最重要的，就是不要忘記基本的歷史聯繫，要看某種現象在歷史上怎樣產生，在發展中經過了哪些主要階段，並根據它的這種發展去考察現在是怎樣的」〔註18〕。這是我們觀察研究問題並作歷史評價的最可靠的馬列主義的方法論。我考察茅盾並得出上述結論，就是把他放在特定歷史條件下從其實際歷史作用出發的。

　　毛澤東同志有個形象化的說法：十月革命一聲炮響，給中國送來了馬克思列寧主義。茅盾也是在馬克思列寧主義傳播到全世界時通過自己的渠道（他精通英文）接受並傳播馬列主義的。他的宣傳介紹馬列主義的活動，成爲中國共產黨成立前的理論準備工作的一部分。

　　當時陳獨秀和張東蓀共同商議發起成立上海共產黨小組（即馬克思主義研究小組）時〔註19〕，茅盾應約在張東蓀主編的《解放與改造》雜誌的「讀書錄」專欄上發表了他寫的第一篇評介文章《羅塞爾〈到自由的幾條擬徑〉》〔註20〕。下分幾個小題目：無政府主義、社會主義、工團主義。茅盾後來在《我走過的道路》中回憶道：

> 羅塞爾主張基爾特社會主義，反對社會主義，也反對無政府主義和工團主義。那時已是一九一九年尾，我已開始接觸馬克思主義，我覺得看看這些書也好，知道社會主義還有些什麼學派。那個時候是一個學術思想非常活躍的時代。受新思潮影響的知識分子如飢似渴地吞咽外國傳來的各種東西，紛紛介紹各國的各種主義、思想和學說。大家的想法是：中國的封建主義是徹底要打倒了，替代的東西只有到外國找，「向西方國家尋找真理。」所以，當時「拿來主義」十分盛行。拿的東西基本上分兩大類，一類是民主主義的，一類是社會主義的。馬克思主義作爲社會主義的一個學派被介紹進來，但十分吸引人，因爲那時已經知道，俄國革命是在馬克思主義的指導下取得勝利的。

〔註17〕《列寧選集》第 2 卷，第 512 頁。
〔註18〕《列寧全集》第 29 卷，第 403 頁。
〔註19〕張東蓀很快就打了退堂鼓。這和他後來政治傾向的向右轉是一致的。
〔註20〕1919 年 7 月《解放與改造》第 1 卷第 7 號。

在中國共產黨成立之前，茅盾翻譯和編譯的馬克思主義論著甚豐。大體可分為以下四類：

第一類，馬克思主義經典著作的翻譯：如《國家與革命》第一章（列寧著，1921 年 4 月 7 日《共產黨》第 3 號）。〔註 21〕

第二類，各國共產黨的綱領、文件：如《共產主義是什麼意思——美國共產黨中央執行委員會宣布》（1920 年 12 月 7 日《共產黨》第 2 號），《美國共產黨黨綱》（1920 年 12 月 7 日《共產黨》第 2 號），《共產黨國際聯盟對美國 Iww〔註 22〕的懇請》（1920 年 12 月 7 日《共產黨》第 2 號），《美國共產黨宣言》（1920 年 12 月 15 日《改造》第 3 卷第 4 號）等。

第三類，闡述共產黨、馬克思列寧主義基本理論和蘇俄政治文化概況的文章：如《巴苦寧和無強權主義》（根據羅塞爾的《到自由的幾條擬徑》部分章節改寫而成，1920 年 1 月《東方雜誌》第 17 卷第 1～2 號，《俄國人民及蘇維埃政府》（jerome Davis 著，1920 年 10 月《東方雜誌》第 17 卷第 3 號），《Iww 的研究》（編譯，1920 年 4 月《解放與改造》第 2 卷第 7～9 號），《共產黨的出發點》（霍格松著，1921 年 4 月 7 日《共產黨》第 3 號），《勞農俄國的教育——勞農俄國教育總長呂納卻思基〔註 23〕一席談》（1921 年 5 月 7 日《共產黨》第 4 號）。

第四類，著名人士對蘇聯的反映：如《遊俄之感想》（羅素著，1920 年 10 月 1 日《新青年》第 8 卷第 2 期，《羅素論蘇維埃俄羅斯》（哈德曼著，1920 年 11 月 1 日《新青人》第 8 卷第 3 期）等。

通過這些翻譯和編譯的論著，既奠定了茅盾自己逐步形成的無產階級世界觀的理論基礎，也爲建黨前夕的理論準備作出了不可抹煞的貢獻。而且，正因爲此前有了這些基礎，他才可能在建黨前夕寫出第一篇帶綱領性的顯示其無產階級世界觀雛型和馬克思列寧主義思想水平的文章：《自治運動與社會革命》。

當時正值北洋軍閥政府統治，全國則是軍閥割據。於是不僅在統治人民問題上官僚軍閥，官僚軍閥與地方官僚軍閥之間既一致壓榨又相互爭權奪利，就是軍閥政府和地方縉紳之間也保持著統治人民時是一致的，分贓不均

〔註 21〕《共產黨》是上海共產黨小組辦的建黨之前第一個地下刊物。
〔註 22〕世界工業勞動者同盟的簡稱。
〔註 23〕現通譯爲盧那察爾斯基。

時又要發生狗咬狗的矛盾。「省自治」運動和聯省自治運動就是在這種背景下由紳縉們提出來的。他們為了取得後盾，就打出民主旗號迷惑群眾，茅盾的《自治運動與社會革命》一文就是針對這一活動，為拆穿騙局、正面宣傳馬克思主義社會革命論而寫的。文章的基本精神共有五點：第一，他指出所謂「省自治」運動的實質，就是以「民主政治」為名的「紳縉運動」。紳縉階級與軍閥政府比較起來，「簡直就是前山老虎和後山老虎」，都一樣是要吃人的。所以紳縉發動的「自治」運動如果其目的得逞，「真正的平民得不到一些好處，反加多一重壓制，加多一層掠奪罷了！」第二，紳縉運動所謂的「德謨克拉西政治」〔註24〕目的只是「狐媚外國的資本家」，他們所謂趕走軍閥，「決沒有」「成功的可能」，「因為他們的目的本不想把軍閥趕去，他們的目的只想軍閥分一些賊贓與他們，他們就可萬事俱休。」所以他們「還不及西洋的市民，是扶不起的癩狗，教訓不好的壞小子，簡直和軍閥是一模一樣的。」第三，也是最重要的，他認為「我們當前的事體該怎麼辦，是很明白了，這就是無產階級的革命！立刻舉行無產階級的革命。」第四，「無產階級的革命便是要把一切生產工具都歸生產勞工所有，一切權力都歸勞工們執掌。直到盡滅一分一毫的掠奪制度，資本主義決不能復活為止。」第五，茅盾表示了實行這一革命理想的充分的信心。因為「這個制度現在俄國已經確定了」，因此在中國也一定能確定這樣的制度。他堅信「最終的勝利一定在勞工者，而且這勝利即在最近的將來，只要我們現在準備著。」

今天看來，茅盾這篇文章顯然存在著兩個弱點：第一，他對中國的國情與俄國不同把握不夠，因此當時沒有看出發展民族資本主義、使社會主義革命分兩步走的必要性。第二，他把中國革命看得比較輕易，看不到其艱巨性決定了具長期性的特點。但是話說回來，中國革命分兩步走的思想之理論化，是一直到一九四〇年毛澤東同志的《新民主主義論》發表後才系統化的。此前，特別是建黨前夕，還沒有一個人提出過中國革命分新民主主義和社會主義兩步走，而新民主主義革命又是無產階級和共產黨領導的資產階級民主主義性質的革命。對中國革命的長期性問題，當時也是普遍缺乏足夠認識的。考慮到當時歷史認識水準的實際情況，我們就不必苛責茅盾。反之，對他在此文中所提出的帶有明顯的綱領性質和方向路線性質的觀點，無論從理論和實際哪個方面，都應該給予充分的高度的評價；並把它當著中國共產黨誕生

〔註24〕「民主政治」。德謨克拉西是英語「民主」一詞的音譯。

歷史上光輝的一筆。

如果從文藝界當時的思想政治認識水平來看，其前驅性、啓蒙性就更明顯。魯迅當時對在中國是否能實行無產階級專政爲目的的革命，以至「對十月革命還有些冷淡，並且懷疑。」因爲他當時還未系統接觸馬列主義，又「因爲資本主義各國的反宣傳」〔註 25〕而多少受些影響。郭沫若不久倒是表態支持無產階級，但他的認識還處於「ABC」知識尚不健全的階段。他在茅盾發表了《自治運動與社會革命》（1921 年 4 月 7 日）的一個月零二十天之後所寫的《女神・序詩》中是這樣理解無產階級和共產主義的：

> 我是個無產階級者：
> 因爲除了赤條條的我外，
> 什麼私有財產也沒有。
> 《女神》是我自己產生出來的，
> 或許可以說是我的私有，
> 但是，我願意成個共產主義者，
> 所以我把她公開了。

——《郭沫若全集》第 1 卷，第 3 頁

當時除了李大釗、毛澤東〔註 26〕等少數早期共產主義者的著作外，像《自治運動與社會革命》這種綱領性的系統理論極爲鮮見，在建黨前，無異於空谷足音，拔萃超群！

總結以上革命民主主義思想和建黨前夕接受並宣傳馬克思主義這兩個側面，我們可以看出茅盾早期思想的兩個特點：第一，明顯地留下了由革命民主主義向共產主義思想發展的蟬蛻痕跡。當時他的思想中，馬克思主義是有的，革命民主主義也是有的：前者逐步取代後者，呈現出占有主導地位的趨勢。這是當時早期共產主義知識分子共有的特點，明顯地留下了中國人向西方尋求眞理、在篩選過程中堅定了馬克思主義信仰的時代烙印和歷史足跡。第二，一切圍繞著救國救民的愛國主義的立場，一切圍繞著徹底改造舊的社

〔註 25〕《答國際文學社問》，新版《魯迅全集》第 6 卷，第 18 頁。
〔註 26〕據 1921 年 1 月新民學會討論記錄中載的發言：「毛潤之：我們意見與何君大體相同（何君即何叔衡，他發言主張激烈的共產主義方法）……激烈的共產主義，即所謂勞農主義，用階級專政的方法，是可以預計效果的。故宜採用。」這和他寫的《湘江評論》創刊宣言（1919 年 7 月 14 日）「主張『無血革命』」「不主張起大擾亂」的思想頗不相同。

會制度，徹底清洗舊的思想體系的革命精神。二者歸一，不僅體現出茅盾個人世界觀由革命民主主義過渡到馬克思主義的明顯趨勢，而且也反映出一切真正站在人民立場上的知識分子和革命者思想嬗變的必然歸宿。因此，王若飛同志在一九四五年談茅盾「所走的方向」，是「爲中國民族解放與中國人民大眾解放服務的方向，是一切中國優秀知識分子應走的方向。」這個論斷是不容否定的。小而言之，起碼在中國，這是時代先驅者和首先覺悟的知識分子探路前行的歷史必由之路；大而言之，人類血戰前行的歷史中，時代前驅者和首先覺悟者或早或遲都要踏著這個足跡高歌奮進，戰鬥不息！我們不應抹煞茅盾的探路前進所顯示的規律和他建立的這一歷史功績。

四

茅盾不僅僅是在理論宣傳上卓有建樹的理論家，而且是走向工農、走向街頭、最早投身到中國共產黨懷抱的老一輩無產階級革命家。

實際上是中國共產黨的籌建機構的上海共產黨小組，一九二○年七月在上海組成〔註27〕，三個月之後即同年十月，茅盾就經李漢俊介紹加入了這個小組。與此同時，他立即提起筆，作刀槍，在上海共產黨小組的機關刊物《共產黨》上連連發表著譯多篇，在《新青年》、《解放與改造》上也同時著文譯文，爲中國共產黨的建立作理論準備。在這前後加入這個組織的張東蓀、戴季陶等很快就落荒而逃，後來投靠到蔣介石門下成了反動政客；而茅盾則堅定地幹下去，終於一九二一年七月一日隨著中國共產黨的成立，成爲第一批共產黨員，是五十多個首批黨員之一，成爲中國現代文學史上第一個黨員作家和理論批評家。而且建黨後不久，他的弟弟沈澤民也加入了。也包括他的夫人孔德沚和弟媳張琴秋。因此有時共產黨的支部會議就在他家裡開。包括其弟沈澤民入黨的那次支部會在內。他的兒子、女兒後來也相繼入黨。女兒死在陝甘寧邊區爲爭取上戰線特作流產手術的醫療事故中。女婿犧牲在抗美援朝前線。弟弟和弟媳也死在革命洪流或「十年動亂」中。他的一家是個革命的家庭，烈士的家庭！

一九二一年黨剛剛建立就辦了培養革命婦女幹部的的平民女校，這是建

〔註27〕關於上海共產黨小組建立的時間說法不一，如茅盾在《我走過的道路》中說是七月，黑龍江人民出版社出版的《中國現代史大事記》中說是五月；知識出版社的《中國近現代史大事記》和人民出版社的《中共黨史大事年表》中均說是八月，這兒暫從茅盾自己回憶錄中的說法。

黨後黨辦的第一個學校。茅盾就去任教,在此和丁玲建立了師生關係。建黨次年,他利用「唱獨角戲」編輯《小說月報》的機會,一方面公開用當時文藝界能夠接受的方式推動五四以來的新文學運動;一方面擔任中共中央的直屬聯絡員。並「編入中央工作人員的一個支部」。他回憶說:「外地給中央的信件都寄給我,外封面寫我的名字,另有內封則寫『鍾英』(中央之諧音),我則每日匯總送到中央。外地有人來上海找中央,也先來找我,對過暗號後,我問明來人住什麼旅館,就叫他回去靜候,我則把來人姓名住址報告中央。」〔註28〕

上海大學是黨中央辦的第二所培養幹部的學校,規模要大得多,分若干系。茅盾應黨組織的派遣去任教,在中文系教小說研究,在英文系教希臘神話。在這裡他和總務長(管理全校行政事務)鄧中夏、教務長兼社會學系主任瞿秋白等老一輩無產階級革命家相繼共事達一年左右。

一九二三年黨中央召開上海黨員全體會議,成立了上海地方兼區(兼管江蘇、浙江兩省的發展黨員、成立小組及工人運動等事務)執行委員會。茅盾在會上當選為五人組成的執委會委員兼國民運動委員。這期間他為發展黨員在江浙地方多處多次奔走。(一九八三年我為籌備全國第二屆茅盾研究學術討論會事去江浙。在蘇州高中校史小組那兒發現了茅盾當年來蘇州發展黨員的線索,在杭州發現了他去寧波及杭嘉湖地區發展黨員、從事地下黨活動的線索。)這次會上還成立了上海地方兼區下屬的國民運動委員會以負責統一戰線工作。茅盾又當選為委員長。委員為林伯渠、張太雷、張國燾、楊賢江、董亦湘。也就是說,當年大名鼎鼎的工人運動領袖張太雷,建黨初期就從事黨的工作,始終在中央擔負重要職務,一直到解放後才逝世的著名的老一輩無產階級革命家林伯渠,以及黨史上產生重大影響的張國燾,當時都曾是茅盾的部下。就在兼區執委會第六次會上,他結識了以中央委員身分出席會議的毛澤東同志。在同年九月執委會改組時,茅盾又以委員身分兼秘書和會計。並在國民運動委員會中和向警予同志一起分管婦女運動。一九二四年執委會改選後,茅盾仍當選為委員並兼秘書、會計。

一九二五年「五卅」運動中,茅盾隨上海大學學生隊伍於五月三十日走上南京路參加示威遊行,外國巡捕在老閘捕房開槍打死遊行者時,他和夫人孔德沚、瞿秋白的夫人楊之華一起當時正在南京路的先施公司門前。當晚黨

〔註28〕《我走過的道路》上冊,第180～181頁。

中央和上海兼區負責人開會議決次日下午繼續遊行示威。茅盾和夫人又一次和群眾隊伍一起走上南京路。這兩次的經歷實況，他真實地反映在不久即發表的長篇散文《五月三十日下午》、《暴風雨》、《街角的一幕》〔註29〕等名篇裡。六月四日，他作為上海大學教員代表參予發起了上海教職員救國同志會。六日他和楊賢江等發表談話，闡明教員聯合會支持反帝愛國運動的宗旨。並和沈聯璧一起起草了該會宣言〔註30〕。並參加了該會組成的講演團，他的講題為《「五卅」事件的外交背景》。此外，茅盾又參加了六月三日上海學術團體對外聯合會主編的由商務印書館辦的《公理日報》，與黨中央辦的由瞿秋白主編的《熱血日報》相配合，不僅發表了揭霸帝國主義製造「五卅」慘案罪行，提出收回租界、嚴懲凶手、英政府向中國政府道歉等要求的上海學術團體對外聯合宣言等文章，而且也揭露了上海各報不敢報導「五卅」真象的內幕，批判了《申報》、《新聞報》、《時報》等的媚外言論。茅盾參予主持此報直至停刊。

「五卅」運動高潮剛過，商務印書館大罷工掀起。茅盾是當時商務印書館黨的負責人之一，並參加了領導罷工的「臨時黨團」和不久成立的罷工中央執行委員會，擔任撰稿、發布消息的總負責人。而且參加了與資方的談判。直到取得勝利時，他還起草了復工條件。這一系列活動說明茅盾不折不扣地成為群眾革命運動和黨的領導人，堅定地站在鬥爭最前線。

就在這樣的環境和思想狀況下，茅盾寫了倡導無產階級革命文藝的長篇論文《論無產階級藝術》〔註31〕，這是他的世界觀和文藝觀均轉變為無產階級性質的標誌。這篇論文早於一九二八年革命文學論爭與創造社、太陽社對無產階級文學的倡導達三年之多。但在一九二八年，這兩個團體不僅貪天功為己功，自稱此口號為他們所最先提出，而且相互爭奪最早提出此口號的「發明權」；反之，他們又一致批判魯迅、茅盾、葉聖陶以及創造社元老之一的郁達夫等為資產階級文人。應該指出，對茅盾的歷史評價之不公平，就是從此及此前對他的《蝕》的批評開始的。應該承認，這次論爭開中國現代文

〔註29〕 分別刊於 1925 年 6 月 14 日、7 月 5 日和 7 月 19 日出版的《文學周報》第 177、180、182 期。

〔註30〕 刊於 6 月 15 日上海《民國時報》。

〔註31〕 刊於（1925）年 5 月 10 日、17 日、31 日和 10 月 24 日《文學周報》第 172、173、175、196 期。此文是在他在藝術師範學院所作的同題演講講稿基礎上寫成的。

學史上「左」傾文藝思潮之先河，成為隨意批判人，隨意扣政治帽子的惡劣先例。由於當事人有的還健在，人為的阻力尚大，所以至今這段公案還未能作客觀的清算。

茅盾後來回憶說：在寫這篇文章時，他「引用了許多蘇聯的材料，討論的也是當時蘇聯文學中存在的問題，這是因為在一九二五年中國還不存在無產階級藝術」。但是他「已經意識到無產階級藝術的基本原理將會指引中國的文藝創作走上嶄新的道路」，因此他「大膽地作了一番理論探討。半個世紀過去了，這篇文章的內容，在今天已是文藝工作者普遍的常識，但在當時卻成了曠野的呼聲。」「而且其中提到的一些問題，在今天也未圓滿地解決。」〔註32〕這一評價是相當客觀的。

一九二五年「五卅」運動後，國民黨右派乘孫中山逝世（當年三月十二日）之機宣布開除以個人身分加入國民黨的共產黨員。第二批名單中就有茅盾。為了反擊他們，黨中央指定他和惲代英籌組兩黨合作的國民黨上海特別市黨部執委會，他當選為宣傳部長，並於年底當選為國民黨第二次全國代表大會代表。當即於次年元旦乘船赴廣州。會後他被黨中央留在廣州任國民黨中宣部秘書。毛澤東是代理部長，這是茅盾初次與毛澤東共事，並住在毛澤東家中。實際部務工作是茅盾在主持，並且在毛澤東外出搞農民運動時代理過部長工作。從第五期起他接編國民黨政治委員會機關報《政治周報》。並在「反攻」專欄發表了與國民黨右派的《醒獅周報》作戰、激烈抨擊反動的國家主義的三篇文章：《國家主義者的『左排』與『右排』》、《國家主義——帝國主義最新式的工具》、《國家主義與假革命不革命》。此外還寫了一篇《蘇聯十月革命紀念日》〔註33〕的長篇論文，起草了不少宣傳大綱。充分利用孫悟空鑽到鐵扇公主肚子裡的機會公開鼓吹無產階級革命和歌頌其偉大領袖列寧。他宣稱「十月革命的重要的世界意義，一是被壓迫的無產階級推翻了他們的統治者壓迫者，奪過政權來，建設了無產階級的國家，做世界無產階級革命的榜樣；二是被壓迫的弱小民族，解放出來，享各民族應有的自由平等，做世界資本主義國家統治被壓迫民族的民族革命的榜樣。」並重申了孫中山的「遺教——民族革命的實現必須外聯合世界的革命無產階級，

〔註32〕《我走過的道路》上冊，第 291～292 頁。
〔註33〕這三篇文章分別刊於 1926 年 3 月 7 日出版的《政治周報》第 5 期上，後者收進廣州國民政府內總政治部印行的小冊子《革命史上的幾個重要紀念日》中。

內扶植工農階級的勢力，始有克濟。」這些文章在宣傳戰線上是對國民黨右派的沉重打擊；對工農革命則是有力的動員和支持。在中共黨史上應該寫上一筆！

中山艦事件標誌看蔣介石反共面目的公開暴露。此後茅盾奉黨中央調令回上海國民黨宣傳部上海交通局代理主任。並用此公開身份編輯「國民運動叢書」，乘機宣傳馬克思主義，與推動工農革命運動。如叢書選題（經毛澤東審定）中就有《馬克思的歷史方法》、《馬克思論東方民族革命》、《社會主義與宗教》、《俄羅斯社會革命小史》、《蘇維埃制度》、《蘇聯的教育》、《紅軍》、《世界之農民運動》、《巴黎公社》、《五一勞動節》、《婦女與社會主義》、《婦女解放運動小史》、《帝國主義侵略中國小史》等〔註 34〕。國民黨宣傳部的上海交通局的辦事人員全是共產黨員。所謂「交通」，實是通訊宣傳工作。茅盾後由代主任被委任為正式職務。並兼國民黨（左派）上海市黨部主任委員。

一九二六年北伐軍攻克武漢前先克浙江，黨中央決定請沈鈞儒組織浙江省政府，並派茅盾為省府秘書長。後因武漢缺幹部，黨中央改派他到武漢任中央軍事政治學校武漢分校政治教官（約兩個多月）兼任漢口《民國日報》總主筆。這是名為國民黨湖北省黨部機關報實為共產黨喉舌的革命報紙。社長董必武，總經理是毛澤東的弟弟毛澤民。這張報紙是直接由中共中央宣傳部領導的第一張大型日報。每天出十版，六版新聞，四版廣告。其中緊要新聞占一版，其最重要的一個組成部分是「國民黨味道最濃的」社論。其它五版均圍繞群眾運動，「集中反映了共產黨的主張和政策」〔註 35〕。茅盾利用撰寫社論的機會把「國民黨味道」作了很大改觀，使之充分反映「共產黨的主張和政策。」這一時期他寫的文章亦有此特色。

他集中精力支持工農革命運動，反擊頑固勢力。在真實報導階級鬥爭激烈狀況的文章《光明與黑暗的鬥爭》之同時，還寫了題為《築固後方》和《整理革命勢力》的社論。他針對「帝國主義者與反革命的蔣介石勾結」的新局勢，總結蔣在廣東發動反動革命政變時「廣東民眾」「在一夜之間就被反革命的新軍閥摧毀」的歷史新教訓，提出了三大主張：第一，「政府要武裝革命的民眾，以增厚後方防軍的力量」，以保証以武漢為後方進行「第二期北伐。」

〔註 34〕參看《我走過的道路》上冊，第 312～313 頁。
〔註 35〕同上，第 322～323 頁。

第二，「必須對於潛伏的反動勢力舉行大規模的掃除。」第三，「應以敏捷的手腕鏟除鄉村的封建餘孽，土豪劣紳，反動團防等類的反動武裝勢力。」他認爲「三者是缺一不成的。」〔註36〕他還指出：「工商業者與農工群眾的民主政權是國民革命目前的鵠的。」他特別針對「痞子運動」的謬論加以反駁，堅決支持湖南農民運動，肯定農民運動「在鄉村中掃除封建勢力，建立起革命的秩序」、「懲治土豪劣紳」的功績，認爲這是「暴風雨時代必然的現象」「非此則不能鏟除鄉村的封建勢力。」同時他又有遠見地指出：「暴風雨時期之後，需要一番整理」「換言之，即鄉村的革命勢力應該納入政治的方式，建立鄉村自治機關，確定鄉村的民主政權。」「然後能切切實實爲一般農民謀利益。」「然後能保障鄉村封建勢力之不致死灰復燃。」並且提出帶有很高政策水平的政見，對「有土不豪，雖紳而不劣者，只要不是反對革命的，則不但受政府的保護，並且也有參加鄉村政權的資格。這是民主政權的精神，也就是整理革命勢力的精神。」〔註37〕這種既有革命立場，又有策略觀點的政見，既反右又防「左」的主張，不僅符合當時革命的長遠利益，對建立廣泛統一戰線是十分正確的；就是從哲學的辯証法的角度來考察茅盾的世界觀與政治立場，也足資証明其是完全站在黨和無產階級一邊的。這實際上是對陳獨秀右傾機會主義的抨擊，也是對當時已明顯冒頭的「左」傾機會主義苗頭的抵制。陳獨秀曾干涉茅盾的辦報立場，茅盾在董必武的支持下，一方面反駁了陳獨秀，一方面照舊堅持正確的路線和立場。這是非常難能可貴的。

與此同時，茅盾寫了一系列正面揭露蔣介石及其發動的「四一二」反革命政變以及抨擊養虎遺患的陳獨秀右傾立場的一系列文章。如《革命者的仁慈》、《袁世凱與蔣介石》、《蔣逆敗象暴露了》、《討蔣與團結革命勢力》等，他一針見血地指出：革命者太仁慈了，只使反革命派更加猖狂。他支持群眾提出的口號：「以赤色的恐怖鎮壓白色的恐怖。」〔註38〕他對比了蔣介石和袁世凱兩個賣國賊的六條共同點，指出「蔣介石的爲人和作惡手段」完全是「具體而微的袁世凱第二」。並指出：「歷史既經復演，歷史上的運命也必然要復演。」〔註39〕「他的覆亡」命運也是歷史的必然。他認爲蔣逆的暴露也是好

〔註36〕1927 年 5 月 11 日漢口《國民日報》社論《築固後方》。
〔註37〕1927 年 5 月 26 日漢口《國民日報》社論《整理革命勢力》。
〔註38〕1927 年 5 月 4 日漢口《民國日報》。
〔註39〕1927 年 5 月 9 日漢口《民國日報》。

事，因為這「一切割去」了革命和革命軍的累贅。〔註40〕我們一向只知郭沫若有《請看今日之蔣介石》，充分肯定了此文及其作者郭沫若的歷史功績。我們卻一向沒有重視甚至追述茅盾這一系列更為完整、更具政策水平和戰鬥性更強的文章的意義。這顯然是不公平的。

此外，茅盾還配合時局寫了許多社論。如配合夏斗寅發動的事變寫了《夏斗寅失敗的結果》。針對馬日事變寫了以下四篇社論：《歡迎中央委員暨軍事領袖凱旋與湖南代表團之請願》、《撲滅本省各屬的白色恐怖》、《長沙事件》、《肅清各縣的土豪劣紳》等等。

茅盾的這一系列文章具有三個突出的持點：第一，非常及時地對時勢作出指導性的論斷，具有敏銳的馬列主義水平和應變性；第二，不是就事論事，而是對事變作前因後果的分析，及時總結歷史經驗以揭示革命的發展規律。第三，既反右，又防「左」，特別是在「左」傾出現苗頭時就敲響警鐘！如果當時能充分重視茅盾的意見，也許歷史曲折的程度要小一些。可惜不僅當時沒有充分重視茅盾的意見，就是在一九二八年之後，當時在《動搖》中寫了工農運動前進中出現的「左」的過火行為時，盡管他還指出了客觀原因，即其與胡國光等土豪劣紳鑽進來採用「逆反」手法把運動推到極端以達到破壞之目的有關，還是被「左」得可憐的同志所誤解。他們大張撻伐，實在令人難以接受且難以容忍。遂加劇了後來日甚一日的左傾盲動。

茅盾在汪精衛撕破偽裝，武漢局勢逆轉而無可挽救之時不得不轉入地下，並應黨的安排由武漢去九江。他的短篇小說《牯嶺之秋》中只作了表面的反映，即其中只露出些微端倪，在當時也無法寫清。直到晚年在《我走過的道路》中，才把這次江西之行的真正目的與經歷披露清楚。

汪逆背叛後，他奉黨中央之命於七月二十日攜巨額支票赴九江並交給黨組織。到九江接頭時才發現接待者是董必武。董老告訴他：「你的目的地是南昌。」也就是說他是奉調去參加南昌起義。但去南昌的火車因蔣軍攔截不通了，只能用頭一天惲代英、郭沫若等翻廬山、走小路的辦法。但是歷史的偶然性往往誤人。如果他折道去了南昌，就成了「八一」南昌起義領導者之一。但茅盾遲了一步去不成南昌，只好按董老的囑咐折回上海。地下生活難以堅持，為逃避蔣介石的通緝只好去了日本。處在日本特務的監視之下，他過著半地下狀態的生活，因而和黨組織失去了聯繫。

〔註40〕1927 年 5 月 10 日漢口《民國日報》。

五

去東京後的前半，具體說來是自大革命失敗後到一九二九年這一段，茅盾處於思想發展的曲折階段。他後來回憶並總結這段生活時說：

> 那時，我對於大革命失敗後的形勢感到迷茫，我需要時間思考、觀察和分析。自從離開家庭進入社會以來，我逐漸養成了這樣一種習慣，遇事好尋根問底，好獨立思考，不願意隨聲附和。……但是這個習慣在我身上也有副作用，這就是當形勢突變時，我往往停下來思考，而不像有些人那樣緊緊跟上。一九二七年大革命的失敗，使我痛心，也使我悲觀，它迫使我停下來思索：革命究竟往何處去？共產主義的理論我堅信不移，蘇聯的榜樣也無可非議，但是中國革命的道路該怎樣走？在以前我自以為已經弄清楚了，然而，一九二七年的夏季，我發現自己並沒有弄清楚！……當時乘革命高潮而起的弄潮兒，雖知低潮是暫時的，但對中國革命的正確道路，仍在摸索之中。我以為我這看法，是有普遍性的。

——《我走過的路》中冊，第 1～2 頁

當時茅盾總結這個特點時曾用了所「感得的是幻滅」，但「不是動搖」的提法。他的解釋是：「幻滅以後，也許消極，也許更積極，然而動搖是沒有的。」〔註41〕這些話並沒有完全把問題說透徹因體現在《蝕》和《從牯嶺到東京》中，不僅沒有澄清問題，反而引起更多的責難。至今學術界未作足夠的進一步的具體解釋。其實對照當時的其他文章，這個問題是可以分析清楚的。

茅盾「幻滅」了什麼？他「幻滅」的是中國革命「速勝論」的估計。早在一九二〇年寫《自治運動與社會革命》時，他就提出在蘇聯已經實行了的無產階級專政的社會制度的實現「即在最近的將來，只要我們現在準備著。」一九二七年五月十日即「四、一二」反革命政變發生的二十多天之後，他在《蔣逆敗象畢露了》一文中分析了蔣的反動營壘各種勢力之後，所得的結論還是：「凡此種種，都証明蔣的勢力已至末日。」認為面對蔣的「最後挣扎」，我們可以「再努力一點，早些把他完完全全送進墳墓去呀！」〔註42〕這就是說，茅盾對中國革命的長期性，對清除敵人的雄厚的社會基礎的艱巨

〔註41〕《從牯嶺到東京》。
〔註42〕1927 年 5 月 10 日漢口《民國日報》社論。

性，都估計不足。一旦殘酷的現實呈現於面前而碰碎了自己的「速勝」論，他就迷茫而且幻滅了！

同時，茅盾對黨內和工農運動內部右傾的路線和「左」傾的苗頭都有清醒認識。但是，如何克服這左右搖擺傾向而使革命走正路，走直路，他自己還拿不出辦法，指不出方向。所以他在《動搖》中既批判了方羅蘭的右傾和黨內以史俊為代表的左傾，又批判了鑽進我們隊伍的土豪劣紳煽動的「左」傾，以及工農運動和黨內也確實存在的左傾趨勢，但卻不能用正面形象展示出真正不左不右的正確路線。當時評論界左的傾向占主導地位，也接受不了茅盾批判左傾的描寫和他那相應的反左的思想。於是把茅盾本來正確的反左思想和相應的藝術描寫當作右傾動搖來批判了。這顯然是不對的。

還有，《幻滅》特別是《追求》中對小資產資階級兩重性的描寫，又特別是對小資產階級面臨著革命高潮中與主流同時存在的陰暗面的不理解和革命處在低潮時而產生的幻滅感的描寫，在分寸感上把握得不夠適當，從而流露出作者的悲觀情緒偏重，展望未來堅定信心的憧憬期冀情緒不足。因為他正在思考，還未找到打開局面的正確辦法。可以說在當時，一直到毛澤東代表的共產黨人找到以農村包圍城市的正確策略和堅持長期武裝鬥爭的正確路線之前，許多人都幾乎一直處在徘徊尋路的過程中。對這種時代的迷茫導致的茅盾個人以及與他同類的革命者的幻滅感，對他「停下來思考」的行動，都應作具體的歷史分析，都應該允許和理解，而不能輕易就理解為革命立場的動搖。如果我們能採取這樣的歷史唯物主義的態度分析茅盾的政治道路的曲折徬徨階段，就不會從根本立場上抹煞他了。

此外，應該正確估計他當時的文學主張，第一，主張寫熟悉的生活，主張與其由於不了解工農而硬要寫，遂導致公式化、概念化和歪曲描寫，不如寫熟悉的小資產階級；第二，主張以當時有閱讀能力的小資產階級讀者（其實他們一直是五四新文學包括無產階級革命文學在內的讀者主體）為主要服務對象，因為工農大眾當時多數人確實沒有閱讀這些文學作品的能力。茅盾的這些主張都是從實際出發，符合當時歷史現實狀況的。不能輕率地認為這就是從《論無產階級藝術》一文的立場上倒退到小資產階級立場上去。因為作為行動方向提倡無產階級革命文學是一回事，在實踐中面對現實辦可能辦到的事，因此主張目前看仍然著重寫小資產階級並為他們而寫，這是另一回事。共產黨的黨綱還規定了最低綱領作為當前行動的目標，規定了最高綱領

作為今後長期奮鬥的方向；文藝工作為什麼不可以這麼作呢？因此，當時對茅盾上述兩個方面的文藝主張的徹底否定態度，也不是歷史唯物主義的，不是實事求是的。

何況，茅盾經過了一段停下來思考後清除了幻滅情緒而逐漸堅定起來，一九二八年七月他就宣稱：

> 悲觀頹喪的的色彩應該消滅了，一味狂喊口號也大可不必再繼續下去了，我們要有蘇生的精神，堅定的勇敢的看定了現實，大踏步往前走，然而也不流於魯莽暴躁。
>
> 我自己是決定要試走這一條路：《追求》中間的悲觀苦悶是被海風吹得乾乾淨淨了，現在是北歐的勇敢的運命女神做我精神上的前導。
>
> ——《從牯嶺到東京》

在這裡，北歐女神是指在蘇聯建立的社會主義制度，和它體現的馬列主義思想。此後他確實有一系列實踐這一宣傳的行動。如果說以「革命既經發動，就會一發而不可收，……它的前進是任何力量阻攔不了的」為主題的短篇小說《創造》〔註43〕因其後的《追求》的幻滅格調而不足以說明茅盾的上述決心與態度，那麼《追求》和《從牯嶺到東京》之後寫的長篇《虹》〔註44〕和中篇《路》〔註45〕、《三人行》〔註46〕的傾向，卻足以証明上述宣言決非妄言，而是有紮紮實實的行動。

《虹》通過梅女士與封建家庭與包辦婚姻制度決裂始，到參加「五卅」運動、投身工農革命，一直到在未完成的《霞》中入了黨，成為堅定的黨的地下工作者終，這個人物的生活道路，正確的地揭示出中國共產黨領導下小資產階級知識分子改造客觀世界之同時很好地改造主觀世界的正確途徑。《路》則對比了左、中、右三種學生，指引著青年人摒棄右傾道路，拋掉中間道路，跟著黨走真正革命的道路。這是對他自己道路曲折的匡正，也是對今後方向的昭示。

我們不應要求、事實上也辦不到讓一切事物的運動發展都經歷筆直的

〔註43〕刊於 1928 年 4 月《東方雜誌》第 25 卷第 8 期。
〔註44〕前二章刊於 1929 年 6、7 月《小說月報》第 20 卷第 6、7 期，全書初版於 930 年。
〔註45〕初版於 1932 年，寫作時間較早，是 1930 年 11 月至次年 2 月。
〔註46〕連載於 1931 年 6、9、10、11、12 月《中學生雜誌》第 16～20 期。

路。特別是人生道路，總是曲折的，迂回前進的。只要總方向是正而直的，就是光明之路。人生在世，誰的路能全是坦途？爲什麼對茅盾就可以提出這苛刻的要求？我認爲，茅盾小有曲折即調正了航向，已經是十分難能可貴了！

進入三十年代後，在他加入左聯之同時提出了一系列較之《論無產階級藝術》更具體、更正確、更辯証、更具方向性的無產階級文藝主張。爲左聯的理論建設和文學批評起了開路正航的指導作用。這是包括二十年代末期圍攻魯迅、茅盾最甚者也無法否定的事實。怎麼可以因爲一九二八年茅盾短時期的論小資產階級寫作題材和讀者對象的文章而否定他自一九二五年以來一直成爲文學主張主流的無產階級文藝思想呢？何況關於寫小資產階級與寫給他們看的主張也無可厚非。即使在社會主義的今天，我們也不能把小資產階級從服務對象中排除出去，更何況在當時！

因此，一九二七年至一九二九年茅盾思想發展的這段曲折期，並不能作爲否定他建黨以來沿著中國共產黨人和無產階級路線高歌奮進的總方向的根據和理由。

此後一直到一九四五年爲他慶壽時止，他再未出現過思想曲折期。所以一九四五年周恩來、王若飛等同志以不同形式對茅盾所作的略低於毛澤東論魯迅的那些評價，茅盾是當之無愧的。

從一九四五年到一九八一年他逝世止，他不僅再沒出現過思想曲折期，而且這後一段的政治的、思想的、文化活動的、文藝事業的貢獻遠遠超過了前一段。所以對茅盾作蓋棺論定評價時反而低於一九四五年，也是不夠公允的！因此周揚提出重新認識、重新評價茅盾的要求和主張，是非常正確的。它反映了廣大人民和廣大文藝工作者共同的心聲！

至於作爲一個共產黨員來重新評價茅盾的問題，更是總結中共黨史的必要和急需。一九三○年茅盾由日本回國時曾通過瞿秋白提出恢復黨籍的要求。由於「左」傾機會主義統治中央而未獲同意。一九四○年茅盾由新疆到延安後第二次提出恢復黨籍的要求。當時出於統一戰線工作的需要而暫緩辦理。同時應周恩來要求黨中央把茅盾重新派到重慶。

直到茅盾臨終前第三次鄭重要求恢復黨籍。黨中央考慮了他那光輝的一生，正式作出決定：恢復沈雁冰同志的黨籍。黨齡從一九二一年七月一日建黨之日算起！

　　從此茅盾作爲中共黨員的領導人和老一輩無產階級革命家的歷史，才正式被重新確認。這就使我們有條件重新評價他的歷史功績。

　　毛澤東有兩句意味深長的詩：

　　　　千秋功罪，

　　　　誰人曾與評說？

如今我們在重新「評說」茅盾的「千秋」功績之時，如果能夠站在歷史發展的高度，不也同樣會產生意味深長的感覺嗎？

　　　　　　　　　（1985 年 8 月初稿於泉城，1985 年 11 月改畢於北京，

　　　　　初收於《茅盾九十誕辰紀念論文集》，作家出版社，1987 年 11 月）

茅盾的婦女觀的蟬變
及其在小說創作中的展現

　　本文是從包括政治文化在內的大文化視角著眼的。我認爲，非此難以把握與解釋茅盾的婦女觀的深刻內涵與發展變化，及其在理論與實踐中客觀上已經具備的深廣的意義。

一

　　從茅盾的回憶錄及散文作品中不難發現，茅盾對婦女問題的認識與思考，是從家庭內部有關婚姻經歷與個人婚姻經歷中，沿著由感性認識到理性認識的思辨規律進行的。一段時間內他對婦女問題的認識，停滯在文化外殼的表層，未能深入把握其底裡與本質。對以文化形態特別是其中的道德倫理形態出現的婦女問題，有一段不長不短的突破外殼使認識深化的過程。對制約婦女人生道路、制約男女關係尤其是男女之間性愛與婚姻關係的舊的道德倫理與文化規範，他的態度既有反對的一面，也有屈從的一面。盡管其父母屬於新派，但這「新」，尚處於改良主義或資產階級民主主義階段。這既推動著茅盾對桎梏婦女的封建禮教反動本質的認識；也桎梏著茅盾在這個問題上思想認識的突破與飛躍。最明顯的例子，是茅盾對自幼即被包辦了的婚姻的並非情願，也並非不情願的複雜的矛盾的態度。他認同與接受這包辦婚姻的思想基礎，既有曲盡孝道遵父母之命而不使之爲難的一面，也有爲女方考慮自我犧牲的人道主義的一面。

　　然而茅盾是置身社會革命大潮的時代弄潮兒。實踐推動他的行動。外在的影響與親身實踐的體驗，也觸動他本就十分活躍的全方位思考。特別是西

方資產階級革命民主主義思潮與蘇聯十月革命後社會主義思潮異質同構地推動著中國由資產階級舊民主主義革命向新民主主義革命轉變，在其標誌「五四」運動暴發的前夕，茅盾的思想發生了很大變化。他既關注社會的政治的文化的革命運動整體，也關注其中與祖國前途有關的青年問題及與祖國現狀有關的婦女解放問題。這使茅盾由理性思考到實際參予，他一發而不可收地發表了一大批文章來參與實踐。

這時，舉國上下，已把婦女解放作為反封建反禮教的社會政治鬥爭與人民解放鬥爭的重要一翼。婦女問題的討論成為一大社會熱點。1917 年 2 月開始，成為「五四」輿論前驅的《新青年》雜誌由第 2 卷第 6 號到第 5 卷第 3號，幾乎期期都在「女子問題」討論的專欄連篇累牘發表長短著譯，甚至還開闢「易卜生」專號，使婦女問題成了「易卜生命題」。這一方面推動著婦女運動的深入；另方面也使婦女運動發展方向面臨著何去何從的選擇。當時雖然眾說紛紜，究其實只有社會主義方向與資產階級民主主義方向兩途。

茅盾認真思考著這兩大對立的婦女觀。也參照與借鑒婦女運動開始最早的西歐女權主義者的各派理論。他認為，「既要借鑒於西洋，就必須窮本溯源，不能嘗一臠而輒止。」〔註 1〕這一思維方式特徵，始自茅盾學生時代考察西歐文學；最早據以形諸文字者，則始自其婦女運動的論文系列。經過比照思考逐漸形成的茅盾「五四」前夕與「五四」當時的婦女運動觀，總的取向是更近於革命民主主義的。

茅盾首先理清了西歐各派婦女運動發展史的脈略：最早是英國貴族階級婦女的單純參政運動。繼而是美國的女子享受高等教育的運動。再後是遍及西歐的婦女要求改善婚制的運動。「到現在始有包羅教育、經濟生活、婚姻家庭、社會服務四大條的婦女運動。」據此茅盾認為：當前中國婦女運動「非舉這四大宗不可。」〔註 2〕但他又反對「專抄人家歷史上的老帳」，而應注意「時時變遷」的趨勢，並從中國的實際出發。

為此，他又用比較研究方法理清了中國婦女運動史及其發展態勢的前後區別。他指出，從現代意義講，中國婦女運動始自辛亥革命；並於民國元年形成規模。但與當前有所不同：「元年的婦人運動是政治的」，旨在政治公

〔註 1〕 《我走過的道路》（上）。
〔註 2〕 以下所引茅盾關於婦女問題的文字，均見《茅盾全集》第 14 卷所收有關文章。

開，故注重男女平等;「當今的婦人運動是社會的」，它旨在「解放婦女也成個『人』」，故「重在自由。」茅盾認為「兩者對歷史發展說都是『空前的』。茅盾這裡所說的「政治」是特指，而非全方位的泛指。它指的是辛亥革命時期人們「過分迷信代議政治」，以為只要有幾個婦女領袖參加議會「得到發言權，便可以次第解決婦女所要求的事情」。不到十年時間，歷史便呈現出議會制與婦女參政的改良主義局限性;顯示出此舉的脫離婦女群體解放及全社會徹底解放的不徹底性。而茅盾所說當前的婦女運動的「社會」性質，是指拋開上述「表面的政治改革」而與「根本的社會改革」聯繫起來，使婦女的解放真正能和「五四」時代「人的發現」與「人的解放」大潮聯繫起來，使解放了的婦女「也做社會中一個『人』」。這時茅盾婦女觀的定位選擇，已經有可能切近馬克思主義婦女運動觀了。遺憾的是，他在當時西方婦女運動理論對立派系的比較與選擇中，一度走了點彎路。茅盾看到西方婦運理論總體說是保守派與激進派的對立。激進派由又有社會主義派、女子主義派與女權主義派的差異。茅盾開始時贊成瑞典女子主義派學者愛倫凱的基本理論與主張。譯介了她的《愛情與結婚》「《女職工重光》、《婦人運動》、《兒童之世紀》等論著，贊成其理論主張的基本觀點。他特別看重其以「愛」為基點，一切活動以兒童為中心，解放婦女使之成為「自由的人」的資產階級民主主義與人道主義思想。因此，茅盾當時還未能突破籠罩婦女問題的文化「軀殼」。

不過茅盾以愛倫凱某些當時看有其合理性的理論為起點，加以改造，作出的許多發揮，都顯示了他個人的出新之見，形成了他的早期的婦女觀。其思想基礎還是自文藝復興以來至本世紀初的資產階級民主主義的自由、平等、博愛與個性主義人道主義思想。他說:「我是極力主張婦女解放的一人。」因為「凡是人類都是平等的;奴隸要解放。」處於奴隸地位的「婦女也應得解放。」他認為婦女解放的內涵就是恢復其人的權力，使之能和男人「並肩立在社會上，不分你高我低」，「成個堂堂正正的人」。站在這個基點的茅盾，盡管當時他很推崇尼采的反傳統的思想，但對尼采視婦女為貓、鳥、「頂好是個母牛」的謬論，他卻大加評擊。

基於同樣的人道主義出發點，茅盾當時對缺乏愛情的包辦婚姻的態度也與眾不同:他反對一般性地解除已被父母包辦的婚約。理由是:「在男子固然可以另想法;但是女子呢?我不要伊，別人要伊麼?……我娶了她來，便可

以引伊到社會上，使伊有知識，解放了伊，做個『人』。他反駁包辦婚姻無愛情基礎不如離婚的觀點說：「世間一切男女莫非姊妹兄弟」，接受包辦婚姻可「援手救自己的妹妹」，「難道也要忖量值得，也為戀愛麼？」因此他走到一個極端：認為「結婚不應以戀愛為要素」；也應改變「她是我的妻」，「父母的媳婦」等舊觀念；應該認定：她「是一個『人』！」是長者的妹妹，幼者的姐姐。茅盾宣布：自己不把愛看得很重，卻把「利他主義看得很重。」故「願以建設的手段來改革」包辦婚姻。這些觀點雖以人道主義為出發點，卻以承認封建婚姻制度現狀而不取徹底變革態度為歸宿。這說明茅盾是從文化道德視角對待以社會政治屬性為基本屬性的封建婚姻制度的。這時他的婦女觀，顯然存在極大的局限性。這實際上是他接受父母包辦的婚姻現實的思想動因的夫子自道。這種觀點導致對舊的婚姻制度的妥協態度，客觀上對被包辦了婚姻而不得解脫的男女雙方，都未必有什麼好處；但茅盾主觀上的利他主義、犧牲精神與人道主義立場的真誠，與被後來的實踐所証實的言行一致的作風，卻令人肅然起敬！不過這種似是而非的理論，埋藏著許多矛盾。後來被他的婚戀生活的曲折經歷，與短篇《創造》中君實與嫻嫻那種畸形夫妻關係終致破裂的形象描寫所反映的新的內心體驗所証實。

茅盾還認為，「解放的婦女與婦女的解放是相連的」。欲求後者必先有前者。據此基本觀點他提出了造成「解放的婦女」的四點主張：一，「確立高尚的人格和理想」。二，了解新思潮的真諦，以求「意志刻苦的精神的解放。」三，「盡力增高自己一邊的程度」，全力「扶助無識的困苦的姊妹。」四，其活動「不出於現社會生活能容許的範圍之外」。因此婦女只能從教育、經濟生活、結婚與家庭、在社會或國家中的公共生活四者中「找到境地與思想的改變」。盡管他也承認「婦女問題是社會改造問題中的一部。他的發現是和社會的經濟組織有很大的關係」。但對婦女解放的社會政治內涵是最本質的這一點，仍缺乏足夠的認識。對其經濟獨立的意義也估計不足。總地看，所提要求仍局限在文化範圍；且帶明顯的托爾斯泰式的「自我完善」的改良主義色彩；而未能充分把握婦女解放之實質。

正因此故，茅盾當時還明確表示，他不同意社會主義者通過婦女運動求得婦女政治解放與經濟解放使之「變成社會的人」的社會革命婦女運動觀。這也許是因為對辛亥革命後婦女參政運動導致以個別貴族婦女的參政「花瓶」般地掩蓋了軍閥專政的反動本質的現實極端厭惡，故從一個極端走向了另一

個極端；茅盾認爲婦女「簡直不用參政權」，其「根本的改革」「是道德的改革，家制的改革，女子在社會上地位的改革」。他認爲，這才是「根本的改革」，「單講政治改革是要大失敗的」；故應「多做些社會上的事，少做些政治上的事」。茅盾對「代議制」下的婦女參政的否定，是有道理的。但代議制政治並非政治改革的最本質的全方位的本義。因此，茅盾這時所提出的「到底該從政治改革入手呢，還是該從社會改革入手」的問題，本身就有無視社會改革的政治內涵的片面性。故其把社會改革看作「根本的改革」的觀點，就有舍本求末的偏頗。

茅盾還告誡說：「莫認婦女運動有階級（男一階級，女又一階級）戰爭的意味」，導致反抗、敵視男子，「代替男子的地位」而凌駕其上等後果。說婦女運動不能導致婦女凌駕於男子之上的後果，這是對的。但不對階級社會中婦女受壓迫的階級處境作階級分析，不認清在階級社會中尤其封建社會中，夫權中心導致的婦女受壓迫現象整體地看是階級與階級鬥爭現象，就無法把握婦女受壓迫與婦女解放運動的本質。與此相聯繫的是，茅盾當時還把改變政治經濟制度的難度估計過大，對作爲社會集體力量的婦女運動及其與整個社會政治革命之關係估計不足，遂降低了對婦女運動的要求：「我們當前的問題，是解放的準備，和解放的以後。」他還看輕了婦女獲得經濟上的解放的意義與力量，認爲「經濟尙止是一端」。他把道德思想當作「一個最大的力」。故此認爲「婦女問題不必定要從經濟獨立做起」；可以「從改造倫理、改造兩性關係入手，就是從精神方面入手，那才合文化運動的眞意義。」這就頭足倒立般地顛倒了在婦女運動中文化與經濟應有的辯証關係與位置，顛倒了經濟基礎與上層建築意識形態間決定與被決定的關係。因而很難正確引導婦女運動的方向。

也由於缺乏階級觀點與階級分析方法以及相應的政治觀念，茅盾對婦女運動之動力與主要依靠對象的論述，存在更大的偏頗。他對婦女運動的成員構成作出了正確的階級劃分：即闊太太貴族小姐、中等「詩禮」人家的太太小姐與貧苦的勞動婦女三種基本成分。他認爲闊太太貴族小姐不能作婦運「中堅」：這是正確的。但認爲貧苦的勞動婦女是「落伍者」與往往是「道德墮落者」，故也不能作婦運「中堅」，則是錯誤的「群氓」論、「庸眾」論觀念的反映，茅盾這時把中等人家婦女當作婦運「中堅」，也是明顯的誤認。資產階級民主主義婦女運動理論家愛倫凱代表的「女子主義者」派觀點的影

響，是使茅盾忽視婦女運動、婦女解放的政治屬性的早期婦女觀與婦女運動觀及其錯誤層面的重要根源。它在理論上與社會作用上的局限，表現在許多方面。

此外，這時茅盾還受無政府主義婦女觀的影響，提出過廢家庭、建公寓公廚等主張。他認爲「社會生活即家庭生活」。這些主張「和無治主義派相合。」這就從一個極端走向另一個極端，兩頭都踏進了誤區。

總之，茅盾的早期婦女觀，已經形成系統，並具較爲開闊的視野。就其性質言，則是資產階級民主主義的而非社會主義的，而且可說是眞理與謬誤同在。這從一個重要側面說明了茅盾世界觀的複雜性。但應該承認，其主導方面是革命民主主義的進步性，故在「五四」前後能與時代新潮同步，對新文化革命運動，特別是對當時的婦女運動，起著較大的啓蒙教育作用與實際推動作用。

二

「五四」運動發展到後期，工人階級登上歷史舞台並發揮了領導作用，顯示了十月革命影響中國給茅盾以巨大震動所產生的思想威力。中國革命由此完成了由舊民主主義到新民主主義的偉大轉變。置身這一新革命大潮的茅盾，不僅耳目一新，也於 1920 年下半年起，開始學習並接受了指導這一世界政治大變革的馬克思主義理論體系。與此同步的是，導致了茅盾的婦女觀與婦女運動觀發生質變。其文字標誌，是《家庭改制的研究》這篇長文的發表〔註 3〕。此文較系統地介紹了恩格斯的《家庭、私有制和國家的起源》、倍倍爾的《社會主義下的婦女》及英國社會主義學者加本特的的《愛的成年》、《中性論》等論著中關於社會主義婦女觀與婦女運動觀的思想體系。這些論著對茅盾產生了決定性的影響。他表示從此放棄他受影響很大的愛倫凱的「女子主義派」觀點。他宣布：「我是相信社會主義的」，「我主張照社會主義者提出的解決法去解決中國的家庭問題」與婦女運動問題。在這篇長文中，茅盾確立了以下新觀點：一，承認經濟（特別是其中的生產力）對社會所起的決定作用。例如他說，「自從機器時代以來，舊家庭的基礎，已自然地動搖」；「這完全是社會經濟組織改變後不得不然的形勢」。二，他承認經濟基礎對政治、法律以至道德等等上層建築諸因素起決定作用。例如，他

〔註 3〕刊於 1921 年 1 月 15 日《民鋒》第 2 卷第 2 號，收入《茅盾全集》第 14 卷。

認識到，在城市，「社會經濟組織不許婦女有勞動的權利」；在鄉村，盡管婦女也參加田間勞動，但在家庭經濟分配中，婦女照樣沒有支配權。由此他得出結論：「什麼禮教等等，還是社會制度經濟組織的產兒；不把產生這產兒的社會制度和經濟組織改革過，而專從思想方面空論，效果很小」。於是他否定了自己此前的偏頗論點，提出了嶄新的馬克思主義的觀點：「最先切要的事是改革現在的社會的經濟組織。」從此他把婦女解放放到這社會政治革命大背景中作統一的考察。三，他確立了一個基本信念：「社會主義世界必為將來的世界」。他接受了加本特的觀點：「人類最合理的生活應是社會生活，一切人類都是痛癢相關的，一切人都在同一社會中生活著，互盡其服務的能力。」茅盾宣布：從此他接受社會主義者「三位一體」的家庭改制的主張：即（一）婦女的解放；（二）兒童的良善教養；（三）私產繼承法的廢止。四，他認清了婦運與社會政治革命的關係，也糾正了過去對婦運「中堅」力量的錯誤看法。他強調「不要專注目於太太們、小姐們和嬌養的女學生們」。要「努力從社會各階級各方面去找些覺悟的女性」。特別應該「快到民眾中間尋求覺悟的女性」。因為有了階級觀點與階級分析方法，茅盾就放棄了愛倫凱的使婦女成為實際上游離於社會之外的「自由人」的主張；完全贊成社會主義者的主張；使婦女解放與革命同步，使婦女成為擁有與男子同樣的政治、經濟、文化、道德、倫理等等平等權利的「社會的人」與獨立社會地位。

不過茅盾接受社會主義婦女觀的初期，其政治觀點中部分摻雜著無政府主義思想的成分；如主張廢除私產繼承權等即是。這說明他還處在幼稚階段。

茅盾對原來的戀愛與婚姻的偏頗之論也予以糾正。他提出了許多頗有新意的科學見解：一，他放棄了結婚不必以愛情為前提的舊說，改弦更張為「兩性結合而以戀愛為基」的即合於道德，反之則否。這顯然是全新的道德規範。因此他宣布：「強令戀愛者不得戀愛」，或「強令無戀愛者發生戀愛」甚至結婚，就都是罪惡。二，他認為愛情是無條件的，「戀愛是神聖的」；它是「限於兩性間的最高貴的感情，起於雙方人格之互相了解，成於雙方靈魂之摻合而無間隙，它的力量是至大至剛的，它的質量是至醇至潔的，它的來源是人類心靈的最深處。」茅盾還發出石破天驚之論：「戀愛不是理知的產物，是感情的產物」。「絲毫不帶理知作用的戀愛才是真的戀愛」。它是「不

怕天，不怕地，盲目的舉動」。「忘了富貴名分底差別，忘了醜美底差別，忘了人我之分。」也「忘記父母，忘記社會，甚至於連自己是什麼也忘記」。「我相信戀愛是不受什麼禮教信條、社會習慣的束縛的」；「其衝動不免帶些『肉』的氣息」。茅盾還表示：「對於有上述的『狂』為氣分的現代青年女子頗表示敬意！」三，他認為「戀愛固不以性交之達到算為成熟的証據，但是因為戀愛而自然達到這地步，就是極合理的事，不能算是可恥，或穢污。」四，「新性道德反對片面貞操，並非即為主張把舊性道德所責望於女子的貞操主義亦依樣的加之於男子身上。」「因為戀愛不過是人類感情中之勢最強烈，質最醇潔，來源最深邃者而已，決不能保其永久不變遷」。「所以戀愛神聖與離婚自由實在是新性道德的兩翼」。「在此兩性關係正在變化過渡的時代，採取離婚自由使所以實現戀愛神聖」。「不能指戀愛的減弱而終至於無，為不道德。一個人有過兩三回的戀愛事，如果都是由真戀愛自動的，算不得什麼一回事」。「戀愛之真偽與貞潔與否有關；而戀愛的次數，卻絕對無關。」五，「不許離婚固然不對，許人自由離婚毫不加以制裁，也有流弊。」這「於社會組織之固定，很有妨礙。」「在兩極端中間，本可以得個執中的辦法」。

　　從以上所概括的自 1921 年茅盾加入共產黨小組、隨即成為中國共產黨首批黨員和黨的締造者以來，以馬克思主義世界觀為指導所形成的新的婦女觀與婦女運動觀，不難看出，他對婦女問題與婦女運動的看法，其骨子裡體現了辯証唯物論、歷史唯物論與唯物辯証法、階級分析方法的哲學品格與理論的學術的品格。他不但消除了早期婦女觀中對以李大釗為代表的社會主義婦女觀的某些分歧與保留，而且還對其作了許多豐富與發展。這些理論對中國共產黨指導婦女運動的理論、方針、路線的制定，作出了極重要的貢獻。這也是茅盾與向警予一起，領導黨發動的婦女解放運動工作的理論準備。因此在中國婦女運動史與中國馬克思主義理論發展史上，都占有一定的地位。對茅盾思想發展與世界觀質變言，這又是重要的界標。

　　茅盾大體上是在 1921 年完成了由民主主義到共產主義的政治觀的質變。其組織標誌，是加入共產黨小組並成為中國共產黨的締造者與首批黨員之一。其思想標誌，則是同年 4 月 17 日在地下黨刊發表的馬克思主義政治論文《自治運動與社會革命》。而《家庭改制的研究》，則是其婦女觀發生質變的標誌，並從一個側面說明其政治觀的質變。

　　不過與其政治觀同樣，其婦女觀也有局部性缺陷。如主張可以離婚且要尋求「執中」方案為制裁標準；卻又徘徊於新舊道德之間，終未覓得這「執中」方案。再如，承認戀愛的情感因素，卻不承認其理知因素；這就和馬克思主義的認識論與實踐論精神相抵捂。但這些局部缺陷，並不妨礙其馬克思列寧主義婦女觀的總體性質。

　　茅盾的馬克思主義婦女觀與婦女運動觀的形成並未放棄而是包容與強化了其文化視角。從而獲得視野更加開闊的「雙視角」，他把新舊兩大道德體系中關於兩性關係的精華，汲取提煉融合成一體。對其糟粕則斷然拋棄。他對婦女運動走向與兩性關係取向的論述，具有衝決一切往前奮進的「五四」個性解放時代的精神與力度；也有明顯地借鑒未受過中國式封建禮教禁錮的西方的對待兩性關係、推動婦女運動的婦女觀那種開闊的氣勢與開放的意識。特別是汲取了馬克思主義的婦女觀之後，使茅盾的婦女觀與兩性關係觀具有更大膽、開放、進取的反封建禮教的衝擊力。茅盾既總結了西方和中國「五四」以來時代前驅的思想情感體驗與實踐經驗；也概括了自己在「五四」時代獨特的婚姻經歷中個人的思想情感體驗與實踐認知。因此，在其具備共同理論品格之同時，也帶有鮮明的個性色彩。

　　發生質變前後的婦女觀與婦女運動論文，不僅體現出茅盾作為思想家、理論家的思辨性特徵，還體現出茅盾作為集社會剖析與心理剖析於一身的作家與理論批評家的情感體驗與心理心態觀照剖析特徵。這就使茅盾的婦女觀與婦女運動論文，和當時黨內黨外、國內國外婦女問題理論家的婦女觀及婦女問題論文偏執於純理論的情態不盡相同，有時則大異其趣；展現出茅盾獨具的個性與光彩。

三

　　茅盾不同於國外某些光說不練的單純搞學術的婦女問題理論家。他從1921 年在黨辦的旨在培養婦運幹部的上海平民女校任教起，就與婦運實踐有一定關係。不久夫人孔德沚、弟媳張琴秋介入了婦運，更增加了茅盾接觸婦運的機會。

　　在第一次國共合作開始不久，茅盾於 1923 年 9 月被選進新成立的中共上海地方兼區（兼管江蘇、浙江兩省）執行委員會。並以五個執行委員之一的身分兼任負責對國民黨實行統戰的國民運動委員會委員長，婦女運動也在他

的領導範圍。同年 9 月「改組了國民運動委員會，統一管工人、農民、商人、學生、婦女各方面的運動」，由於他發表過許多婦運論著，遂又以委員長身分兼任婦運領導工作，和向警予合作共同領導婦運。從這時起，他不僅在《民國日報・婦女評論》上發表文章，而且還常為向警予主編的《婦女周報》寫文章和「社評」。其《遠東與近東的婦女運動》、《新性道德的唯物史觀》〔註4〕等重要論文，就是為指導婦運而作。1924 年他被邵力子拉去編《民國日報》副刊，辭去上述幾個職務及所兼的婦女運動領導職務之後，雖然不像這期間與婦運關係這麼密切，但「五卅」運動前後，1926 年離任國民黨中央宣傳部秘書返滬，作為中共特派幹部擔任國民黨上海市黨部主任和國民黨中宣部屬上海交通局長職務期間，他和婦運仍有許多聯繫。這就使茅盾的婦女觀及婦運論文，獲得了鮮明的實踐品格與理論性、政策性兼而有之的特色。這也使他從道德文化視角更徹底地轉移到政治文化視角。

他一再申明：「一切道德信條必得生活條件做後盾，方能確立起來，不是人類所能自由取去的。」「正當生活條件劇變的社會」，不僅難「維持固有的道德信條」，而且這「『新』的性道德之發生」也並非僅僅「由於趨新慕歐化的人們的主觀的要求」。他考察並系統介紹了遠東的印度、朝鮮、日本、荷屬南洋各島與近東的土耳其、敘利亞、波斯、埃及等國的婦女運動，發現了其基本規律與取向：「婦女群眾的民主革命運動不過是階級爭鬥運動的一個引子。」所以「無產階級婦女和農業婦女從抵抗外國帝國主義的爭鬥轉移到社會運動階級爭鬥，不過是時間的問題」。這雖是就埃及而言，但其理論概括卻提出了一個普遍性原則。

這時茅盾指導婦運的基本立場是：認為「把婦女問題作為一個單獨的問題而謀其解決」，或一般化地把婦女和男子作為對立的「階級」看並普泛化地引導其向男子「爭回權利」都是「不對」的。他認為婦女運動「應該是針對著阻礙社會進化的某種舊勢力。」「婦女的真正解放，須有待於社會組織之根本改造。」「反對軍閥，反對列強的帝國主義的侵略，便是今日國民運動的口號，各地的婦女運動也應該在這個口號之下結合成大的聯合運動。」最後的這個口號不是以茅盾名義而是以黨領導下的《婦女周報》社評方式提出的。實際上體現了中國共產黨指導婦女運動的基本方針與路線的精神。

以此為基點，茅盾傾全力引導婦女走向社會，置身革命大潮，以求婦女

─────────────

〔註4〕 此文以及以下關於婦女問題的引文，均見《茅盾全集》第 15 卷。

最終的徹底解放。這時期茅盾所寫的婦女論文不多。他的主要精力投放在把握革命全局的宣傳輿論導向上。特別是 1927 年大革命高潮中，他擔任中國共產黨控制的武漢《民國日報》主筆期間，仍關注並盡可能引導婦運走正確的道路。大革命失敗後，他拿起了寫小說的筆。他所起的引導婦運的作用，就從他的小說中形象地體現出來，並產生了不亞於其理論文章的重大社會作用。

他在 1927 年 1 月 1 日《新女性》第 2 卷第 1 號發表的《現代女子的苦悶問題》一文，是在革命高潮中回答當時有很大爭議的「現代女子應該拋棄了為妻為母的責任而專心研究學問改造社會呢？還是不妨把學問和社會事業暫時置為緩圖而注重良妻賢母的責任？」這一問題的力作。茅盾反對這種「套進理論的圈子，憑空數起理來」，「話語愈說愈多，而解決終於不得」的偏向。他主張「姑且撇開理論而問事實」，得出的結論是：「現代的女子是不能安心，或被環境容許，盡理想的為妻為母的責任的。」茅盾主張，即便從女性能在為妻為母的責任中「發揮自己，實現自己，不處奴隸的地位」著想，其「重要的前提」也是「改革環境」。因此現代女性必須「一面為要求自身利益而奮鬥，一面為改造環境而與同調的男性作政治運動」。這給我們提供了一把鑰匙；幫助我們去回答為什麼茅盾小說很少寫時代女性在家庭內部生活鬥爭，而著力寫其置身社會運動與革命大潮的奮鬥這個雖為學界所矚目，但很少作出完滿而明確的答案的問題。其少數作品中也描寫了困囿在家庭中的女性，有的是裝點家庭與社交的「花瓶」，如方羅蘭的夫人（《動搖》）與吳少奶奶（《子夜》），有的則是舊式婚姻的殉葬品，如恂少奶奶和婉小姐（《霜葉紅似二月花》）。在茅盾筆下，這都是有才有德有貌而且有能力在社會上做一番事業的才女，卻犧牲了這一切機會，同時又難成為盡為妻為母之道，或合乎舊道德或合乎新道德的女性。對她們的人生道路，茅盾懷著惋惜予以否定。

茅盾盡了很大的努力，引導他們衝破家庭，置身社會大潮，嫻嫻突破了丈夫君實改舊女性為新女性的「半步主義」毅然棄家出走，完善自我為名實相副的時代女性（《創造》）。梅行素大膽地懷著代父還債心願，走進「柳條牢籠」，但又懷著報復的快意，衝出「柳條牢籠」，既懲罰了以金錢換美妻的丈夫，又為自己開拓了一條從反抗封建買賣婚姻始到走上革命匯入時代壯潮終的壯美的婦女解放之路（《虹》）。茅盾分別以否定的與肯定的態度寫「五四」

以來女性所走的對立的人生道路。除了其文學作品文學典型的獨立的審美意義之外，還從一個側面印証和強化了他主張「發揮自己，實現自己，不處奴隸的地位」，「爲要求自身利益而奮鬥」，「爲改造環境而與同調的男性作政治運動」這一婦女運動理論主張與方針路線。當然，他塑造的在時代壯潮中泅游的靜女士爲代表的東方女性型與慧女士爲代表的西方女性型這兩大時代女性系列，集中體現的都是後一條人生道路和婦女運動取向。

在 20 年代末，茅盾在《蝕》、《野薔薇》、《宿莽》和《虹》中，集中描寫的是他一度曾視爲婦女運動中堅力量的詩禮人家出身的中產階級的與小資產階級的女性。在 1926 年，他不斷產生寫她們的創作衝動時，他曾著重其朝氣蓬勃、積極向上、追隨革命、勇往直前的層面。大革命失敗後，他看到她們當中「許多人出乖露醜」，「發狂頹廢，悲觀消沉」這另一層面。於是眞正被寫進小說的被茅盾視爲婦運中堅的中產階級與小資產階級時化女性，不論靜女士型抑或慧女士型，都走了「追求──動搖──幻滅」、「幻滅──動搖──追求」之路。茅盾寫她們時的情感取向，處在情感上欣賞理性上特別是政治理性上批評甚至否定的複雜情態中。對這種複雜情態，茅盾從審美觀照角度作過許多爲學界所注目的表白。但其下面的這些眞正的理性審視結論，卻大都被學界所忽略。他認爲：體現了「所謂嫻靜端莊，所謂弱不禁風，所謂輕顰淺笑」的「靜的美、病的美」的女性，已經「不適合於作爲大都市的中堅階級的生活方式所形成的『女性美』的新需要」了。但是「吻合於他們的生活的動的健康的富於肉感刺激的女性美」視爲「女性的新型」，也與上述舊型同樣，兩者都不適合站在時代立點、站在革命立場上所希望出現的「女性的新型」的標準和需要。革命所需要的「女性的新型」在中國已經出現了。但不體現在「袒臂露胸」的時裝與「出入交際界」的外表行爲上，而是體現在「她們的思想，她們的生活，她們的奮鬥的精神」都內在地致力於「社會組織之根本改造」的人生追求與革命事業上〔註5〕由此可以窺見，爲什麼茅盾在《虹》中爲梅行素鋪定了「不願一切往前衝」，直衝到「五卅」潮中的南京路的人生道路；又爲什麼在未付諸文字的《虹》的續篇《霞》中，規劃了她入黨、坐牢、從事黨的地下工作甚至成爲黨的領導者的雖歷盡曲折艱辛，卻始終昂揚向上的人生道路的深邃的用意。

〔註 5〕《問題是原封不動地擱著》，1931 年 1 月 1 日《婦女雜誌》第 17 卷第 1 期，《茅盾全集》第 15 卷，第 48、431、432 頁。

四

　　從 30 年代初期的《子夜》、《農村三部曲》、《林家舖子》到 40 年代的《腐蝕》、《霜葉紅似二月花》、《鍛煉》，茅盾在作品中「光譜」般地推出了中國社會各階級、各階層、各種不同政治傾向的婦女形象。對文學創作說，這是個龐大的女性典型系列；對中國社會而言，這是整個中國婦女界各種生態構成的一個縮影。若打亂作品寫作時序，按其時代進程排列，再把 20 年代末的《蝕》與《虹》等編排進去，這些作品對婦女運動的導向意義，就更能鮮明地顯現出來。

　　《霜葉紅似二月花》雖寫的是 1925 年夏秋之交，但卻上溯晚清。其續篇（未完成，但留下十分詳細的大綱與章節片段）則下延到大革命及其失敗。這部長篇推出了由張、錢、黃、趙、王、馮六大地主家族（五家是由地主家族發展到民族資產階級家族的）中數以兩位數計的地主階級老字輩女性與地主家庭年青一代（小姐、少奶奶）女性；並輔之以使喚丫頭、僕婦，及農民家庭中被壓迫勞動婦女。這個女性世界本身，就構成了一個階級壓迫關係的半封建半殖民地中國社會的縮影。它圍繞著婚戀關係展示出婦女的種種人生悲劇；展示了衝出家庭，走向社會的動勢。續篇大綱草稿中突出塑造了六大家族以外的秋瑾、施劍翹般的國民黨左派女傑形象：張今覺。她與南昌起義的關係（其丈夫參加南昌起義以身殉革命）和她那介入革命的動勢，影響著被婚姻悲劇所圍，在家庭中有《紅樓夢》裡鳳姐般的能幹，偶爾介入社會革命事務即能顯示出才能的張蜿卿，使她也呈現走出家庭，置身國民革命的動勢。而張今覺、張婉卿、許靜英、馮秋芸、寶球、徐素貞等的左、中、右三種不同的取向與動態，使茅盾的小說有別於諸如巴金的《激流》三部曲般的以婚戀問題為中心的「五四」時代文學主題，顯示出並體現出茅盾的婦女運動觀的恢宏視野。

　　《蝕》、《野薔薇》、《夜莽》（其中的寫女性的小說）《虹》和《路》，重在寫中產階級、詩禮之家與小資產階級出身的置身於從「五四」運動到「五卅」再到大革命前後這革命興起沉伏動蕩不居的時代壯潮中的各類女性的種種情態。茅盾所寫的這些女性，都不同程度地介入了各個不同歷史時期的革命，也呈現出左、中、右三種情態與政治傾向。但最能展示其婦女觀與婦運導向的，是《虹》中的黃因明（地下黨員）、梅行素（投身「五卅」大潮，在續篇《霞》中入了黨，成了地下工作者和基層黨組織領導人）。茅盾從不同角度

揭示：尋求解放的婦女，必須是實際也是匯入社會改革時代壯潮，與革命男性同步並肩，去謀求包含自身最終解放的國家民族的解放事業。最能展現茅盾由文化視角向政治視角轉換的是：他指出，他曾視爲婦運中堅力量的中產階級法禮人家小姐、少奶奶出身的女性，要想眞正走上上述革命道路，必將經歷多麼艱難曲折的思想轉變、與靈魂淨化的複雜心靈歷程！其最具導向意義的，當然是其時代女性群那條「追求——動搖——幻滅」、「幻滅——動搖——追求」的革命人生征程的「公式」。而最具典型意義的，則是縱貫「五四」、「五卅」、大革命及其後的梅行素「不願一切往前衝」、幾度入「煉獄」，終於消泯了其剝削階級出身帶來的與革命、與人民群眾、與黨格格不入的意識與性格弱點，淨化了靈魂，進入到與工農群眾結合的全新境界的先進女性。

假如說《霜葉紅似二月花》中的女性世界，作爲半封建半殖民地中國社會縮影，其側重面在寫農村縣城中地主階級與農民階級的對立，那麼《子夜》女性世界的側重面，則在寫大都市中資產階級與無產階級的對立與鬥爭。站在上層的是與作爲資產階級大腕人物的丈夫同享榮華富貴的金融資本家杜竹齋夫人吳芙蓉，和既同工業資本家丈夫吳蓀甫共享榮華富貴，也同處厄運的吳少奶奶林佩瑤。在中上兩個社會層中間，有靠當交際花、小掮客、情婦甚至「密探」，以出賣色相爲代價分享資本家殘湯剩羹的徐曼麗、劉玉英；一定意義上還包括被父親推到大買辦趙伯韜懷裡去「鑽狗洞」的可憐的少女馮眉卿。其中層比較複雜，她們的生活態度價值取向各不相同：有浪漫諦克的偶爾也關注革命風潮的張素素；有醉生夢死的林佩珊；也有渾渾噩噩的吳蕙芳。在社會底層，則有女工和女地下工作者兩大類。構思《子夜》之同時所寫的論文《問題是原封不動地擱著》中所說的那思想、生活、奮鬥精神均屬「女性的新型」者，即指此兩類。特別是女工形象，在茅盾筆下，是首次出現的全新的與此前出現的女性完全不同的時代女性。不論從文學還是從婦運角度看，對茅盾說，都彌足珍貴。特別可貴的是，茅盾寫出了其在階級鬥爭中的嚴重分化：在地下女黨員與地下工作者瑪金蔡眞之間，體現出黨由正確路線與「左」傾路線的對立，在女工或女工黨員陳月娥、張阿新、何秀妹、朱桂英、金小妹與姚穴鳳、薛寶珠、周二姐、陸小寶、錢巧林之間，不僅體現出工人階級在激烈鬥爭時刻的階級分化，而且也反映著黨內的路線鬥爭在工運中的表現。而王金貞、姚金鳳等則乾脆成了工頭或工賊！《子夜》的最

初構思，是「都市交響曲」與「農村交響曲」兩大景觀組成的時代社會大全景。後來放棄了農村專寫都市；但其題材被分出來寫成《當舖前》、《小巫》、《林家舖子》、《春蠶》、《秋收》、《殘冬》，以及稍後的《多角關係》、《手的故事》、《水藻行》等等中短篇系列；則又推出在鄉鎮、農村以至水鄉中生生息息、悲歡離合的一系列小資產階級女性和農婦、村姑，以至被侮辱被損害被踐躪的女性。其最具婦運意義的，當數回到鄉鎮從事民主革命鬥爭的潘雲仙（《手的故事》），身處階級鬥爭與民族鬥爭漩渦卻沒有起碼的覺悟的林小姐（《林家舖子》），參加自發鬥爭卻渾渾噩噩的農婦四大娘、荷花、村姑六寶（《春蠶》、《秋收》），既渾渾噩噩未介入鬥爭，只在作生存掙扎中體現出強烈生命意識與生存活力的秀生妻（《水藻行》），和被父、子、婿兩代三人共同踐躪的農民之妻菱姐（《小巫》）。這些典型或具典型性的農村、小鎮的中下層女性，有的是首次出現在中國現代文學史上，有的成了具國際影響的典型。但與寫知識女性與女工以至女地下黨員比，茅盾更著力表現其「自在」狀態而未能充分開掘其進入「自為」狀態的動勢。如果說寫工、農女性體現出茅盾發現「女性的新型」的主觀努力與超前意識，那麼寫其「自在」狀態的渾渾噩噩，則反映出茅盾對勞動婦女的覺悟與自我解放要求估計不足，生活體驗積累也不足，遂使她們難脫離「群氓」情態的局限性。在這裡認識的局限與生活的社會實踐的局限並存；但後者是導致前者的基因。後者又是時代環境的客觀局限使然，不單純是茅盾主觀原因所致。由此看來，知與行的辯証統一關係，在任何領域，包括在茅盾婦女觀及其形象體現中，都是不可違反的。

在《第一階段的故事》特別是其初稿保留下來的「楔子」中，寫到置身抗戰激流的時代女性討論了「到西北去」即赴黨領導下的陝甘寧解放區的問題。據茅盾說，他是在徐特立的一次講話的啟發下，讓人物留在國統區進行「後方的艱苦的需要耐心的工作」。寫留在國統區的女性，茅盾著力寫了她們中從事抗日救亡與反蔣鬥爭的先進的部分：在《腐蝕》中，是女地下黨員萍；在《鍛煉》中，則是為從事革命活動一度被拘捕的嚴潔修和蘇辛佳。此外還有話劇《清明前後》中那位頗帶神秘色彩，但揭露反動勢力卻能「刺刀見紅」的奇特女性黃夢英。他們構成出身詩禮人家但能緊跟時代、甚至置身黨的懷抱的「女性的新型」中的中堅和主流。但茅盾也寫了這類出身的婦女政治上的敵我分化：這就是《腐蝕》中置身蔣特魔窟的女特務趙惠明，和墮落成女

漢奸的舜英。她倆和女黨員萍原來是同學，本都是一度投身「五卅」大潮、參予學潮的弄潮兒。隨著階級鬥爭民族鬥爭的深化，她們之間產生了嚴重的敵我分化，這是一組有對比作用的「三人行」。

以上的長、中、短篇塑造的幾十個不同階級、不同出身、不同經歷的女性那各不相同、甚至敵我對立的女性形象系列，從文學創作說，建構成了中國現代文學史上最完整的女性人物畫廊。從婦女運動言，則實際上描繪出自辛亥革命到建國前夕婦女運動的分化組合的複雜的歷史取向，和不同女性情態各異的人生道路與價值取向。因此，它從獨特的形象思維角度，反映了置身在解放前民主主義革命歷程中，特別是三、四十年代的時代發展中，茅盾的婦女觀、婦運觀的發展情態。

五

在中國婦女運動理論發展史上，女性婦運領袖兼婦運理論家者不乏其人；男性婦運理論家則比較鮮見。男性婦運領導人兼婦運理論家者，則恐怕只有茅盾一人。除了一般意義上因關心民主運動而關心婦女運動，還因個人婚戀生活的獨特性而格外關注婦女問題與婦運發展情態，從而以男性身份跟蹤理論研究者，除茅盾外，肯定沒有第二人。

茅盾的婦女觀與婦女運動觀的發展與質變，是茅盾由民主主義到共產主義的世界觀、人生觀、社會觀的發展與質變的重要一翼；從而在一個獨特的局部，說明了他的思想與理論建樹的蟬變。他的婦女觀與婦女運動觀，由道德倫理文化視野，突進到政治文化視野；再由文化視野，突進到政治與政治運動、社會變革視野；更進一步由社會政治觀照，突進到文學觀照，這些發展集中反映出茅盾思想發展、人生道路探索的獨特性和無比豐富性。

在中國現代史上，既是政治家、社會活動家，又是婦女運動領導人、婦女問題理論家，還是提供婦女文學形象系列，從而在一個特殊視角進行政治的文學的雙重視角觀照者，極為罕見。在中國現代文學史上，以塑造婦女形象見長的女作家比比皆是，以塑造婦女形象見長的男作家則較為罕見。而以婦女問題、婦運理論家和婦運領導人雙重身分從事過長期實踐與生活積累，然後通過長達 20 餘年的文學創作歷程，塑造了可稱之為中國現代史與中國現代婦女運動史縮影的女性人物形象畫廊的現代作家，茅盾又是唯一的一個人。

　　以描繪女性，特別是時代女性見長的茅盾，自登上文壇，即引起格外的注目。但其女性形象，尤其是時代女性形象以至典型與其婦女觀、婦運觀及其發展的關係，卻不僅未被充分考察和論述，甚而至於可以說，這個獨特的領域、幾乎少見考察者的足跡。但是，如果不從這個視角與視野對這一廣闊的領域進行充分的考察，又怎能說明、特別是充分的說明，下述獨特的意義豐富而又重大的文化現象：不是別人，恰恰是茅盾，能提供如此栩栩如生、多姿多彩的女性人物畫廊——借助它、掀開中國現代史、特別是婦女運動史的一部重要的畫冊，展現出文化與政治意蘊如此豐厚的景觀？

　　這一切的一切，不僅充分說明了茅盾的思想發展、文化性格與人生道路的特殊的閱歷與實踐，而且這本身就是中國新民主主義革命時期一大文化景觀。不論從中國現代史、中國文化史、中國婦女運動及其理論發展史，還是從中國現代文學史著眼，都應該視爲具歷史的現實的重大意義的課題，而給予充分的評價。

「五四」新文學革命與建設和茅盾的歷史定位——紀念茅盾逝世三十周年

　　將近三千年的中國文學歷史顯示，中國文學一向以原創性、自主性與民族性爲基本特徵。鴉片戰爭始受到列強入侵之後，國人掀起反省圖強大潮。開始認識自身的不足及與西方資本主義發達國家之差距；遂奮發鼎新致力於革命與變革。他山之石，可以攻玉。學習西方之長，彌補自身所短，也成爲了時代的要求，國人的共識。

　　革命與變革首先以反帝反封建爲共同目標，以強國固本爲基本方針。因此出現了態度上「全盤西化」與「洋爲中用」的分歧與對立。正當學習西方掀起熱潮時，西方卻發生了分化。先是馬克思主義思想體系的創立與國際共產主義運動的興起。繼而俄國十月革命成功創建了社會主義的蘇聯。社會主義制度及其意識形態和資本主義制度及其意識形態的對立，對中國人民展示的決定性意義是提供了社會制度與意識形態的兩種完全不同的參照系。是走資本主義的路還是走社會主義的路？是信奉資產階級的意識形態還是信奉無產階級的意識形態？是以資產階級文學爲楷模還是以無產階級文學爲楷模？不可避免地要作出時代的與歷史的抉擇。這也是給致力於革命變革與中國文學現代化的這些前驅者、主將、旗手與奠基人作歷史定位與歷史評價的一塊試金石。他們那種痛苦的同時又是意義重大的抉擇，決定了自身時代的與歷史的價值。

　　「五四」前夕致力時代變革與中國文學現代化的發動者與主要陣地是1915 年 9 月 1 日陳獨秀一人創辦、主編的《青年雜誌》。次年第 2 卷第 1 號更

名《新青年》，逐漸擴大隊伍。1918 年 1 月改組編輯部成為同人刊物。逐結成新文化革命統一戰線與新文學革命統一戰線，迎接「五四」運動的到來。當時以民主與科學為兩大旗幟。主導力量是留學生：包括少數留學歐美者（胡適、徐志摩等）和大量留學日本者（如吳虞、魯迅、陳獨秀、李大釗、錢玄同、沈尹默、周作人、郭沫若、郁達夫等）；另一方面則是國內具外語能力的精英（如茅盾、鄭振鐸、王統照、朱自清、冰心等）。留日學生占多數，當然與日本經過明治維新學習西方率先實現現代化密切相關。

他們處於國際國內階級矛盾、民族矛盾激烈衝突交織的時代。各種力量的集結以其代表的特定階級利益與價值取向為皈依。對這種複雜形勢力量的界定，必須也只能用馬克思的階級分析方式才能理清頭緒，揭示本質。大體觀之，集結在這一戰線中的精英包括占多數的激進的小資產階級知識分子和為數較少的資產階級知識分子與具初步共產主義思想的知識分子。當時西方兩種制度、兩種意識形態的時立與分裂，勢必導致這統一戰線中兩頭小中間大的三種成員的巨大意識形態差異與文學取向的分歧。這是一個經過衝突重新組合的過程。

最早是留日的李大釗、陳獨秀等人從 1914 年起，通過日本的馬克思主義者和日本流傳的馬克思主義著作率先學習了馬克思主義；經歷了從學習層面到信仰層面的突進升華；或快或慢拋棄了資產階級民主主義世界觀、人生觀、政治觀與文學觀，接受並確立了馬克思主義的世界觀、政治觀與文學觀。包括李、陳在內很多人都經歷了二者混雜、交織、衝突、濾清的痛苦歷程後慢慢清晰定型。這種蛻變體現在當時的許多文章中。

巴黎和會上中國外交的失敗，促使國人認識到資本主義的本質。與此同時，十月革命的勝利給中國送來馬克思主義，以李大釗、陳獨秀為先驅，國內掀起了宣傳和研究馬克思主義的熱潮。激進的小資產階級知識分子在十月革命召喚下和馬克思主義影響下，很多人轉變了其資產階級民主主義的意識形態傾向，放棄了資本主義道路；有的轉變到無產階級陣營中，茅盾就是典型的代表人物。他在 1919 年尾開始讀馬克思主義的書，1920 年 10 月參加了上海共產黨小組。為適應中國共產黨成立起草黨綱黨章之需，他翻譯並在黨的地下刊物《共產黨》上發表《國家與革命》第一章和世界各國共產黨文件，如《共產主義是什麼意思——美國共產黨中央執行委員會宣布》、《美國共產黨宣言》、《共產國際聯盟對美國 IWW 的懇請》等，他還編譯並公開發表

了一些介紹蘇聯社會主義的文章，如《俄國人民及蘇維埃政府》、《勞農俄國的教育》、《羅素論蘇維埃俄羅斯》等。茅盾的紮實行動促使他成爲中共首批黨員之一，同時是中國現代文學史上第一位黨員文學理論批評家和作家。這種劇變在《新青年》內部的反映就是在 1919 年 7、8 月間以胡適爲一方，以李大釗爲另一方爆發了「問題」與「主義」之爭。1920 年 9 月《新青人》成了陳獨秀發起的上海共產黨小組的機關刊物。胡適公開反對無效遂退出編輯部，標誌著統一戰線的分化與兩派公開決裂。這一切先是爲「五四」運動的爆發，繼而爲 1921 年 9 月中國共產黨的正式創建奠定了思想基礎與組織基礎。同時又決定著「五四」運動不論其政權革命層面還是其新文化與新文學革命層面，其基本性質只能是實際也是在馬克思主義指引下由初步具備共產主義思想的知識精英領導的革命民主主義運動；而不是資產階級領導的資產階級民主主義運動。

　　經歷了大半個世紀的歷史檢驗，對「五四」的性質的這種判斷本已成爲學界與文壇的共識。但從上個世紀八十年代開始卻遭到國內外思潮的挑戰。其國際背景是美國以「軟實力」作先導不斷向中國發動意識形態滲透。在文學方面的重要標誌就是美籍華裔學者夏志清的《中國現代小說史》1979 年港版中譯本在大陸的傳播。此書的政治背景夏志清在中譯版中直言不諱：是應從美國政府領取科研基金的「以反共著名的中國之友」饒大衛之約，用上述基金支撐所寫。夏志清坦言：「我的反共立場也是同他完全一致的。」但這些露骨的言論招致普遍的反感。就有聰明人通過復旦大學出版社於 2005 年出版了此書的刪改版，刪改僅限於露骨的反共文字。所改則致力掩蓋類似觀點。這並沒，也不可能改變此書的意識形態本質與政向，反倒加上迷人的包裝。此書依然對包括「五四」新文學革命在內的中國現當代一切革命文學運動與革命作家作品極盡歪曲否定之能事，而對具明顯資產階級傾向的作家作品與文學現象或掩飾、或吹捧，從而盡可能地顛倒了歷史的是與非。十五年來產生的消極影響有目共睹。與此書傳播差不多同時，國內出現了「告別革命」的論調：不僅否定社會主義革命，又否定以「五四」爲起點的新民主主義革命；與此相伴的是有人主張「全盤西化」，搞資本主義制度與三權分立。種種政治喧囂衝擊著意識形態領域，在文壇也有反映。在所謂「重寫文學史」潮流中推出部分論著認定「五四」運動是資產階級領導的，從而鼓吹與誇大胡適、周作人等的主導作用，貶低甚至抹煞李大釗、陳獨秀、魯迅、茅盾、郭

沫若等的歷史作用，就是突出例証。這類現象不僅單篇文章中有，權威機構、權威學者「重寫」的文學史著作也有。它把胡適、周作人放到「五四」新文學運動專節的中心地位大篇幅頌揚；對真正的「五四」新文學革命與建設的前驅、主將、旗手陳獨秀、李大釗、魯迅、茅盾、郭沫若等或一筆帶過，或隻字不提。夏志清甚至說他們只知道「破壞」，不知道「建設」，實在是完全不顧事實。即以茅盾為例，他對「五四」的貢獻，除參與革命外，恰恰在於全面引領了新文學建設。但茅盾參與新文學革命的業績被完全遮蔽；對其引領新文學建設特別是赫赫的理論建設功績更隻字不提。其文學批評建樹被推到「左聯」時期論述其創作時附後，也僅就作家論的開創性有所論及。這一切造成茅盾對「五四」而言無足輕重的假象。在論及魯、郭、茅、丁玲等，夏志清極盡貶低之能事，卻把周作人和張愛玲吹捧成文學主流之代表。以上兩個方面的書寫與文學史實均南轅北轍。西風東漸造成了「十年河東，十年河西」很不正常的假象！

　　然而歷史著述的基礎與底線是曾經存在的現實及所呈現的運動規律；人為設置的標準怎能撼動客觀存在？又怎能經得住歷史與時間的檢驗？「五四」新文學革命固然包括反對文言文，提倡白話文的語言變革在內，但當時文學革命的歷史任務是全方位的，其基本內容與主攻方向是從徹底反封建制度出發，徹底改造舊文學的思想內涵，以臻中國文學現代化的最高目標。因此以反對「桐城謬種，選學妖孽」為口號的反對封建文學，建設全能文學，就成為運動之潮；這既是時代的呼喚，又是歷史的要求。即便如此，歷史的論著都承認胡適在反對文言文，提倡白話文的文學語言革故鼎新方面做出的先驅般的歷史貢獻。因為除語言革新意義之外，這又是反對封建文學的有機組成部分。然而胡適的行動是時代所驅動，反對文言提倡白話的運動，首先又是群體的合力，而非胡適的一己之功。何況任何歷史事件都依照由量變到質變的規律運行。早於胡適的晚清時代，就接踵出現了開風氣之先的提出了系統主張的前驅者。而且胡適的《白話文學史》對此追溯得更遠，提供了上千年的歷史例証。從近代說起，前有黃遵憲（1848～1905）發出「古文與今言，礦若設疆圍。」「我手寫我口，古豈能拘牽。」（《雜感》，1868 年）的號召；及其創作一種「明白曉暢，務期達意」，「適用於今，通行於俗」的「新文體」，「雜歌謠」，「粵謳之間」，「篇幅長短不一，字數多數不等」的「新詩體」（《日本國志》，1887 年）的提倡。中有裘遷梁（1857～1943）提出的「文學

之害，在言文分離，而言文分離，是造成愚民根源」的譴責和「崇白話而廢文言，則吾黃人聰明才力吾他途以奪之，必且爲有用之學」（《論白話詩爲維新之本》，1897 年）的呼籲。近有梁啓超（1873～1929）詩界革命、文界革命、小說界革命（參看其《夏威夷遊記》、《原富》書譯和《小說與群治之關係》1903 年，1908 年）的啓動與實踐，上述三位前驅者不僅倡導了「崇白話而廢文言」的啓蒙運動，即便把他們表達上述主張的文章和胡適的代表作《文學改良芻議》與《建設的文學革命論》拿來比較，其深度、廣度與高度固然未必相讓，其摒棄封建意識與思想意識內涵的文學內容之革新態度的堅決程度未必出胡適之右。只是他們所處的歷史條件尚未成熟；不可能如「五四」般掀起大潮。

後來者胡適卻得天獨厚，他 1910 年到 1917 年留學美國時有條件借鑒列國尤其是西歐文學。他在《談新詩》一文中承認：他反對文言文，提倡白話文有外國的淵源：「歐洲三百年前各國國語的文學起來代替拉丁文時，是語言文字的大解放；十八世紀，是詩的語言文字的解放；近幾十年來的西洋詩界的革命，是語言文字和文體的解放。這次中國文學的革命運動，也是要求語言文字文體的解放。」〔註 1〕「五四」前夕登上文壇時期胡適遠在美國，脫離中國革命運動醞釀之實際約六、七年。此前陳獨秀與《新青年》社發動反封建禮教、反「文以載道」，喚醒民主與自由的運動日益壯大，呈山雨欲來風滿樓之勢；召喚著胡適借鑒西方經驗，以與同學的辯難形成的見解，致信陳獨秀提出「文學革命，須從八事入手」的主張。因爲陳獨秀約稿，才有《文學改良芻議》（刊於 1917 年 1 月《新青年》第 2 卷第 5 號）面世。但他從文學「革命」縮回到文學「改良」，「芻議」一詞又顯得不理直氣壯。具諷刺意味的是，此文提倡白話，卻用文言文寫道：「八事者何？一曰，須言之有物。二曰，不摹仿古人。三曰，須講求文法。四曰，不作無病之呻吟。五曰，務去濫調套語。六曰，不用典。七曰，不講對仗。八曰，不避俗字爛語。」〔註 2〕第一事涉及內容，其解說含情感、思想內容兩項，但屬於中性的泛指，對封建文學無任何的譴責之語。其餘七事均講文學語言改良。所以標題把他致陳獨秀所言「文學革命」降調爲「改良」，確有自知之明，然而不

〔註 1〕 胡適：《胡適文存》第 1 集第 1 卷，上海亞東圖書館，1921 年版，第 233～234 頁。

〔註 2〕 胡適：《胡適文存》第 1 集第 1 卷，第 7～8 頁。

論如何，此文反對文言，提倡白話，前提確是反對舊文學。對「五四」前夕的反對封建鬥爭仍有積極作用；文學史上該記一筆。但其改良主義色彩與態度，當時就招致徹底反封建的志士如錢玄同、劉半農等的不滿和馳書批判。錢玄同在公開信中直截了當提出了打倒「桐城謬種，選學妖孽」口號。陳獨秀則緊接胡文推出大名鼎鼎的《文學革命論》（刊於 1917 年 2 月《新青人》第 2 卷第 6 號）。陳獨秀也借鑒西方，立足點卻遠高於胡適。陳獨秀宣告：「余甘冒全國學究之敵，高張『文化革命』大旗」，「旗上大書特書吾革命軍三大主義：曰，推倒雕琢的阿諛的貴族文學，建設平易的抒情的國民文學；曰，推倒陳腐的舖張的古典文學，建設新鮮的立誠的寫實文學；曰，推倒迂晦的艱澀的山林文學，建設明了的通俗的社會文學。」陳獨秀認為這三種舊文學「與阿諛誇張虛偽迂闊之國民性，互為因果。今欲革新政治，勢不得不革新盤踞於運用此政治者精神界之文學。」〔註3〕對比胡與陳這兩篇文章不難判斷：不是胡適而是陳獨秀主導著文學革命。從 1917 年到 1920 年整整跨著「五四」起伏期，胡適始終停滯在文學革命初期工具性思考層面。始終沒觸及反對封建文學，建設民主主義的新文學以及中國文學現代化的實質與核心。

和陳獨秀同時或略後，李大釗與茅盾卻相繼推出文章，從實質與核心上突破以至超越了胡適，甚至陳獨秀。李大釗在《什麼是新文學》（1919 年 12 月 8 日《星期日》社會問題號）中旗幟鮮明地說：「剛是用白話做的文章，算不得新文學；剛是介紹點新學說、新事實，敘述點新人物，羅列點新名詞，也算不得新文學。我們所要求的新文學，是為社會寫實的文學，不是為個人造名的文學；是以博愛心為基礎的文學，不是以好名心為基礎的文學；是為文學而創作的文學，不是為文學本身此外的什麼東西而創作的文學。」他批評了當時用白話寫的某些「新文學」中包含的種種「科舉」的（按：指封建主義意識）「商賈」的（按：指資本主義意識）舊毒新毒之後，著重提倡：新文學應該具備「宏深的思想、學理，堅信的主義，優美的文氣，博愛的精神。」和「真善真美的質素」，新文學從內容到形式都應以嶄新的面貌出現。李大釗強調：這是創作新文學、發展新文學運動的土壤、根莖。這就是李大釗建設新文學所堅持的審美原則、現實主義真實性原則與馬克思主義的思想性、傾

〔註3〕胡適：《胡適文存》第 1 集第 1 卷，第 95～98 頁。

向性原則。〔註4〕體現出以馬克思主義世界觀指導創作的指導思想，也是引領「五四」新文學建設全過程的方針。這和胡適只重形式、不重內容的「國語的文學，文學的國語」口號比，無異有天壤之別。

在李大釗文章面世一個月後即1920年1月25日，茅盾在《小說月報》第11卷第1號發表了《新舊文學平議之評》，在提倡白話派、死守文言派與「平議」二者關係的折衷派之間茅盾支持胡適，批評另兩派。但他也批評了胡適的形式主義「新文學」主張，提出了自己的「爲人生」、「爲平民」的新文學主張。茅盾認爲新文學必須具備三件元素：「一是普遍的性質：二是有表現人生、提倡人生的能力；三是爲平民的非爲一般特殊階級的人的。」一、二兩條回答了新文學是什麼的問題，第三條回答了新文學爲什麼人的問題和必須具備人民性和階級傾向性問題。他把被胡適顛倒了的重文學形式不重思想內容的關係顛倒過來。茅盾認爲：「唯其是注重表現人生、指導人生的，所以我們要注重思想，不重格式，唯其是爲平民的，所以要有人道主義的精神，光明活潑的氣象。」〔註5〕此論雖有矯枉過正之嫌，但從突出文學本質來講，顯然是對胡適形式主義主張的本質性超越；是對李大釗新文學建設三原則的響應與補充。

「五四」新文學革命本應是全方位的，其重中之重在思想革故鼎新而不應限於革除文言倡導白話。茅盾在「五四」的關鍵時刻，這種超越胡適的選擇具備重大的歷史意義；和既早於胡適也早於李大釗在10年前就推出《摩羅詩力說》（刊1908年2月《河南月刊》第2卷第3號）與《文學偏至論》（刊同年8月《河南月刊》第2卷第17號）的魯迅遙相呼應。魯迅是眞正的前驅者，針對列強侵華、封建制度吃人，而多數國人麻木不醒的嚴峻局勢，魯迅率先發出最強烈的時代呼喚；「是故將生存兩間，角逐列強是務，其首位在立人，人立而後凡事舉，若其道術，乃必尊個性而張精神。」於是，他提出「掊物質而張靈明，重個人而排眾數。」與「立人」主張一起，成爲「五四」前夕最響亮的思想革命口號。〔註6〕這些閃光的思想是「五四」前夕「人的發現」和呼喚個性解放的最早心聲！

魯迅棄醫從文根本目的是以文學爲武器把囿於國民劣根性而不自覺的民

〔註4〕李大釗：《李大釗選集》，人民出版社，1959年版，第276～277頁。

〔註5〕茅盾：《茅盾全集》第18卷，人民出版社，1989年版，第18頁。

〔註6〕魯迅：《魯迅全集》第1卷，人民出版社，1981年版，第57、46頁。

眾喚醒。他說：「蓋世界大文，無不能啟人生之宓機，而直語其事實法則，為科學所以不能言者。所謂宓機，即人生之誠理是已。」「使聞其聲音，靈府朗然，與人生即會。」所以「詩者，攖人心者也。」「握撥一彈，心弦立應。其聲徹於靈府，令有情者皆舉其首。如睹曉日。蓋為之美偉強力高尚發揚，而污濁之平和以之將破。平和之破，人道逐矣。」這是講文學的情思方面的教化作用。魯迅又說：「一切美術之本質，皆在使視聽之人，為之興感怡悅。文章為美術之一，貿當亦然。」這是講文學的美感作用。所以魯迅所期待追求的新文學革命與建設事業能啟發國人。他以普羅米修斯自喻，通過翻譯介紹西方具先進思想的文學以滋補中國。他特別推崇拜倫的精神：「重獨立而愛自由，苟奴隸立其前，必哀悲而疾視，哀悲所以哀其不幸，疾視所以怒其不爭。」「力戰而斃，亦必自救其精神，不克厥敵，戰則不止。」魯迅向國人推崇的範圍極大：「凡立意在反抗，指歸在動作，而為世所不甚愉悅者悉入之。」他懷著熱切的期待大聲呼喚：「今索諸中國，為精神界之戰士安在？有作至誠之聲，致吾人於善美剛健者乎？有作溫煦之聲，援吾人於荒寒者乎？」魯迅期待這「先覺之聲」「破中國之蕭條」。其實魯迅恰恰就是這種最先崛起的「精神之戰士。」〔註7〕

魯迅的這些呼喚倡導，早於提倡文學改良論者胡適整整10年；早於提倡「人的文學」論者周作人11年。後者的主張與魯迅比顯得多麼蒼白無力！魯迅提前13年為李大釗推出的《什麼是新文學》鋪路奠基。這些前驅者們，前後呼應，為「五四」新文學革命與建設指引方向，奏出了時代主旋律。

和胡適的形式主義主張比，周作人的《人的文學》（1918年12月《新文學》第5卷第6號）、《平民文學》（1919年1月《每周評論》第5號）和《新文學的要求》（1920年1月8日《晨報》副刊）等文進了一大步。他從內容與形式相統一的出發點論述他心中的新文學。故從反對封建文學建設民主主義文學大局權衡，其積極作用大於胡適；其影響實際上也久遠於胡適。

不過今天某些學者抬高周作人時所講的「人的文學」，實際上和周作人有所不同，他們或延續了錢谷融1957年在《文藝月報》5月號發表的《論「文學是人學」》中的基本觀點，或照搬了今天西方流行的觀點。錢谷融的立論依據是高爾基提出的「把文學叫做『人學』」的建議；主張文學要把寫人作中心；不應把「反映整體的現實」這個抽象概念作中心。其所指的「人」是具階級

〔註7〕魯迅：《魯迅全集》第1卷，第71～72、68、71、80、82、66、100頁。

性、社會性的人；堅持的是階級論的人性論；而不是周作人的超階級的人性論。把這種「人的文學」論與周作人相鏈接並據此「重新」評價周作人，實際上並沒弄清周作人的立足點。這也許吃了不從原始史料出發人云亦云或想當然的虧。這種學風在當下有一定的普遍性。所以我們要從原始材料出發弄清史實，直逼本質。

周作人「人的文學」論包括兩個基本點。第一是「人性論」；「大旨從生物學的觀察上，認定人類是進化的動物；所以人的文學也該是人間本位主義的。」〔註8〕他認爲「獸性與神性，合起來便只是人性。」〔註9〕但他又說：「這文學是人性的，不是獸性的，也不是神性的。」這就自相抵牾了，暴露了其生物學的進化論的局限性。因爲人是社會動物；人的關係是一切社會關係的總和。離開這個前提，不論談人還是談人性、談獸性，都失去了依據。而所謂「神性」並無社會依據。周作人也從社會的歷史發展觀申說過「人性論」：「原始的文學」是沒有階級性的。這倒不錯。但他又說：這「中間經過了幾多變遷，從各種階級的文藝又回到平民的全體的上面來，但又加重了一重個人的色彩。」「古代的人類的文學，變爲階級的文學；後來階級的範圍逐漸脫去，於是歸結到個人的文學，也就是現代的人類的文學了。」可見在周作人那裡，新文學的所謂「人性」、「平民性」、「人類性」幾乎就是同義語；都是超階級的，他特別強調：這是「歷史上的事實。」〔註10〕然而「歷史上的事實」卻與周作人所說的完全相反！其一，人類歷史從原始的無階級社會發展到階級社會後一直延續到今天，還將延續到很多的未來；從未「逐漸脫去」階級性而到所謂「平民的全體上面。」其二人類的文學史，同樣從原始社會無階級性的文學發展到今天的一無例外地具這樣那樣不同的甚至對立的階級性的文學，今後也將延續到很多很久的未來「逐漸脫去」階級性而發展到所謂的無階級的「平民的」或「個人的」文學。這才是眞正的歷史上的事實。可見周作人的「人的文學」論是建立在超階級的人性論上的「人的文學」論。

周作人的「人的文學」論的第二基本點是「人道主義」論。他所說的人道主義，「並非世間所謂『悲天憫人』或『博施濟眾』的慈善主義，他是一種

〔註8〕周作人：《藝術與生活》，上海群益書社，1931年版，第34頁。
〔註9〕周作人：《藝術與生活》，第15～16頁。
〔註10〕周作人：《藝術與生活》，第35～37頁。

個人主義的人間本位主義。……個人愛人類，就只因爲人類有了我，與我相關的緣故。」「所謂利己而又利他，利他即是利己，正是這個意思。」「至於無我的愛，純粹的利他，我認爲是不可能的。」「用這個人道主義爲本，對於人生諸問題，加以記錄研究的新文學，便謂之人的文學。」〔註11〕可見周作人的人道主義是自私利己的資產階級個人主義，並非超階級的東西。它和《共產黨宣言》所樹立的無產階級首先解放全人類，才能最終解放自己的無產階級人道主義，是根本對立的。與今天有的人常說的以「悲憫情懷」爲核心的所謂人道主義也不同質。這就說明今天某些學者出於善意重新挖掘周作人的人道主義作爲「悲憫情懷」的註腳，用當下的說法，實在是「浪費了感情」！

應該承認，周作人以特定的人性論與人道主義支撐的「人的文學」論，在「五四」時期確有進步意義。他以「人的文學」反對封建的「非人的文學」，配合了「五四」時代人的解放與個性解放運動。他比胡適進一步涉及到新文學的思想內容，這也有助於文學進步。但他與胡適同樣，也未體現主潮。

今天有人重新肯定周作人還因爲他是文學研究會發起人與宣言起草人之一；認爲他的「人的文學」主張是文學研究會的代表觀點。這又是天大的誤會。正因爲周作人是該會宣言起草人之一，才導致宣言的理論模糊性與局限性，宣言中涉及建設什麼樣的新文學的話只有兩句：「將文藝當作高興時的遊戲或失意時的消遣的時候，現在已經過去了。我們相信文學是一種工作，而且又是於人生很切要的一種工作；治文學的人也當以這事爲他終身的事業，正同勞農一樣。」更深一層的問題如新文學的性質是什麼？它爲什麼人服務又如何服務？它和時代與社會有什麼關係？都沒涉及。宣言也沒有把周作人的「人的文學」主張寫進去。這是爲什麼？迄今未見當事人的解釋。但可以肯定的是：它和周作人的文學觀的局限性有關；又和該會的同仁的文學觀並不一致相關。但究竟如何「爲人生」？其左翼如茅盾，右翼如周作人，以及大多數處中間狀態者就因人而異，見仁見智。

周作人和茅盾也有共同點：反對爲藝術而藝術，提倡「爲人生的文學」、「平民文學」，但其內涵卻南轅北轍。周作人的「爲人生」的文學就是其「人道主義的文學。」他說「名稱盡有不同，實質終是一樣。」可見這也是他所

〔註11〕周作人：《藝術與生活》，第18～19頁。

謂的「個人主義的人間本位主義。」他認為「平民的文學與貴族的文學相反」，但「不可十分拘泥」。因為其區別僅在兩點：一是「普遍與否」；二是「真摯與否」。〔註12〕他並不認為二者區別在階級性、傾向性的根本對立。事實上許多貴族文學都合乎他這兩條標準；也和他的「個人主義的人間本位主義」相近。其實周作人極具新興資產階級貴族氣質，他和下層社會的工、農相比，其立場、思想、情感無不格格不入；不僅難以融入平民大眾，也難以融入「五四」時代大潮。也恰恰是因為站在這種「個人主義的人間本位主義」立場上，當國土淪喪及民族危亡之時，周作人竟然投靠日寇淪為國人不齒的漢奸！不論「五四」時期還是三十年代，其文學創作或談禪、或品茶、或寫苦雨、或狀鳥聲，甚至談死，談病、談野菜、道蒼蠅，基本上與人民性無關。這些大抵都屬於魯迅所說的「小擺設」一類，恰恰具備他參與起草的文學研究會宣言所摒棄的「高興時的遊戲」和「失意時的消遣」的特徵。其作品美則美矣，卻談不上真，更談不上善。在文學研究會中他很快就滑到邊緣，後又站到右翼，絕對代表不了文學研究會，更代表不了人民。從歷史長河言，他的進步性與積極意義，不過曇花一現！然而茅盾卻與他相反，始終代表著「五四」主流與傳統，把握和引領新文學革命與建設事業的正確的方向。

　　「五四」新文學革命與建設要完成的根本任務，一個是作為一個方面肩負著推動中國革命徹底完成反帝反封建的任務，促使半封建半軍殖民的中國社會經由新民主主義向社會主義前進。另一個是徹底改變封建文學愚昧群眾的局面，改變文學與人民對立的關係，在中國文學現代化新的基礎上建立起新文學與人民的魚水關係：為人民而寫；重在寫人民群眾，首先寫給人民大眾，還要收到人民大眾的喜聞樂見的審美效果。用這種新文學革命與建設的標準作歷史考慮，不難看出：從「問題」與「主義」之爭開始，「五四」新文學革命統一戰線的分化甚至對立，是歷史發展必然，胡適也罷，周作人也罷，其他類似者也罷，面對這些重大問題，大抵淺嘗輒止，半途而廢；有的甚至轉化為反面。不過胡適稍早，周作人略遲而已。真正肩負這兩項任務，把握著歷史發展正確方向，沿著歷史發展正確方向，沿著由新民主主義到社會主義的方向徹底地完成著這兩項任務者，則先是李大釗、陳獨秀。後來是以魯迅、茅盾、郭沫若為核心，團結著政治傾向並不完全一致，但徹底反帝、反封建

〔註12〕周作人：《藝術與生活》，第 1、40 頁。

的革命民主主義方向基本一致的大批文學工作者，結成新的文學統一戰線。當時他們集聚在魯迅爲核心的《語絲》社、茅盾、鄭振鐸爲核心的文學研究會和郭沫若爲核心的創作社周圍。郭沫若及其創作社開始時代表「爲藝術而藝術」和浪漫主義思潮。「五四」到大革命期間轉向革命文學與現實主義。魯迅及其《語絲》社，茅盾及其文學研究會則始終堅持並代表著「爲人生」的現實主義文學主潮，成爲從文學革命到革命文學的中堅。

茅盾和周作人共同發起了文學研究會，但其政治的文學的立場迥然不同。茅盾的起點雖是革命民主主義，但發起此會時已加入共產黨小組在陳獨秀直接領導下爲建黨作馬克思主義與論準備，這又是「五四」新文學建設運動的奠基性工作。中共建立後他擔任溝通中共中央與地方黨的聯絡員。他的文學組織領導工作總步調當然與中共中央保持一致。這決定了他自覺接過了李大釗高揚的「堅信的主義」的大旗，紮紮實實地繼續引領從革命民主主義到社會主義的文化思潮、文學思潮。在李、胡「問題」與「主義」之爭後四個月，周作人《人的文學》發表後產生了誤導作用，這一年多，思想界、文學界的認識比較混亂，統一戰線開始分化許多人無所適從之際，茅盾有備而來，挺身而出，推出一批文章，引領並發展著「五四」新文學革命與建設的方向。開篇作是 1920 年 1 月 10 日刊於《東方雜誌》第 17 號的《現在文學家的責任是什麼？》，從四個方面闡釋了新文學革命的作用和新文學建設應遵循的原則及預期的前景：一、從思潮發展史高度對致力「五四」新文學的作家作出時代的社會的與藝術的歷史定位。他指出：「自來一種新思想發出，一定先靠文學家做先鋒隊，借文學描寫手段和批評去『發聲振聵』。」「中國現在正是新思潮勃發的時候，中國文學家應當有傳播新思潮的志願。有表現正確的人生觀在著作中的手段，應該曉得什麼是新文學？什麼是文學的哲理？什麼是文學的藝術？什麼叫做社會的文學？什麼叫做德謨克拉西的文學。」二、他以此爲基礎首次提出了他和周作人迥異的「爲人生」的文學主張，回答了「五四」新文學爲誰創作、爲什麼創作和該如何創作等重大問題。他說：「文學是爲表現人生而作的。」其「積極的責任是欲把德謨克拉西充滿在文學界，使文學成爲社會化，掃除貴族文學的面目，放出平民的精神。」文學「是爲人類呼喚的，不是供貴族階級賞玩的：是『血』和『淚』寫的，不是『濃情』『艷意』做成的；是人類中不可多得的文章，不是茶餘酒後消遣的東西！」三、因此他要求新文學家承擔「表現人生，宣傳新思想」和「避邪去僞」三

項責任，爲此創作前必須研究「全社會、全民族」，把握「普遍的弱點，用文字描寫出來。」因此新文學家「非研究倫理學、心理學（社會心理學）、社會學不可。」四、與某些偏激的前驅者不同，茅盾對舊文學持批判繼承的辯証態度。他說：「我們現在不反對眞心研究舊文學的人，因爲舊文學本身有其價值。」「能從根柢上研究舊文學不是壞事，最怕的是舊也沒有根柢新也僅得皮毛。」他同時又強調借鑒外國文學，特別是「將兩岸的東西一毫不變動地介紹過來，而在介紹之前」，首先得研究其思想史，文學史以及「社會學人生哲學」，「更欲曉得各大家的身世與主義。」決不允許「譯時先欲變原來的顏色。」茅盾的目的是把握本質，汲取精華，他特別推崇盧梭、易卜生、赫爾岑和托爾斯泰，尤其推崇史稱「由巴黎走向莫斯科」的「大勇主義者」「拿文豪的資格提倡社會主義」的羅曼・羅蘭。〔註13〕

從「五四」剛過到中共建黨前的一年多茅盾寫的這篇文章看出，茅盾與胡適的本質區別在於：胡適堅持少談主義，多研究問題：茅盾既談主義，也研究問題。胡適重在文學語言的改良；茅盾在堅持提倡白話、反對文言（其代表作是《駁反對白話詩者》《語體文歐化之我觀》、《四面八方反對白話聲》等）之同時，集中致力新文學內容的革故鼎新；同時也注意內容與形式的完美統一。茅盾和周作人的區別主要在：周作人「爲人生」的文學觀與「平民文學」觀以超階級的人性論和極端個人主義的人道主義論爲思想基礎；茅盾的「爲人生」的文學觀是以馬克思主義階級論和社會主義、集體主義思想爲基礎。他們在文學與政治、文學與人民之關係上存在根本分歧與本質區別。而茅盾在新文學革命大方向上呼應著李大釗與陳獨秀；在新文學建設整個時期都與魯迅並肩作戰；並以其有自己特色的理論建樹與創新，強有力地引領文學思潮向正確的方向挺進。

從另一個角度說，茅盾和陳獨秀、李大釗之間既有共同點也有不同點。他們都以中共首批黨員身份致力於新文學革命與建設。但陳、李側重政治，「五四」後中斷了文學活動，茅盾側重文學且縱貫始終。茅盾與魯迅不同的是茅盾從開始就站在共產主義者立場。魯迅是1927年後成爲共產主義者，但於1936年早逝。在最重要的歷史階段，茅盾始終站在魯迅一邊，共掌新文學革命與建設大旗，共同引領其先進的主潮方向。正因爲茅盾集政治與文學活動於一身，其人生觀、文學觀就比魯迅多些政治色彩。其理論批評與文學創作及其

〔註13〕茅盾：《茅盾全集》第18卷，人民出版社，1989年版，第8～11頁。

審美內涵比魯迅多些理性，情感與美感則相對不足。推出《現代文學家的責任是什麼？》時茅盾接受馬克思主義為時不久，留下了與其民主主義基礎此長彼消的印痕。從此長彼消到有機統一的這種現象，是包括李大釗、陳獨秀、魯迅在內由民主主義到共產主義思想轉變過程中具規律性的現象。

茅盾的這一特點也體現在其引領新文學革命與建設大潮的過程中。茅盾這方面的建樹最集中突出的是以下幾方面。

首先是組織新文學大軍構成統一戰線，向封建文學做韌性戰鬥；紮紮實實地促使「將文學當作高興時的遊戲或失意時的消遣的時代」盡早結束。1921 年初茅盾集中辦了兩件大事。首先是參與發起並持續領導了「五四」時期第一個也是陣容最大、持續時間最長的新文學的團體：文學研究會。據目前掌握的史料，其成員有入會序號者 172 人，有史料依據但不知入會序號者 38 人。會員當中包括「五四」前驅劉半農、周作人、俞平伯、劉大白等。包括從「五四」直到建國後文藝界出版界領軍人物如鄭振鐸、葉聖陶、丁玲、馮雪峰、傅東華、黎烈文、趙景深等。包括縱觀中國現當代文學史的大家以至大師級作家如冰心、朱自清、巴金、老舍等。包括戲劇界、翻譯界的翹楚如陳大悲、歐陽予倩、熊佛西、李健吾、曹靖華、耿濟之等。包括現實主義以外流派的代表人物如李金髮等。甚至還包括由文壇走上政壇成為中共中央領導人與開國元勳者如瞿秋白、張聞天、陳毅等。而茅盾則具多種身份，發揮著領導核心作用、凝聚團結作用以及把舵導航作用。沒有茅盾特別是他在理論批評方面的引導，文學研究會很難取得如此輝煌的業績和如此巨大的貢獻。

與此同時茅盾辦了第二件大事，奪取了從創刊開始就被鴛鴦蝴蝶派把持著的《小說月報》這塊陣地。從 1921 年 1 月第 12 卷第 1 號起茅盾獨立主編，徹底廢棄全部舊稿，推出全新的創作、翻譯、理論批評和文壇訊息。創建起「五四」以後第一塊也是最大的持續時間最長的一塊文學陣地；它實際上是文學研究會的「機關」刊物。由茅盾、鄭振鐸、葉聖陶接力式地擔任主編，直到 1931 年被日寇侵滬的戰火摧毀被迫停刊。茅盾借此陣地聚集的作者隊伍包括下面這串閃光的名字：魯迅、汪靜之、徐志摩、葉聖陶、冰心、周作人、郭紹虞、王統照、鄭振鐸、俞平伯、胡愈之、朱自清、張聞天、許地山、王魯彥、郁達夫、盧隱、白薇、朱湘、李金髮、聞一多、夏丏尊、丁玲、巴金、老舍、許杰、豐子愷、徐霞村、凌淑華……從「五四」前驅到「左聯」

新人，從現實主義、浪漫主義、到象徵主義現代派：各種傾向，各種流派，各種文體，一句話，新文學建設的基本內涵與主要成果，幾乎集聚《小說月報》。後來成為文壇大家的處女作如老舍的《老張的哲學》（1926 年第 17 卷第 6～7 號）茅盾的《幻滅》（1927 年第 18 卷第 9 號）、丁玲的《夢珂》（第 18 卷第 12 號）、巴金的《滅亡》（1929 年第 20 卷第 1～4 號）等都由該刊推出。文學研究會是個鬆散的團體，是茅盾以他的理論批評導向和提供的《小說月報》陣地起了凝聚作用：團結了隊伍，培育了新人，支撐著新文學建設事業，篳路藍縷，破土開路。

茅盾深知，要鞏固新文學陣地，必須清理污穢，特別是要繼續完成反封建的任務。當時反對舊的封建文學已呈摧枯拉朽之勢。但改頭換面的新封建文學特別是鴛鴦蝴蝶派和舊章回體小說派卻極盡魚目混雜之能事。茅盾和魯迅合作對其進行有分析與說理的批判。這是一場硬仗。

因為他們所辦的刊物很多，大都早於《新青年》。最早的是舊《小說月報》（1910 年 7 月創刊）。其他如《小說海》（1915 年 1 月）《小說新報》（1915 年 3 月）、《小說大觀》（1915 年 8 月）等創刊都已在五年以上。1916 年 10 月《時事新報》又開闢了「上海黑幕」專欄，所刊《繪圖中國黑幕大觀》開黑幕小說之先河。這些刊物及小說傾向與新文學革命大潮逆動，雖有些民主性的點綴，總傾向卻是封建糟粕。其代表人物包天笑就宣稱其創作宗旨是「擁護新政體，保守舊道統。」其擁護的新政體始自孫中山，但早已被封建軍閥所篡奪，成為封建勢力的總代表了。其「保守」的「舊道統」是貨真價實的封建貨色。其總的傾向與無產階級領導下的新民主主義革命背道而馳。茅盾正是適應時代的需求展開其評判工作的。茅盾與鴛鴦蝴蝶派的具體衝突倒不是他首先發難，是商務印書館應時代與市場的需求主動委派茅盾改革《小說月報》觸動了該派的根基，引發了蟠居該刊 11 年之久的鴛鴦蝴蝶派的主動攻擊。但茅盾後發制人的反擊卻是連珠炮彈，從 1921 年 7 月到次年 11 月連續發表了《寫實小說之流弊》等 6 篇長文，其中《自然主義與中國現代小說》（1922 年 7 月 30 日）最具份量：既是對封建小說的總清算，也是對包括鴛鴦蝴蝶派與舊式章回小說、黑幕小說的總批判。與此同時提出的總對策是提倡以革命民主主義為指導思想的自然主義主張。茅盾幾乎讀過中國全部舊小說與彈詞。對上述諸派的作品與文學主張也了然於心。正因為準備充分，厚積薄發；所論就切中肯綮。茅盾把當時的小說分成新舊兩派對比分析。舊派小

說又分成舊式章回體寫法、西式布局寫法與「中西混合」寫法三種。茅盾首先肯定該派有些小說其部分取材於現實生活。然後著重指出其普遍存在的短處。即思想上：一是「文以載道的觀念」，「遊戲的、消遣的金錢主義的文學觀念」，把文學當作「牟利的商品」「記賬式」的敘述而不知小說「重在描寫」。二是只知「主觀的向壁虛造」「而不知客觀的觀察」與「藝術」「再現」。茅盾對比說，新派以爲「文學是表現人生的，疏通人與人間的情感，擴大人們的同情的。」茅盾同時承認，有的新派小說也犯「不能客觀描寫」的毛病，有的甚至認定小說是「宣傳某種思想的工具」，「藝術上一無足取」者，這同樣是忽視實地觀察，客觀描寫所致。茅盾開出的共同的治療藥方就是以實地觀察、客觀描寫爲核心自然主義創作原則，就實質言，茅盾所指乃是現實主義。〔註14〕

綜上所示不難推斷：茅盾的批判完全是實事求是和善意的治病救人的，他重在正面的理論建設與正確方向之指引，與舊派對他的惡意攻擊相比毫無共同之處，表現出了大家風範。然而新時期出現了責難與否定的觀點，認爲魯迅、茅盾當年這些批判是從左的觀念出發反對歷史的誤導，這就脫離了包括鴛鴦蝴蝶派、「禮拜六」派、舊式章回小說派、黑幕小說派當年與「五四」新文學革命對著干逆歷史潮流而動的時代大背景；也否定了當時清除封建舊文學蟠居的文學基地的歷史要求，給茅盾扣上「左」的帽子與誤導的罪責也和茅盾的理性批評實際相去甚遠。這就勢必與歷史唯物主義的科學態度相悖。這種責難與否定是站在今天生活富裕、市場經濟發達，與文化市場相伴的消費主義傾向抬頭的新時期大眾文學需求的立足點，把上述各派舊小說在今天仍有市場的現狀與當年「召喚」新文學革命的時代大潮與歷史要求人爲地對立起來。殊不知在今天，這些東西和社會主義核心價值觀與社會主義文學主旋律仍然格格不入。因此，他們對當年魯迅茅盾歷史缺陷的否定，是既無根據，也沒有道理的。

茅盾的歷史的貢獻第二個方面是全面介紹外國文學思潮與流派發展趨勢，著力翻譯、評介西方進步文學，著力譯介被壓迫民族的作家作品，給新文學建設提供最佳參照系。他的工作頗具特點。第一個特點是溯本求源，把握流向。從文學的源頭神話，到希臘、羅馬，再下究和統貫到19世紀末，系統地探究因果，把握規律，力求給新文學建設提供既完整又系統的有益經

〔註14〕茅盾：《茅盾全集》第18卷，第225～234頁。

驗。與理性、感性結合的教益。其翻譯成果是洋洋十大卷的《茅盾譯文集》，其梳理、總結作理論闡述的西方文學發展史論著收入《茅盾全集》：計神話一卷（第 28 卷）；西歐文學史兩卷（第 29、30 卷，含：《希臘文學 ABC》、《騎士文學 ABC》、《西洋文學通論》、《歐洲大戰與文學》、《世界名著講話》、《漢譯西洋文學名著》）；外國文論兩卷（第 32、33 卷，合單篇論文 325 篇）。第二個特點是注重當下外國文壇及其動向的及時報導，幫助文學家及不諳外語者及時把握新動態取向。他在《小說月報》闢「海外文壇消息」專欄，從 1921 年 1 月到 1924 年 4 月茅盾撰寫發表了 207 篇，視野遍及歐、亞、非、拉丁美洲諸國文壇。他還堅持提供重要作家介紹，寫了《近代戲劇作家傳》（35 家）、《近代俄國文學家 30 人合傳》、《現代世界文學者略傳》（40 家）、《現代德奧文學者略轉》（5 家）。此外配之以普及外國文學知識的《文藝詞典》、《文學小詞典》等。（均收《茅盾全集》第 32 卷）。這洋洋數百萬言的論著點面結合，使人既有宏觀把握，也有細緻了解。第三個特點是堅持取精用宏原則和魯迅般「拿來主義」的態度，既吸取外國經驗之精華，又結合中國文學實際有批判有分析地借鑒。茅盾幾十年來始終認為：「借鑒不是摹仿，借鑒要吸取其精華，化為自己的血肉。」因此必須「有真正透徹的理解。」（《為介紹及研究外國文學進一步解》，1917 年 9 月《外國文學評論》第一輯）所以他選擇評介的原則具有很強的針對性與時效性，有剔除、有消化也有發展。這就和「全盤西化」論者劃清了界限，也和中國幾千年的自主性、獨創性及開放性傳統相承接。他的第一篇文論是《蕭伯納》（1919 年第 2～3 號）《學生雜誌》第 6 卷第 2～3 號）配譯了蕭的《人及超人》一書片段《地獄中之對譚》，是看中了蕭伯納「思想之高超直出現世紀一世紀。」其作品思想上反對貧富不均，追求社會平等，破壞舊道德以實現理想之國；期冀未來，目光關注下一世紀。其藝術也是「峭拔尖利」，足以啓迪國人。〔註 15〕其第二篇文論《托爾斯泰與今日之俄羅斯》（1919 年 4～6 月《學生雜誌》第 6 卷第 4～6 號）配譯了論文《托爾斯泰的文學》與托氏的劇作《活屍》。茅盾認為：「讀者作俄國文學略史觀可也，作托爾斯泰傳觀可也，作俄國革命遠因觀亦無不可。」〔註 16〕看來這時茅盾已讀過列寧論托爾斯泰的那組文章，所以把托氏置於俄國革命史與文學史的縱深考察。對其以利他主義為核心的托爾斯泰主義和以真實性為

〔註 15〕茅盾：《茅盾全集》第 27 卷，第 1～2、7～9 頁。
〔註 16〕茅盾：《茅盾全集》第 32 卷，人民出版社，1989 年版，第 14 頁。

核心的現實主義藝術作了全面評述。這也顯示並印証了茅盾立足於中國現實。推動社會新思潮與新文學發展雙軌並行的特徵。第四個特點是把目光由發達國家英、法、俄等的文學大家如大仲馬、左拉、托爾斯泰等轉向東歐和東方被奴役的小國那些被侮辱被損害底層人民的苦難與分析的文學。這些作家作品多不見於經傳，但能喚起中國人民的共鳴，促進激勵其反抗的情緒與改變革命的鬥志，最後，茅盾把目光集中在高爾基為代表的反映蘇俄革命前後的社會發展、人民生活劇變的時代聚集點蘇聯文學上，就更具前瞻性和導向性了。

在上述的雄厚基礎上，茅盾把握了世界文學思潮發展的基本規律，據其進程總結出略帶進化論色彩的公式；「古典主義──浪漫主義──自然主義（寫實主義）──新浪漫主義。」認為其嬗變的動因在「時代精神」的變換：「每個反動，把前時代的缺點救濟過來，同時向前推進一步。」但他又不「唯新是摹」，而是根據實際情況給中國文學現狀定位。「尚徘徊於『古典』『浪漫』的中間。」由此鎖定目標：「盡量把寫實派自然派的文藝先行介紹。」於是開始提倡自然主義。當時國內包括茅盾在內大都認為「文學上的自然主義與寫實主義實為一物。」〔註17〕但此對茅盾年輕氣盛急功近利有些急躁，過不了多久就說：「提倡寫實經年，社會的惡根發露盡了，有什麼反映呢？可知現在的社會人心的迷糊，不是一味藥所可醫好，我們該並時走幾條路所以表象主義應該提倡了。」〔註18〕但經由表象主義（象徵主義）提倡新浪漫主義之後，茅盾發現也有弊端，幾經慎思，到1920年底和鄭振鐸一起發起文學研究會時茅盾又回到寫實主義，此後又從「為人生」的寫實主義文學，突進到以高爾基為代表的為無產階級的社會主義現實主義文學，成為他相對穩定的文學思潮主張。終於為新文學建設探索出一條康莊大道。

這兩年左右的徘徊與急進，一面反映出年方20多歲的茅盾相對幼稚，另一方面則顯示他時不我待推進新文學建設的熱情與時代緊迫感。更重要的是充分顯示了他借鑒外國始終堅持從中國實際出發解決當下問題，力求中國化的實事求是態度。顯然茅盾雖經歷了「五四」反叛傳統的突進，仍注意保持文學傳統的自主性、獨創性、民族性特徵。唯其如此，他在從外國「拿來」之同時力求加以改造以適應中國國情。這從他對浪漫主義的論述與提倡中可

〔註17〕茅盾：《茅盾全集》第18卷，第211頁。
〔註18〕茅盾：《茅盾全集》第18卷，第28頁。

以看出，新浪漫主義本是西方諸現代派中由象徵主義胚胎轉變而成的一種文學思潮形態。其文學實踐帶有現代派的長處與局限。茅盾摒棄了其諸如頹廢的世紀末情緒等消極因素，汲取其追求理想主義的精華。他認定的是其代表人物羅曼・羅蘭與巴比塞後期發生了「從巴黎到莫斯科」的轉變後，熱情支持十月革命時期的以新理想主義爲內核的新浪漫主義，這種新浪漫主義實質上是由革命民主主義轉變到共產主義的過渡期的一種中介思想形態。實際上其審美觀多半是由批判現實主義到社會主義現實主義的中介過渡形態。在許多大師諸如羅曼・羅蘭、高爾基、魯迅和茅盾身上都曾有規律性的表現。而茅盾這種轉變與中介過渡對新文學建設的引導作用，就是使帶人性論色彩的「爲人生」的文學觀在馬克思主義階級論的影響下，經由「爲被侮辱被損害者」的文學，最終走到「爲無產階級」文學方向與道路上去。這和中國革命由舊民主主義到新民主主義再到社會主義的道路相對應。同時這又是對這條正確的革命道路在文學方面的回應與主動配合。

茅盾對新文學革命建設的第三方面貢獻是在探索中提出正確的文學主張並作配套的理論闡述，正確引導新文學革命與建設的發展方向，其特點是自己的社會觀政治觀與中國革命同步發展，反過來又使文學觀與時俱進，從而充分體現時代精神。茅盾在 1920 年 10 月參與建黨籌備工作時中國正面臨走資本主義還是社會主義的歷史道路選擇。茅盾從翻譯列寧《國家與革命》過程中明確了這兩種國體與政體質的區別。通過譯介關於蘇俄社會主義的 20 多篇政論，更堅定了走社會主義道路的決心，相應地完成了由革命民主主義到共產主義的政治觀質變。其標誌就是 1921 年 4 月 7 日《共產黨》第 3 號發表的長篇論文《自治運動與社會革命》。茅盾宣言：縉紳階級（指資產階級）與北洋軍閥都是「吃人」的「老虎」。其推行的「自治」，要建立的「代議制」旨在「狐媚外國的資本家」；只會給眞正的平民「加多一重壓制，加多一層掠奪。」中國應該摒棄這條死路，「應該舉行無產階級的革命。」「一切的生產工具」，「一切的權力機構都要歸勞工們掌管，直到滅盡一分一毫的掠奪制度，資本主義決不能復活爲止。」「這個制度現在俄國已經確定了。」中國只是「現在充分準備著」，「勝利即在最近的將來。」〔註 19〕這時毛澤東的中國革命分兩步走的理論還沒形成。茅盾這種照搬蘇聯的帶「左」傾幼稚病的理論當時在黨內外帶一定的普遍性。但它把握了從《共產黨宣言》起確立的馬克思主

〔註19〕茅盾：《茅盾全集》第 14 卷，人民出版社，1989 年版，第 200～204 頁。

義基本原理，成為茅盾社會觀、政治觀發生質變的思想基礎，也在促使其文學觀發生質變，對確立新文學為人民大眾服務的方向起了指導作用。不過茅盾出於團結文學統一戰線大多數考慮，並沒有立刻把黨內的這些宣示在文藝界原樣推出。而是通過提出文學「為被損害者」的口號作為過渡，直到 1925 年才提出「為無產階級的藝術」口號。對茅盾這種策略性步驟還未見學界有人指出。

茅盾 1920 年 1 月推出第一篇倡導「為人生」的文學主張的論文《現在文學家的責任是什麼？》和周作人的超階級的人性論的「人的文學」主張劃清界限，其關鍵是站在階級論立場，對不同文學作出階級分析。然而文中採用的文學的「全人類性」提法及為人生呼籲尚留有超階級的人性論的痕跡。使其「為人生」的文學口號尚顯空泛，並未作出準確的意識形態的定性。1921 年起提倡的「為被損害者」的文學口號，對其作了澄清。他把《小說月報》第 12 卷第 10 號編為《被損害的民族的文學號》，他在《引言》中說：「凡在地球上的民族都一樣是大地母親的兒子，沒有一個應該特別的強橫些，沒有一個配稱為驕子」！「凡被損害的民族的求正義求公道的呼聲是真的正義真的公道。在榨床裡榨過留下的人性方是真正的人性。」「他們中被損害而向下的靈魂感動我們，因為我們自己同是不合理的傳統思想與制度的犧牲者；他們中被損害而仍舊向上的靈魂更感動我們，因為由此我們更確信人性的沙礫裡有精金，更確信前途的黑暗背後就是光明！」

「而況在藝術的天地內是沒有貴賤不分尊卑的！」「因此，我們發刊這『被損害的民族的文學號』」旨在引導中國新文學目光下沉，接受這「人性」的「精金」的「感動」〔註20〕茅盾這裡對文學的人民性與民族性的階級分析表明他和周作人徹底決裂，也拋棄了以前自己的觀點中同質的殘餘。這對新文學影響至大。

1923 年和 1925 年相繼爆發了「二七」大罷工和「五卅」運動，顯示出登上歷史舞台的工人階級的領導作用與威力。文壇的反應首先是 1923 年惲代英等編輯的《中國青年》率先提倡革命文學。茅盾立即著文響應。隨後又推出長篇論文《論無產階級藝術》（連載於 1925 年 5 月 2 日、17 日、31 日和在 10 月 24 日《文學周報》第 172、173、175、196 期）和《告有志研究文學者》（刊於同年 7 月 13 日《學生雜誌》第 12 卷第 7 期）《文學者的新使命》（刊於同

〔註20〕茅盾：《茅盾全集》第 32 卷，第 401～402 頁。

年 9 月 13 日《文學周報》第 190 期）等一批論文。

　　茅盾的「爲無產階級」的文學主張是對其「爲人生」的文學與「爲被損害者」的文學口號的突破與發展，包括三個組成部分。第一，把無產階級文學傾向性概念引入新文學建設與創作領域。他深入分析了文學的意識形態屬性，克服了此前自己的以及別人的「爲人生」、「爲民眾」、「爲全人類」等提法的政治模糊性。他認定革命作家應該站在無產階級立場上，用文學維護無產階級及人民大眾的利益，喊出他們的心聲。茅盾宣告：「我們要爲高爾基這一派文藝起一個『頭角』崢嶸，鬚眉畢露的名兒──這便是所謂『無產階級藝術』。」〔註21〕第二，從理論上闡釋了無產文學階級產生的條件、內涵及其與其他文學的區別。他指出：「文學構成的基礎是來自現實生活的意象和審美觀念。」「意象可以是外物（有質的或抽象的）投射於我們意識鏡上所起的影子。」「經過了我們的審美觀念的整理與調諧（即自己批評），再用文字表現出來。」茅盾用公式表現爲：「新而活的意象＋自己的批評（即個人的選擇）＋社會的選擇＝藝術。」〔註 22〕這就把文學的眞實性、傾向性與審美性這主觀、客觀兩方面構成因素，借助作家的創作，有機統一於文學作品而獲得了客觀存在的藝術生命。茅盾以高爾基爲例界定了無產階級文學內涵：只要具無產階級的思想感情，經歷過無產階級的生活，不論他寫無產階級還是寫其他階級生活的作品，都屬於無產階級文學。茅盾還確認了非無產階級作家可以改變思想感情，具備集體主義精神後也能寫出無產階級文學。這就把無產階級世界觀的指揮作用放到應有的位置，並和「題材決定論」劃清了界限。〔註 23〕茅盾還承認：對古今中外的文化遺產絕不能拋棄而應該批判繼承，使之成爲無產階級文學的養分與土壤。這就明確了後者對前者的傳承革新的關係。〔註 24〕第三，茅盾對無產階級文學的認識作用、教化作用與審美作用作出理論闡釋。他突破了此前提倡自然主義時堅持的「客觀反映」的「鏡子」說，推出了無產階級文學新原則「指南針」說：在眞實的表現人生之外。還要指引人們奔向「更光明更美麗更和諧的前途」。〔註25〕1929 年茅盾又把「指南針」說發展到「斧頭」說：文學「必須表現人間的現實」，「但自然主義者

〔註21〕茅盾：《茅盾全集》第 18 卷，第 501 頁。
〔註22〕茅盾：《茅盾全集》第 18 卷，第 525、505 頁。
〔註23〕茅盾：《茅盾全集》第 18 卷，第 500～501、507、496 頁。
〔註24〕茅盾：《茅盾全集》第 18 卷，第 507、510 頁。
〔註25〕茅盾：《茅盾全集》第 18 卷，第 539～541 頁。

只抓住眼前的現實，以文藝爲照相機，而忽略了文藝創造生命的使命。」「文藝不是鏡子，而是斧頭，不應該只限於反映，而應該創造的！」〔註26〕他認爲文學要「砍削人生使合於正軌。」不光描寫「已成的器具，兼要表現出砍削的過程來。」從而使人「感得了更親切的現代人生的意義。」（《關於高爾基》，1930年1月《中學生》創刊號）〔註27〕在論述無產階級文學功利目的之同時，茅盾又特別強調其審美作用。早在1921年他就兩次提出「文學的功用在感人」，「感人的力量」在「神韵」：「形貌」與「神韵」相反而相承的「神韵」說。〔註28〕1922年又提出「文學貴在創作」、「忌同求異」，文學「以新鮮活潑爲美」，「活潑才有『意境』可尋」的「意境」說。（《獨創與因襲》，1月4日《時事新報・學燈》）〔註29〕後來茅盾又發展爲「醇酒」說：「文學作品本以感動人爲使命」，它不在「文字表面上的『劍拔弩張』。譬如酒，有上口極猛的，也有上口溫醇的。」前者「當時若甚有『力』，過後『不過如此』」。上口溫醇者「喝時不覺得它有『力』，過後發作起來，眞正醉得死人！眞正有力的文學作品應該是上口溫醇的酒，題材只不過是平易的故事，然而蘊含著充實的內容，是從不知不覺中去感動了人，去教訓了人」。「給了讀者很深而且持久的印象。」（《力的表現》，1933年12月1日《申報・自由談》）〔註30〕到此，茅盾把文學與生活的關係，文學與政治的時代的歷史的社會現實的關係，文學與人民大眾的關係，把文學的思想內容與審美表現的關係第一系列重大問題都作出透徹的理論闡釋。對一切致力於「五四」新文學的建設者都有所啓迪與幫助。

　　茅盾對新文學革命與建設第四方面的貢獻是以宏觀與微觀相結合的視角致力系統的文學批評，把思潮與創作的雙重審視的成果，及時概括爲理論，也坦率指出存在的問題，作爲繼續創作探索的殷鑒，以這種全方位的理論批評，引導新文學革命與建設事業健康發展。「五四」時期茅盾的文學批評文體約分爲三類：綜合概括類；作家作品論類；創作經驗理論總結類。綜合概括類包括按時間跨度截取斷面作綜合評論型，如《春季創作壇漫評》《評四、五、六月的創作》（1921年）等。也包括依問題或文體截取斷面作綜合評論

〔註26〕茅盾：《西洋文學通論》；《茅盾全集》第29卷，第400頁。
〔註27〕茅盾：《茅盾全集》第33卷，第264頁。
〔註28〕茅盾：《茅盾全集》第18卷，第69、87～88頁。
〔註29〕茅盾：《茅盾全集》第18卷，第153～154頁。
〔註30〕茅盾：《茅盾全集》第19卷，第570頁。

型，如《譯文學方法的討論》（1921 年）《自然主義與中國現代小說》（1922 年）。這兩型形成了茅盾式評論傳統，一直延續到建國後，如《1960 年短篇小說漫評》《60 年少年兒童文學漫談》等。作家作品評論類是個大宗。首先是魯迅論評，從《讀〈吶喊〉》（1927 年 11 月 10 日《小說月報》第 18 卷第 11 號）始開創了後來成型的「魯迅學」之先河。在包括小說、雜文等全方位論評基礎上最早把握了並指示出：魯迅的方向就是中國新文學發展的方向；最早確認了魯迅的文學史地位。這是個事關「五四」新文學建設大局的自覺行動，起到歷史性引領作用。作家論文體的代表作還有《王魯彥論》（1928 年 1 月 10 日《小說月報》第 19 卷第 1 號）《徐志摩論》（1933 年 2 月 1 日《現代》第 2 卷第 4 期）《廬隱論》（1934 年 9 月 1 日《文學》第 3 卷第 1 號）、《冰心論》（同年 8 月 1 日《文學》第 3 卷第 2 號）等。茅盾還用中國傳統的評點派方法寫了許多短評，如《葉紹鈞小說〈母〉附注》、《冰心小說〈超人〉附注》等，還有用討論或爭鳴方式寫的作品論如《對〈沉淪〉和〈阿 Q 正傳〉的討論》、《〈創造〉給我的印象》、《歡迎〈太陽〉》等。作家作品論的第三型多是從具體作家作品考察入手縱橫結合作理論闡述與探討、辯論的大文章，如《從牯嶺到東京》（1928 年 10 月 18 日《小說月報》第 19 卷第 10 號）、《讀〈倪煥之〉》（1929 年 5 月 12 日《文學周報》第 8 卷第 20 號）等。這類文章多具文學史發展階段總結的性質。實際上其價值已超越了文學批評。經過大約 10 年左右的時間檢驗，茅盾已經取得了權威批評家的文學史地位。許多作家或作品如前面提及的魯迅、冰心、葉聖陶、徐志摩、廬隱、王魯彥以及尚未提及的如許地山（《落花生論》）等，一經茅盾批評，其文學史地位大抵「蓋棺定論」了。即或論及的失敗經驗，也起到借鑒作用。茅盾文學批評文體的第三類即創作經驗理論總結類，和他的文學理論著述很難劃清界限。這類批評文章雖涉及作家作品但不重具體分析而在於宏觀性理論概括，實際是作家本體創作實踐經驗及其規律性表現的理論總結和二度提煉與加工，成為茅盾文學思想的有機組成部分。如《新文學研究者的責任與努力》、《社會背景與創作》（1921 年 7 月 10 日《小說月報》第 12 卷第 7 號）、《自然主義與中國現代小說》、《文學各種新派興起的原因》（1922 年 8 月 12 日至 16 日寧波《時事公報》）、《文學與社會》（1922 年 9 月 10 日《小說月報》第 13 卷第 9 號）、《「大轉變時期」何時來呢？》（1923 年 12 月 31 日《文學周報》第 103 期）、《人物研究》（1925 年 3 月 10 日《小說月報》第 6 卷第 3 號）等。本文

前面論述的茅盾的無產階級文學觀方面的許多重要理論建樹，在這三種類型的文學批評文章，特別是第三類中都有充分的體現與貫注。除此之外，這些文學批評文章還展示出茅盾的文學批評觀與文學批評標準等方面許多理論建樹，可大體概括爲以下五個方面。

第一，眞、善、美有機統一的美學批評觀。茅盾認爲：「『美』『好』是眞實（reality）。眞實的價值不因時代而改變，舊文學也含有『美』『好』的，不可一概抹煞。」「最新的不就是最美的最好的。」「新」「帶著時代的色彩。」「文學是思想一面的東西。」「然而文學的構成，卻全靠藝術。」（《「小說新潮」欄宣言》，1920 年 1 月 25 日《小說月報》第 11 卷第 1 號）〔註31〕眞、善、美三者中「最大的目標是『眞』。」「不眞的就不會美，不會善。」（《自然主義與中國現代小說》）〔註32〕「『眞』是人的『知性』」；即對客體的正確認識。「『美』是人的『情意』」；即對客體之價值內涵的主觀審美判斷。「善」（也就是「好」）是客體的內涵價值與主體對其正確的判斷及其補充內涵相契合所臻的理想境界；也屬於「情意」的範圍。茅盾認爲：眞善美相統一的理想境界其價值具「無上的權威」，「古往今來爲『善』而『赴湯蹈火』」，「爲眞而吃苦嘗辛」，「如不穿美價值的鞋，哪克至此！」（《美的概念》（一），1922 年 7 月 7 日《民國日報・覺悟》）。

第二，主觀與客觀相統一的現實主義論。不論早期提倡自然主義還是後來堅持現實主義，茅盾都把「實地觀察」與「客觀描寫」當作「兩件法寶」。至於創作成功與否取決於主觀因素。首先是作家的天才：包括「透徹的觀察，深密的理解，敏銳的感覺」與「豐富的想像」這「四者的總和」。〔註33〕「觀察與想像」即「客觀與主觀」的結合碰撞，「常常相輔爲用，猶如車之兩輪」。「太偏於主觀」將流於「虛幻」；「太偏於客觀」將流於「僵硬」與「死板」。〔註34〕因此茅盾堅持主觀與客觀的統一，冷諦現實與追求理想的統一。因爲「文學是時代的反映」，「必然會有對於當時罪惡反抗的意思和對於未來光明的信仰。」（《創作的前途》，1921 年 7 月《小說月報》第 12 卷第 7 號）〔註35〕在這裡現實主義中已經含有浪漫主義因素了。

〔註31〕茅盾：《茅盾全集》第 18 卷，第 12～13 頁。
〔註32〕茅盾：《茅盾全集》第 18 卷，第 235 頁。
〔註33〕茅盾：《茅盾全集》第 18 卷，第 533 頁。
〔註34〕茅盾：《茅盾全集》第 18 卷，第 239 頁。
〔註35〕茅盾：《茅盾全集》第 18 卷，第 118 頁。

　　第三，一般與個別相統一的典型論。茅盾重視客觀反映，但更重視通過典型提煉以臻審美典型性。他說：「文學的作用，一方要表現全體人生的真的普遍性，一方也要表現各個人生的真的特殊性。」使「截取一段人生來描寫，而人生的全體因之以見」。通過這典型提煉與加工，「寫在紙上的一段人生，才有藝術價值，才算是藝術品」，才能使讀者「聞甲而聯想到乙」。〔註36〕他在《人物研究──〈小說研究〉之一》中用了洋洋萬餘言的篇幅詳盡地闡述了塑造典型人物的諸多原則、方法與技巧。這和後來的專著《創作的準備》相呼應，形成了茅盾當時的現實主義典型觀。

　　第四，新文學的本質論。茅盾把文學傳播新思潮的作用提到「民族的『秦鏡』，人生的『禹鼎』；不但要表現人生，而且要有用於人生」的高度。（《俄國近代文學雜譚》，1920年1月25日～2月25日《小說月報》第11卷第1～2號）〔註37〕。他又把「時代精神」這個範疇引入新文學審美觀中：因為「時代精神支配著政治、哲學、人文、美術等等，猶影之於形。各時代的作家所以各有不同的面目」，「同一時代的作家所以必有共同的一致的傾向」，都「是時代的緣故」。〔註38〕因此茅盾要求致力「五四」新文學建設的作家主動把握與反映「五四」時代精神。

　　第五，革命作家人格論。茅盾指出：「作家的人格」是「文學與人生」的最後層面，是決定作品真善美相統一的最高審美品格的主觀因素和主導因素。構成作家人格的首要成分是世界觀：「革命的人，一定做革命的文字。」另一個成分是審美個性：「大文學家的作品，哪怕受時代環境的影響，總有他的人格融化在裡頭。」但「必先有了獨立精神，然後作品才能表現他的個性」。「獨立精神」是統率作家世界觀、人生觀與創作個性的關鍵和樞紐。這一切綜合作用的結果就是作品獨具的風格。而「文學所以能動人，便在這種獨具的風格。」〔註39〕

　　從以上五點不難看出，在「五四」時期茅盾已經形成了成套的文學批評理論與文學批評標準。這和我前面集中闡述過的茅盾成套的文學理論以及文學思潮觀互為表裡，初步建構成了具茅盾個性色彩和具中國特色的馬克思主義文學理論體系。最近萬樹玉先生提出了一個新觀點：茅盾是中國現代文學

〔註36〕茅盾：《茅盾全集》第18卷，第235、230、227頁。
〔註37〕茅盾：《茅盾全集》第32卷，第127頁。
〔註38〕茅盾：《茅盾全集》第18卷，第270～271頁。
〔註39〕茅盾：《茅盾全集》第18卷，第279、70～71、154頁。

的設計師，是促使馬克思主義文學理論中國化的第一人。〔註 40〕這個觀點值得重視，我願以本文的上述闡述，為這個觀點做個注腳。

我在本文中之所以選取較為開闊與宏觀的視角概括論証並且具體描述茅盾和其他同時代的「五四」精英各不相同的歷史貢獻，也不回避其歷史局限，並通過對比，著重鳥瞰了茅盾在「五四」新文學革命與新文學建設中的歷史貢獻，目的共是兩個：其一是証明「五四」新文學革命與建設是在馬克思主義在中國廣泛傳播條件下，在具初步共產主義覺悟的知識精英領導下的新民主主義文化革命與新民主主義的文學革命運動；而不是夏志清等所說的是什麼在資產階級領導下的資產階級民主主義文化革命與文學革命運動。兩者的性質是有重大區別的。其二是証明我一向堅持的對茅盾歷史地位的以下評價：茅盾是「五四」新文學革命運動的前驅者、主將與旗手之一；是「五四」新文學建設事業的主要奠基人之一；是以馬克思主義思想引領「五四」以來先進的文學思潮的主要引領者。在長達 8 年的「五四」新文學革命與建設事業全過程中，茅盾這種歷史地位是以其紮紮實實的業績為支撐的。一切尊重事實、尊重歷史、尊重客觀規律者，不論文人學者還是普通讀者，都一向承認，從不否定。只有那些或從政治功利主義出發，或從審美偏愛出發者，才不顧事實，違背歷史，或歪曲，或掩蓋，大有不把茅盾從歷史畫卷中抹去誓不罷休之勢！然而歷史一再証明：這是徒勞的，既不得人心，也不見容於時代與歷史的發展規律。

文學史的撰寫宗旨當然是反映文學發展真實面貌，彰顯前人留下的實踐經驗及其反映出的客觀規律，以史鑒今，啟迪後人。不同的史家的不同觀念在「重寫」過程中當然有所傾注，有其展現，其獨特的發現與獨具的創見既能超越前人也能滋補後人。但其基礎與依據只有一個：客觀存在的既不可改變也不容改變的文學史實。不論描敘還是論述，不能也決不允許離開這個基礎與根據，誰都必須大轍不離！像夏志清先生那樣不願歷史任意妄為，「偏要」這樣，「偏愛」那個，不僅不能寫出「信史」，也不可能實際上也並沒能自圓其說。其社會效果，實際上並不像他自我感覺的那樣「美好」，如此之「大」！不論出於什麼動機，為其掩蓋，為其刪改，為其粉飾以至為其吹捧的種種努力，也都白費力氣，無濟於事。因為真正意義上的文學史家，

〔註40〕參看《從科發觀看茅盾早期的文學思想》，《求是先鋒──新中國 60 年發展的理論與實踐》，中央文獻出版社，2009 年版。

無不具有同一品質：尊重歷史，尊重事實，紮紮實實地站穩實事求是的科學立場！

　　還是那句老話說的好：歷史不是任人打扮的小姑娘。

（2010 年 3～5 月寫於泉城，

刊於 2012 年 3 月《茅盾研究叢刊》第 11 輯）

論茅盾文學觀發生質變的標誌性文章《論無產階級藝術》及其意義——兼和日本學者白水紀子女士商榷

　　茅盾的政治觀發生質變的標誌性文章是 1921 年 4 月 7 日發表的《自治運動與社會革命》。他的文學觀發生質變的標誌性文章是 1925 年 5 月 2 日至 10 月 24 日連載的長文《論無產階級藝術》。〔註1〕

　　兩文發表的時間約有四年餘的距離。這說明了三個問題：一是茅盾的人生觀、世界觀發生質變所經歷的過程相當漫長。二是其各個層面是波浪遞進態勢。三是其文學觀質變的滯後說明其內涵豐富而複雜；蟬變歷程相當艱巨。

　　這一切不論對茅盾研究還是文學史、文藝理論研究，都提供了豐富的內涵，具有特殊的學術價值。而其文學觀質變的標誌性文章《論無高階級藝術》尤其如此。

　　本文就直面這個重大課題。

一

　　茅盾從「為人生」的文學發展到「為無產階級」的文學，其突破的契機，在於從階級鬥爭實踐中充分把握了階級分析方法，並用以分析人生，分析文學的社會階級內容。他在政治上確立階級鬥爭觀點，運用階級分析方法，始

〔註1〕連載於 1925 年 5 月 2 日、17 日、31 日、10 月 24 日《文學周報》第 172、173、175、196 期，收入《茅盾全集》第 18 卷。

自入黨前。文藝上閃現這火花，最早是 1922 年。他說：「文學之趨於政治的與社會的，不是漫無原因的」，事實証明「環境對於作家有極大影響」。「人是社會的生物」，「新文學果將何趨，自然是不言而喻。」〔註2〕但這結論比較模糊。次年他就從本可作出明確結論的這一立場上退縮了：「人生觀之確定與否，和文學家之所以爲文學家，似乎沒有多大的聯帶關係。因爲文藝作品的價值在於：觀察的精深，描寫的正確，及態度的謹嚴。」對作家的思想，「甚至可以不問其是否確爲終古不磨之眞理。」〔註3〕可見他不僅回避與看輕了文藝與政治的關係，而且也看輕了作家世界觀對創作的指導作用。這實際上是從 1922 年《文學與人生》中所說的「革命的人，一定做革命的文學」的觀點退了下來，故此雖把眞實性視爲最高準則，但其是否就能臻本質的眞實？茅盾當時對此並無本質的把握。

1925 年茅盾作出了質的突破與飛躍。其標誌是差不多同時推出的下述文章：《「大轉變時期」何時來呢？》《雜感——讀代英的〈八股〉》、《人物的研究》、《現成的希望》、《論無產階級藝術》、《告有志研究文學者》和《文學者的新使命》。其中《論無產階級藝術》最爲重要。

在展開討論之前，有必要先澄清圍繞《論無產階級藝術》是否茅盾著作的種種分歧。據葉子銘說：1956 年他在《論茅盾四十年的文學道路》的初稿中「論述茅盾早期文藝思想的演變時」，曾把《論無產階級藝術》「作爲一個重要的論據寫進論文」〔註4〕。茅盾審閱後致信葉子銘：「不記得 1927 年以前我在《文學周報》上寫過《論無產階級藝術》。您是否可以告訴我此文的署名？若把別人的文章算到我的頭上了，那會鬧笑話的。」及至他見到此文後，茅盾又在信中說：「謝謝您 6 月 7 日來信告訴我關於《論無產階級藝術》的署名等。我已借到《文學周報》，一看該文，便想起來了；那是陸續寫的。」〔註5〕經過恢復記憶的查証與思考，茅盾在《我走過的道路》中寫道：「在 1924 年，鄧中夏、惲代英和澤民等提出革命文學的口號，之後，我就考慮要寫一篇以蘇聯的文學爲借鑒的論述無產階級革命文學的文章。我的目的，一則想對無產階級藝術的各個方面試作一番探討；二則也有清理一番

〔註2〕 《文學與政治》，《小說月報》第 13 卷第 9 號，《茅盾全集》第 18 卷，第 281 頁。

〔註3〕 1923 年《致谷風田》，《茅盾書信集》，文化藝術出版社版，第 87 頁。

〔註4〕 《夢回星移》，第 34 頁。

〔註5〕 1957 年 6 月 3 日、23 日《致葉子銘》，《茅盾書簡》，第 212、213 頁。

自己過去的文學藝術觀點的意思，以便用『爲無產階級的藝術』來充實和修正『爲人生的藝術』。當時我翻閱了大量英文書刊，了解十月革命後蘇聯文學發展的情形。」「還沒有動手寫文章，正好藝術師範學院請我去講演，我就講了這個題目。後來我就在這個講稿的基礎上，寫成了《論無產階級藝術》。論文的前半篇寫於『五卅』以前，全部完成則在『五卅』運動之後的十月十六日。」〔註6〕

　　爲什麼自己寫的如此重要的大文章茅盾竟會忘記？這是有客觀原因的。

　　1988 年 6 月日本《茅盾研究會會報》第 7 期《茅盾〈論無產階級藝術〉的出典》一文作者白水紀子，採用把日、英、中三國文字逐段對照圖示的方式証明：茅盾此文是「全面依據亞・波格丹諾夫《無產階級的藝術批評》」的「刊登在《THE LABOUR MONTHLY》〔註7〕上 VOL.5-1923-12」的同名文章略有刪節的英譯文字「寫出來的」〔註8〕。1988 年 8 月 20 日《文藝報》發表孫中田的文章《關於茅盾〈論無產階級藝術〉的寫作》表示，不同意白水紀子的意見。理由是：「『無產階級文化派』的全部傾向，並不等於就是《無產階級的藝術批評》的傾向；同樣，也應當把茅盾和波格丹諾夫的文章加以區別。」如二者對待文化遺產的態度不同：茅盾一向「主張借鑒，而不是照搬和模仿」，此文亦然。白水紀子反駁孫中田道：「茅盾論文的開頭部分近於抄譯」，「但從第二章起，直譯的傾向變得明顯起來」。「茅盾修改的部分並沒有對波格丹諾夫的主要論點有很大的改變」。她仍堅持茅盾文章「是全面依據亞・波格丹諾夫的論文而寫出來的」。這個論點 1991 年李標晶的《1925 年前後茅盾文藝思想辯析——茅盾與波格丹諾夫文藝思想比較談》〔註9〕指出茅盾與波格丹諾夫有三點區別：一、關於藝術的實質；二、如何對待文化遺產；三、如何建立無產階級文化。但李標晶並未具體比較上述兩種文本；故未能終結這場爭論。

　　我對比了白水紀子所說的波格丹諾夫的《無產階級的藝術批評》英譯文字〔註10〕和茅盾的《論無產階級藝術》，也按白水紀子的方法，逐段作對比研

〔註 6〕　《我走過的道路》（上），第 286 頁。

〔註 7〕　《勞動月刊》。

〔註 8〕　白水紀子：《關於〈論無產階級藝術〉》，《湖州師專學報》1989 年第 3 期，以下引白水紀子文均出此。

〔註 9〕　見 1992 年南京大學出版社《茅盾與中外文化》一書。

〔註 10〕　茅盾當時沒有學俄文，他所讀蘇聯的東西全都是英譯文字。

究，然後再加整合，得出的結論是：一、波格丹諾夫的《無產階級的藝術批評》（以下簡稱「波文」）的基本觀點是正確的。他當年受批評的錯誤觀點在「波文」中並無多少反映。反之倒應據「波文」對其藝術觀重新審視。二、茅盾的這篇文章（以下簡稱「茅文」）的基本觀點大都與「波文」相同。大部分段落正如白水紀子所標示的，有對應關係。但其中相當一部分是用茅盾自己的觀點加以調整，取捨揚棄，並用自己的語言論述的；因此並非「直譯」。另外有些部分則是譯成中文，稍加變動或基本未變，組織到上述文字中去。三、「茅文」與「波文」有很多不同：甲，把論題《無產階級的藝術批評》改為《論無產階級藝術》；相應地抽去或壓縮了「波文」關於「批評」問題的有關論述。這就把論題擴大了。乙，波氏以「普遍組織科學」為基礎，論述文學的「組織生活的作用」的觀點，在「波文」中的反映微乎其微，經茅盾剔除後，已無蹤可尋。可見茅盾並不同意波氏這個觀點。丙，「茅文」刪去了與修改後的主題關係不大的許多材料；補充了不少茅盾所熟悉的西歐文學（包括其各現代派文學）的例証。丁，「茅文」中第一部分論無產階級藝術的形成歷史、對無產階級藝術所作的理論界定等是茅盾獨立寫成的論述文字。「波文」中無此內容。而這又是「茅文」中事關其無產階級文藝觀之確立與否的重大內容。戊，「茅文」提出了「什麼是革命文學」，它與無產階級文學有何異同問題，並詳加論証。這也是「波文」所沒有的事關茅盾無產階級文藝觀確立與否的重大內容。己，「茅文」論述了繼承文學遺產、內容與形式相統一等問題。對此「波文」略有論述，茅盾加以展開，加強了自己的論述。

根據以上情況，我認為：一、把茅盾的藝術觀與波格丹諾夫的藝術觀作宏觀對比，不足以說服白水紀子；只有像她那樣全面對比「波文」與「茅文」，才能和她展開「對口徑」的討論。二、白水紀子認為「茅文」是根據「波文」所作的「抄譯」和「直譯」，這個判斷基本上不符合實際情況。因為就局部言有此情況；就整體言就不是這樣了。因此白水紀子的上述判斷或結論是不能成立的。三、把「茅文」和「波文」作宏觀性整體對比和微觀性逐段對比可以斷定；「茅盾」是以「波文」為基礎，或部分引用，或部分改寫，或參考其觀點，但就整體言，則是茅盾獨立撰寫的「編著」。它既非「編述」，更非「抄譯」或「直譯」。四、「茅文」與「波文」的基本觀點，無法作「質」的區分。故從波氏與茅公藝術觀有「質」的區別立論，論証「茅文」與「波文」之「質」的區分，也難以得出站得住腳的結論。五、包括白水紀子在內，國內外學者

都承認茅盾的《論無產階級藝術》代表了茅盾的觀點，能充分說明其藝術觀發生了「質」變。既然如此，我也以此文和上述其他文章作爲統一體，據此來考察茅盾由「爲人生」的文學到「爲無產階級」的文學這一文學觀的質變，是完全能站得住的。

　　然而，也正因爲「茅文」是「編著」，就不像全出自自己獨立思考所得的「論著」那樣記憶深刻。故茅盾對此文是否自己所寫，30 餘年後有個恢復記憶的過程，就是完全可以理解的了。

二

　　1925 年茅盾的文藝觀由「爲人生」的文學質變爲「爲無產階級」的文學，主要表現在以下方面：

　　以鮮明的無產階級觀點與階級分析方法提出了「爲無產階級」的文學口號，以此取代模糊的「爲人生」、「爲全人類」、「爲民眾」等口號。例如他第一次對人物描寫提出了表現其階級性的典型化要求。他說：「因爲所屬的階級不同，人們又必有階級的特性。」所以作家「必須描寫」人物的「階級的特性」。不過這要困難得多。因爲「階級的特性就比較的深伏些（常混和於人們的思想方式中），非眼光炯利的作者不能灼見。」〔註11〕再如他確認批評家必須站在特定的階級立場上：「批評論是站在一階級的立點上爲本階級的利益而立論的。雖然自來的文藝批評家常常發『藝術超然獨立』的高論，其實何嘗辦到？」「所以無產階級藝術的批評論將自居於擁護無產階級利益的地位而盡其批評的職能。」又如，他對無產階級文學階級傾向性的看法是：「無產階級的詩歌和小說總有十分之九是激勵階級鬥爭的精神的。」但「所指向的，不是資產階級的個人，而是資產階級所造成的社會制度」和「他在階級的地位的問題。」〔註12〕

　　從此基點出發，他清理了自己過去提倡的「爲人生」的文學與「民眾藝術」等主張。他認識到「從文學發展的史跡上看來，文學作品描寫的對象是由全民眾而漸漸縮小至於特殊階級的。」他反省道：「在我們這世界裡，『全民眾』將成爲一個怎樣可笑的名詞？我們看見的是此一階級和彼一階級，何

〔註11〕《人物的研究》，1925 年 3 月 10 日《小說月報》第 16 卷第 3 號，《茅盾全集》第 18 卷，第 474 頁。

〔註12〕《論無產階級藝術》，《茅盾全集》第 18 卷，第 506、513 頁。本節引文只注《茅盾全集》卷數頁數，不注引文出處者均引自此文。

嘗有不分階級的全民眾？」他承認他當年倡導羅曼・羅蘭稱道的「民眾藝術」「是欠妥的，是不明了的，是烏托邦式的」。他也糾正了自己從前從俄國文藝主潮之代表的角度對高爾基及其作品性質的誤斷。他宣布：是高爾基「第一個把無產階級所受的痛苦眞切地寫出來，第一個把無產階級靈魂的偉大無僞飾無誇張地表現出來，第一個把無產階級所負的巨大的使命明白地指出來給世界人看！」茅盾激情滿懷地宣告：「我們要爲高爾基一派的文藝起一個名兒」，「一個頭角崢嶸，須眉畢露的名兒——這便是『無產階級藝術』。」他宣布：「我們不能不拋棄了溫和性的『民眾藝術』這名兒。」〔註13〕對於從不輕易放棄原則的茅盾說來，這是他經過多年實踐與深思熟慮取得的重大突破。

對無產階級文學產生條件、內涵及其與其他文學的區別的理論闡釋：茅盾首先用辯証唯物論的反映論對文學及其產生條件作出科學解釋。他認爲，文學的構成因素是意象與審美觀念。「意象可說是外物（有質的或抽象的）投射於我們的意識鏡上所起的影子。」其基礎是客觀存在的生活現實。「我們意識界裡卻有一位『審美』先生便將它們（意象）捉住了，要整理它們」；「那些可以整理可以和諧的意象便被留下來編制好了，那些不受整理無法和諧的，便被擯斥了。將編制好的和諧的意象用文字表現出來，就成了文學；那些集團的意象的和諧程度愈高，便是那『文學』愈好。」於是茅盾給文學下定義說：「文學是我們的意象的集團之借文字而表現者，這種意象是先經過了我們的審美觀念的整理與調諧（即自己批評）而保存下來的。」〔註14〕在《論無產階級藝術》中，茅盾繼續展開這形象思維過程各環節的剖析，並把它提煉成一個公式：

新而活的意象＋自己批評（即個人的選擇）＋社會的選擇＝藝術

茅盾所說這意象的生成，是他提倡自然主義時所強調的，作家對客觀存在的生活這一文學的唯一源泉作「實地觀察」後反映到頭腦中的產物。「自己批評」的內涵，是作家按照「自己的合理觀念與審美觀念」進行「取締或約束」，亦即他前邊所說的「整理」使之「和諧」。對無產階級文學來說，這「合理的觀念」即作家的無產階級世界觀，這「審美觀念」即作家的無產階級美學觀。

〔註13〕 《茅盾全集》第 18 卷，第 499～501 頁。
〔註14〕 《告有志研究文學者》，1925 年 7 月 5 日《學生雜誌》第 12 卷第 7 期，《茅盾全集》第 18 卷，第 525 頁。

在這裡，茅盾結束了過去的徘徊，第一次十分明確地把無產階級世界觀、審美觀對創作的指導作用，放到支配形象思維全局的位置；第一次十分清楚地指出邏輯思維與形象思維在創作過程中交互作用的辯證統一關係。這對他提倡自然主義時，僅強調「客觀描寫」實際，不給主體意識的能動作用在創作過程中以應有的地位的舊看法，是一大修正。在這個公式裡，他還第一次把時代對作家的主體意識的制約作用放在突出地位，單列成「社會的選擇」這個重要環節。他說，「社會的選擇」一方面表現為時代對作家主體意識的影響；另方面則是對既成的文學作品與文藝新潮的篩選：「把適合於當時社會生活的都保存了或提倡起來，把不適合的消滅於無形。」茅盾指出，這社會的選擇的標準，又首先表現為階級標準的選擇：「在資產階級支配下的社會」，「自然也以資產階級利益為標準」；無產階級領導下的蘇聯「獨多無產階級文藝」，則因為其選擇依據的是無產階級利益的標準〔註15〕。

茅盾指出：在「社會的選擇」之外，文學「還受到一個『人為的選擇』，便是文藝的批評」。批評者也是「站在一階級的立點上為本階級的利益而立論的」。事實上「社會的選擇」很大程度上是通過文藝批評這「人為的選擇」來實現的。兩者的合力，造成了「社會的鼓勵或抵拒」。它「實有極大的力量，能夠左右文藝新潮的發達」〔註16〕。由此茅盾就說清了他不早不遲在「五卅」運動前後倡導「為無產階級」的文學的原因與動機：他是在自覺地體現其代表無產階級利益的時代需要。

以此為基礎，茅盾把無產階級文學的內容作了精確的界定。他指出：「無產階級藝術並非即是描寫無產階級生活的藝術之謂。」〔註17〕他對比了狄更斯和高爾基同是描寫無產階級的小說，指出其質的區別在於：「狄更斯自身確不是無產階級中人，而高爾基則自己是無產階級」，一方面他「曾經歷過無產階級的生活」，但更重要的，是他具有無產階級的思想與感情。這就把無產階級文學與資產階級文學作了質的區別〔註18〕。茅盾又指出：「無產階級的精神是集體主義的，反家族主義的，反宗教的。」而「農民的思想多傾向於個人主義，家族主義，宗教迷信的。」這就把無產階級文學與農民文學作了質的

〔註15〕《茅盾全集》第 18 卷，第 505～506 頁。
〔註16〕《茅盾全集》第 18 卷，第 505～506 頁。
〔註17〕《茅盾全集》第 18 卷，第 507 頁。
〔註18〕《現成的希望》，1925 年 3 月 16 日《文學周報》第 164 期，《茅盾全集》第 18 卷，第 496 頁。

區別〔註 19〕。茅盾還指出：無產階級文學又並非「舊有的社會主義文學」。後者的「作者大都是資產階級社會的知識階級」，他們「對社會主義有信仰」故「表同情於社會主義」；但「他們的主義是個人主義」，這就和無產階級集體主義思想有質的區別〔註 20〕。

然而茅盾並不拒絕繼承這些非無產階級的文學遺產，他認為這一切都是「無產階級受於舊時代的一份好遺產，卻不能算作他們『自己的』。因為「遺產總不過是遺產，總帶著舊時代的氣息。」〔註 21〕我們只能批判地繼承。在這裡茅盾又顯示了他和波格丹諾夫的區別。

對無產階級文學的社會教育作用與審美作用的理論闡釋：茅盾這時修正了他在前幾年提出的「鏡子」說：「文學決不可僅僅是一面鏡子，應該是一個指南針。」這是對他前些年提倡自然主義時強調「客觀描寫」的大突破。茅盾的「指南針」說，意思是文學於「真實地表現人生而外」，要指導人們奔向「更光明更美麗更和諧的前途」。「文學者目前的使命就是要抓住了被壓迫民族與階級的革命運動的精神，用深刻偉大的文學表現出來」，使之「普遍到民間，深印入被壓迫者的腦筋，因以保持他們的自求解放運動的高潮，並且感召起更偉大更熱烈的革命運動來！」為此茅盾要求作家「認明被壓迫的無產階級有怎樣不同的思想方式、怎樣偉大的創造力和組織力，而後確切著名地表現出來，為無產階級文化盡宣揚之力。」〔註 22〕茅盾承認「無產階級作家把本階級作戰的勇敢視為描寫的唯一對象」是無產階級藝術初期必然的現象而承認其合理性；但他又希望作家能「拋棄了這個狹小的觀念」而擴大其題材與主題，進而寫「力戰而後能達到他們的理想，但這理想並不是破壞，而是建設──要建設全新的人類生活。」他肯定無產階級文學的戰鬥與鼓動作用，但指出這並非其全部目的，否則能「損害作品藝術上的美麗。」〔註 23〕顯然茅盾並不滿足於無產階級文學的革命功利主義。他始終是尊重藝術的獨特規律的。

因此茅盾又特別強調無產階級文學的審美作用。這也是他一貫的思路。他一直強調文學具備「真美」的品格，提出「美不美」的衡量標準「在乎他

〔註 19〕《茅盾全集》第 18 卷，第 507 頁。
〔註 20〕《茅盾全集》第 18 卷，第 509 頁。
〔註 21〕《茅盾全集》第 18 卷，第 510 頁。
〔註 22〕《文學者的新使命》，《茅盾全集》第 18 卷，第 539～541 頁。
〔註 23〕《論無產階級藝術》，《茅盾全集》第 18 卷，第 512～513 頁。

所含的創造的原素多不多。創造的原素愈多，便愈美。」〔註 24〕爲此，早在 1922 年，他就提出了以「新鮮活潑爲貴」的「意緒」說，認爲文學底美雖不全靠意識，但意緒「至少是它的一個主要成分。」〔註 25〕所以他在給無產階級文學下定義、列公式時，對其「意象」因素提出「新而活」的高要求。他強調：「文學貴在『創造』，文學不能不忌同求異。」茅盾十分重視文藝的特質，他既重理性，也重感性；既重「形貌」，更重「神韵」，認爲「與其失『神韵』而留『形貌』，還不如『形貌』上有些差異而保留了『神韵』。」因爲「文學的功用在感人（如使人同情使人慰樂），而感人的力量恐怕還是寓於『神韵』的多而寄在『形貌』的少」。當然他更重「『形貌』和『神韵』」「相反而相成」的有機統一體〔註 26〕。茅盾所謂「形貌」，是指外在的美，「神韵」則是內在的美。在中國，「神韵」說古已有之。早在南齊時謝赫的《古畫品錄》中，就有「神韵氣力」之說。清王漁洋集「神韵」說之大成，把「無跡可尋」但又可品味感悟的最高藝術境界稱作「神韵」。茅盾繼承古人而發展之，把文學能臻「形貌」、「神韵」統一兼備，視爲藝術獨創性的最高審美境界。二者借助想像虛構等加工制作，外化爲作品，形成文學的審美期待。又通過閱讀欣賞，借助讀者的藝術感受與想像力被其把握而形成強大的審美感染力。這就是作家的「意緒」轉化爲讀者所把握到的「意緒」的文學美的「轉移」過程。茅盾認爲，他所重視的無產階級文學，思想性傾向性，其眞與善均應通過這種美的「轉移」發生審美行爲，完成審美過程，否則就易產生公式化、概念化之弊。

　　幾年之後，茅盾又把「意緒」說發展爲「醇酒」說：「文藝作品本以感動人爲使命。然而感人的力量並不在文字表面上的『劍拔弩張』。譬如酒，有上口極猛的，也有上口溫醇的。上口極猛者，當時若甚有『力』，可是後來亦不過如此。上口溫醇者，則不然；喝時不覺得它的『力』，過後發作起來，眞正醉得死人！眞正有力的文藝作品應該是上口溫醇的酒，題材只是平易的故事，然而蘊含著充實的內容；是從不知不覺中去感動了人，去教訓了人」，

〔註 24〕　《雜感──美不美》，1924 年 1 月 14 日《文學周報》第 105 期，《茅盾全集》第 18 卷，第 417 頁。

〔註 25〕　《獨創與因襲》，1922 年 1 月 4 日《時事新報·學燈》，《茅盾全集》第 18 卷，第 153～154 頁。

〔註 26〕　《譯文學書方法的討論》，1921 年 4 月 10 日《小說月報》第 12 卷第 4 號，《茅盾全集》第 18 卷，第 87～88 頁。

「給了讀者很深而且持久的印象。」〔註 27〕他認為豐富的生活經驗、真摯深湛的感情與爐火純青的藝術表現手腕，是達此境界的條件。而「形式與內容必相和諧」是首要的前提。因此茅盾從 1925 年起，一直十分明確十分強烈地要求作家把「形式與內容必相和諧」作為無產階級文學的目的與「努力的方針」〔註 28〕。

至此茅盾的「為無產階級」的文學主張，已經形成粗具規模的完整理論框架。此後他不斷豐富它，發展它，從而形成了茅盾頗具個性的馬克思主義的美學觀。

三

茅盾在 1925 年完成了其美學觀由資產階級民主主義到馬克思主義的轉變。這是他自 1919 年尾開始學習馬克思主義，逐步轉變其世界觀性質的最後一項工程。只有這項工程最終完成，我們才能認定：茅盾的世界觀發生了整體性的突變。

我在《論茅盾神話觀的形成、發展及其文化索源特徵》〔註 29〕一文中，提出這樣一個觀點：「人的世界觀的質變，其各個側面並非都呈共時性的統一形態。通常各側面往往波浪式地次第發生質變。這時對某一側面說來是質變；對其世界觀總體言仍屬量變。各個側面次第質變後的最終整合，才釀成世界觀整體的質變。」這裡需要補充說明的是：各側面差不多同時質變而導致世界觀整體性發生質變的情況比較少見；更多情況下是各側面次第質變後才整合成世界觀整體性質變。

茅盾正屬於後一種情況。不過他的世界觀各質變點之間，拉開的時間距離相當長。其最早突變的是社會政治觀。其美學觀側面的質變，竟滯後於前者四五年時間。這和他所受西方資產階級文藝思潮影響大，接觸的文學思潮面極其複雜，很長時間難以擺脫西方的人性論、人道主義影響等等，有很大的關係。只是在經歷了長期的階級鬥爭與工農革命運動的鍛煉、實踐體驗之後，這才使其社會政治觀與美學觀的巨大差距逐漸縮小，最終統一到馬克思主義的辯証唯物論與歷史唯物論哲學觀上來，從而最後完成了世界觀

〔註 27〕《力的表現》，1933 年 12 月 1 日《申報・自由談》，《茅盾全集》第 19 卷，第 570 頁。
〔註 28〕《論無產階級藝術》，《茅盾全集》第 18 卷，第 514 頁。
〔註 29〕刊於 1991 年《東岳論叢》第 5 期。

整體性質變。也因為有此特點，其後又出現過一定程度的反覆，也就帶必然性了。

總體看來，茅盾的世界觀與文學觀及其發展態勢，具有以下特點：一、早期的自然觀的唯物論特徵與早期社會觀的愛國主義、人民功利主義特徵的有機結合。二、以社會政治觀的突進為先導，帶動哲學觀、美學觀等其他側面；其發展呈不平衡態勢。三、世界觀質變前的過渡期較長；各側面質變點的出現，呈歷時性分散狀態。四、其前期，主要是 20 年代，帶一定的反覆性。故以時間界標其質變點，就格外困難。但其時間界標，大體說是 1925 年。五、上述特徵的出現，和他經歷的歷史年代客觀環境複雜多變，他所受的各種文化影響既廣且雜，其宏觀視界具學貫中西、博古通今等等條件有很大關係。但他的思想發展揮洒開闊，其思維方式具取精用宏特徵。因此茅盾的世界觀、文學觀及其發展，具有格外豐富的內涵。它產生的影響，自然也寬廣而深遠。

「有點幻滅」但「並沒動搖」
——重新解讀 1927 年頃茅盾的思想與創作

　　茅盾是個牽一髮而全身動的歷史人物。茅盾又是一個常常引起爭論的人物。站在實事求是的立足點看，這和茅盾應得的歷史評價無關；但和茅盾的特點有關；和不同人的不同立足點、動機、取向、思想方法，導致不同的甚至對立的評價有關。從這個意義上講，茅盾又是一面鏡子。因此茅盾研究，特別茅盾研究史的研究，其價值恐怕不低於研究其本人。茅盾不是個變形人。他是一個既定的客觀存在；不容後人隨意改變。變化的是在特定思潮或不同思潮中不斷變換的考察者及其隨時變化的觀念。因此，我們不能說無法對茅盾作出客觀歷史評價。關鍵在於你是否能認真實行實事求是的思想路線和科學態度。對茅盾評價說，最早始自 1928 年「革命文學」論爭時候；新近則在「重寫文學史」潮起潮落「髦」得合「時」之際。然而新時期畢竟是實事求是思想路線主宰政界與學界的黃金時代。不僅打破了禁區和「投鼠忌器」之慮，可以談論茅盾所處的社會狀態，也可以提名道姓論及與他有關的黨內、共產國際內部以及與他的生存環境有關的大人物了。這對評價茅盾 1927 年頃的思想與創作至關重要。這對澄清關於這段史實諸多不同說法的是是非非，也提供了自由空間和寬鬆條件。這就可以撥開歷史塵霧，還原一個真實的茅盾。

一

　　1928 年茅盾在《從牯嶺到東京》一文中說過下面這段話：「在過去的六七年中」，「我的職業使我接近文學，而我的內心的趣味……則引我接近社會運

動。」「我在那時並沒想起要做小說,更不曾想到要做文藝批評家。」然而說
這話時的茅盾早已成了頗具權威的文藝批評家和已有相當影響的小說作家
了。這時他卻這麼說,是否眞實可信?答案當然是肯定的。這有事實為証,
而且還有其深層的社會原因。

茅盾秉承父教,自幼立下「以天下為己任」的宏偉抱負,這不僅被所受
的儒家思想積極因素所薰陶,更重要的是被以「解放全人類」為目標的馬克
思主義思想、國際共產主義運動及其對中國的影響所吸引。時間在 1919 年
底。後來茅盾曾作過扼要的自白:「我們又從世界革命的導師馬克思知道帝國
主義之必然崩潰,知道人類歷史之必然的向大同共產社會進行,知道無產階
級是革命的主力。這些理論的指導,更加確定了我們的革命的人生觀,更加
充實了我們的革命的方略。」以上兩段話縱括了茅盾所說的「過去的六七年」
的政治理想和行動綱領;也支配他做了頗具歷史意義的幾件大事。他以商務
印書館編輯身份,利用業餘時間從事地下黨的工作。一是為中國共產黨的建
立做了理論準備。翻譯了包括列寧的《國家與革命》第一章和《美國共產黨
黨綱》在內的一大批文獻供建黨參考。二是建黨初期擔任了許多黨內高層職
務。如中共中央與地方組織之間的聯絡員,先是主管上海後擴大到兼管江、
浙的中共上海地方兼區執委會委員(這期間他兩度擔任相當於二把手的兼任
秘書和會計的執委,一度代理過委員長,在一次改選中曾以最高票當選,足
見深孚眾望)。他又以執委會分管統一戰線工作的國民運動委員身份,兼任國
民運動委員會的委員長(中共元老如張國燾、林伯渠、張太雷等都是其領導
下的國民運動委員會委員),這項職務分管工運、婦運,後來又包括對國民黨
的統戰工作。此外他還曾擔任中共中央宣傳部消息科主任。三是國共合作時
他和其他中共黨員一起,以個人身份加入國民黨後也擔任高層工作。1925 年
孫中山逝世後國民黨第一次分裂,那些反對孫中山的「西山會議派」宣布開
除一切具共產黨黨籍的國民黨員,還強占了國民黨上海市黨部。茅盾受中共
中央指令,與國民黨左派一起組成新的國民黨上海特別市黨部。茅盾任宣傳
部長。年底與次年初茅盾和惲代英等赴廣州出席國民黨第二次全國代表大
會。從此他脫離商務印書館,成了職業革命家。

會後他接受中共中央指令,經國民黨中央常務委員會議通過,擔任中央
宣傳部秘書。中宣部代理部長是毛澤東,沒有副部長,毛澤東忙於農民運
動,秘書實際肩負常務副部長的工作。毛澤東赴農村考察期間,茅盾代理過

毛澤東的代理部長。打著國民黨的旗號，實際做中共傾向鮮明的鼓動工農革命，傳播馬克思主義和蘇聯革命經驗的工作。1927 年蔣介石發動反共的「中山艦事件」後，茅盾被中共中央調回上海。受毛澤東的委託，經國民黨中央宣傳部正式任命，擔任以下工作：一是籌辦名為國民黨中執委領導，實為共產黨控制的報紙並任實際上的主筆（即總編輯）。二是任「國民運動叢書」駐滬編纂幹事。三是任國民黨中宣部駐上海秘密機構上海交通局代主任和主任。負責把被禁革命宣傳品由廣州經上海分發到北方及長江一帶各省。茅盾召開了國民黨上海特別市黨代會，作關於國民黨「二大」的報告，貫徹充分體現中共主張的大會基本精神：「聯合各階級共同努力於國民革命」，「聯合戰線中之主力軍應為工農階級，故發展工運、農運實為當前最重要之任務。」包括任中共上海兼區執委會委員在內的這些工作，都是在直系軍閥孫傳芳的屠刀下冒著生命危險秘密進行的。這一切為大革命高潮的到來和北伐作了準備。

1926 年底中共中央調茅盾赴武漢擔任中央軍事政治學校武漢分校政治教官。茅盾往來於軍事科、政治科的炮兵、工兵、女兵等大隊之間講授政治課。1927 年 4 月中共中央調他任漢口《國民日報》總主筆，此報名為國民黨武漢市黨部機關報，實為中共控制。編輯方針主要是三點：揭露蔣介石反共反分裂陰謀；宣傳革命道理，大造工農運動聲勢；作繼續北伐的動員，並鼓舞士氣。

在那時的茅盾心目中，革命人生觀指引下的中國革命，是一步到位的「無產階級革命」。即「把一切生產工具都歸生產勞工所有，一切權力都歸勞工們執掌，直到滅盡一分一毫的掠奪制度，資本主義決不能復活為止。」他和許多黨員一樣，沒有認識到中國特殊國情決定著革命歷程具長期性、複雜性和曲折性。他不僅在建黨前夕的 1921 年 4 月認為「最終的勝利一定在勞工者，而且這勝利即在最近的將來」；就在 1927 年「四‧一二」反革命政變後，他還照舊列舉事實鄭重宣告：「凡此種種，都証明蔣的勢力已至末日。」他號召說：「我們再努力一點，早些把他完完全全送進墳墓去呀！」

這是茅盾隨著參與建黨後肩負黨的高層領導工作，逐步把「以天下為己任」的抱負具體化為革命行動綱領的革命理想。這種認識顯係建黨時相當多的共產黨人和大革命潮中一些剛入黨者都有的共同理想。「左」傾幼稚病在其中占很大比重。盡管其主導內容馬克思主義信念與共產主義理想是可貴的。

但表現爲「左」傾教條主義形式的「左」傾幼稚病理念，卻只是浪漫的幻想。這幻想很快被殘酷複雜的黑暗現實所粉碎。這就是大革命失敗後茅盾所說的：「我有點幻滅，我悲觀，我消沉」的內涵；這是茅盾「幻滅」的主觀因素。但茅盾的共產主義理想和馬克思主義信念並未改變；這就是他一再申明的我「倒並未動搖過」的內涵。〔註1〕這一切都被大革命前後的客觀現實檢驗過的茅盾的言行，和他一系統政論和創作所証實。

二

打破茅盾這一浪漫色彩與「左」傾幼稚病幻想，使之一度「幻滅」的客觀因素十分複雜：包括國民黨內部的三次分裂和共產黨內中央主要領導人右傾和「左」傾路線錯誤。孫中山重新解釋「三民主義」，實行聯俄、聯共、扶助工農政策導致國共合作，固然衝擊著茅盾一步到位的「無產階級革命」觀念。但這是他能夠認識可以接受的方略。孫中山逝世後「西山會議派」與國民黨左派的第一次分裂，茅盾樂觀其成，勇於面對。但 1926 年茅盾在廣州直接經歷的以「中山艦事件」爲標誌的國民黨右派與國民黨左派在反共與聯共問題上的分裂，則給茅盾以很大的衝擊。這次分裂過程很長。內裡也包孕著在採取應對方針時，中共高層正確路線與逐漸形成的右傾機會主義路線的鬥爭。茅盾毫不動搖地站在正確路線一邊。

面對蔣介石發動的逮捕屠殺共產黨員的「中山艦」事件，茅盾耳聞目睹了毛澤東和蘇聯軍事顧問代理團長季山嘉的尖銳衝突。毛澤東主張：動員包括國民黨眞左派在內的一切力量，依靠共產黨員葉挺統率的獨立團等武裝，趁蔣介石羽毛尙未豐滿，立即武裝殲滅之。季山嘉則從純軍事觀點和右傾立場出發，以「無必勝把握」爲由，堅決反對。最後陳獨秀爲首的中共中央作出妥協忍讓的決定。茅盾態度鮮明地支持這時已經初步形成後來作出理論表述的毛澤東的思想與策略：鬥爭是團結的手段，團結是鬥爭的目的。以鬥爭求團結則團結存，以退讓求團結則團結亡。

在蔣介石發動屠殺共產黨的「四‧一二」反革命政變，導致國民黨內部第二次大分裂時，黨內路線鬥爭也日趨表面化。茅盾以他主編的《民國日報》爲陣地，堅決支持以毛澤東爲代表，受到瞿秋白支持的正確路線。其精神已經通過《湖南農民運動考察報告》作了充分論証。茅盾連篇累牘報導和謳歌

〔註 1〕 《茅盾全集》第 19 卷，第 180～184 頁。

工農革命，揭露鎮壓工農的反革命罪行。他執筆發表了大批社論。如《鞏固農工群眾與工商業者的革命同盟》《歡迎中央委員暨軍事領袖凱旋與湖南農民之請願》《撲滅本省各屬的白色恐怖》《肅清各縣的土豪劣紳》《長沙事件》等。「四‧一二」政變發生時茅盾立即寫了《袁世凱與蔣介石》《蔣逆敗象畢露了》等社論，強烈抨擊與聲討。這一切激起陳獨秀的強烈不滿，他指責茅盾說：「《民國日報》太紅了，國民黨左派有意見。」「你的報上還是少登些工運、農運和婦女解放的消息和文章。」茅盾據理力爭，決不讓步與妥協。董必武也支持說：「不要理他，我們照登。」瞿秋白也全力支持，他甚至主張另辦一張報、放開手幹。

為了徹底反擊敵人、國民黨右派和黨內的右傾路線對工農革命的誣蔑，茅盾特地配合毛澤東的《湖南農民運動考察報告》所作的努力，選擇當時受指責最屬害的所謂「農運『過火行為』」，以大量真實材料為証據，揭出真象。他指出：農民運動「雖有三分幼稚，猶有七分好處」。但這「三分幼稚」中，又大半是「反動派的『苦肉計』」所致。他們的第一步是鑽進農會故意搞極「左」行動。第二步依他們造成的「口實」為據，誣蔑農運「過激」。第三步則殘酷鎮壓屠殺。包括已投靠蔣逆的許克祥發動的軍事政變在內。這恰恰說明他們把偽裝「革命」的「假面具也拋開了」。〔註2〕對這一切，茅盾後來在《動搖》中作了真實、形象的描寫和揭露。但茅盾無力回天！汪精衛終於撕破偽裝與蔣介石合流，發動了鎮壓革命屠殺共產黨人的「七‧一五」反革命政變。國民黨的這次分裂，使內部的真正左派只剩下以宋慶齡為代表的並無實權的少數人。於是第一次國共合作徹底破裂！陳獨秀的右傾機會主義的步步退讓政策，又使黨不能力挽狂瀾而導致大革命失敗。

但這時茅盾並未氣餒。此前孔德沚因懷孕已返回上海。茅盾顧不得處在蔣介石白色恐怖籠罩下的老母病妻的兩個不足十歲的兒女，他遵照黨的安排先是轉入地下，旋又奉命攜面值兩千元的巨額「抬頭支票」（這是供南昌起義用的部分經費，需有舖保或收款人有大額存款才能支取）赴九江找黨組織接頭。茅盾毅然南下，在九江接待他的是董必武。董老告訴他：「你的目的地是南昌。但據說鐵路已斷，只能翻廬山走小路，萬一不通就返上海。」但不論鐵路還是山後小路，都被已經投靠蔣汪的軍閥張發奎封鎖。茅盾病困於廬山時，聽到南昌起義消息，這才明白黨是讓他去參加起義。但不久起義軍敗走

〔註 2〕《茅盾全集》第 15 卷，第 353～354、385 頁。

廣東。茅盾目睹這挽救大革命的最後機會也已喪失，對他來說這真是致命的打擊！他意識到：通過這次大革命實現建黨初期確立的「無產階級革命」這一理想的最後一線希望也破滅了。正所謂憂憤出詩人。此前從未寫過自由詩的茅盾，在廬山寫下了後來被別有用心者誣蔑爲「叛變革命宣言書」的詩：《我們在月光底下緩步》和《留別雲妹》。茅盾從武漢時的戰友范志超處聽到：這幾天汪精衛、于右任、張發奎等叛變革命屠殺共產黨的國民黨政要正在山上開會。他們都認識茅盾。所以一直躲到會散人去，茅盾才按董必武安排的第二方案：返回上海。途中他持的抬頭支票遭搜身的軍警懷疑。茅盾情急智生：索性把支票送給他才得脫身。此事後來也被誣蔑爲「茅盾攜巨款潛逃！」實際情況卻是：茅盾一回上海，就向地下黨匯報，並採取了補救措施：先向銀行掛失，然後由共產黨員蔡紹敏開辦的紹敦電氣公司擔保提取了此款，所以兩千元分文未少，全部歸還了黨組織。

三

被誣爲「叛黨、脫黨宣言書」的兩首詩，其實只是茅盾幻滅情緒的真實流露。先看 8 月 9 日寫的《我們在月光底下緩步》：「我們在月光底下緩步，／你怕草間多露。／／我們在月光底下緩步，你如何懶懶地不說話？／／我們在月光底下緩步，你軟軟地頭靠著我的肩窩。／／我們在月光底下緩步，／你脈脈雙眸若有深情難訴！／／終於你說一句：明日如何……／我們在月光底下緩步。」這顯然是首情詩。「明日如何……」是惟一可被穿鑿附會的詩句，只不過流露出前景渺茫的心情而已。再看 8 月 12 日寫的《留別雲妹》：「雲妹，半磅的紅茶已經泡完／五百支的香煙已經吸完，／四萬字的小說已經譯完。／白玉霜、司丹康、利索爾、哇度爾、考爾辯、班度拉、硼酸粉、白綿花都已用完，／信封、信箋、稿紙，也都寫完，／矮克發也都拍完，暑季亦已快完。／遊興是已消完，／路也都走完。／話也都說完，／錢快要用完·／一切都完了，完了，／可以走了！／／此來別無所得，／但只飲過半盞『瓊漿』，／看過幾道飛瀑，／走過幾條亂山，／但也深深的領受了幻滅的悲哀！／後會何時？／我如何敢說！／後會何處？／在春申江畔？／在西子湖畔？／在天津橋畔？／／」〔註3〕這是一首打油詩。似悲極時爆發的一陣狂笑，樂者其表，悲者其裡，帶點今天所謂「黑色幽默」味道。表達的只是茅盾後來所說的「領

〔註3〕初刊於 1927 年 12 月 4 日《中央日報》，此詩和上詩均收入《茅盾全集初編》。

受了幻滅的悲哀」又不知前景如何的眞情。有人說：「雲妹」是象徵「黨」和「革命」，「告別」就是「叛黨」「叛變革命」。即使詩無定解，難道就能如此隨意歪辟？雲妹實有其人，茅盾後來在文章中起碼說過兩次，一次是《從牯嶺到東京》中說：他在牯嶺的幾個熟人中「有一位是『肺病第二期』的雲小姐。」「這『病的黑影的威脅使得雲小姐發生了時而消極時而興奮的動搖的心情。」「她說他的生活可以做小說。」另一次是茅盾在《幾句舊話》中說：「那時還有兩位相識者留在山上。都是女子。一位住在醫院裡，我去訪過她一次，只談了不多幾句，她就低聲說：『這裡不便說話』。又一位住在『管理局』。」後者是通過管理局長替茅盾購票並和茅盾同行返滬的范志超。前者就是生病的雲妹。「雲」妹是化名，生活中實有其人。不是象徵「黨」和「革命」。「告別」指與生病的雲小姐的分手。寄託對已逝的幻想的依戀之情，與「叛黨」「告別革命」絲毫不沾邊！

　　兩首詩中表露的「幻滅的悲哀」和「明日如何」、「後會何時」的茫然甚至渺茫的情緒，究竟內涵爲何？其實茅盾在《從牯嶺到東京》中已回答得明明白白。晚年他在《我走過的道路》中的概括就更透徹：「我震驚於聲勢浩大的兩湖農民運動竟如此輕易地被白色恐怖所摧毀，也爲南昌暴動的迅速失敗而失望。」「大革命的失敗，使我痛心，也使我悲觀，它迫使我停下來思索：革命究竟往何處去？共產主義的理論我深信不移，蘇聯的榜樣也無可非議，但是中國革命的道路該怎樣走？以前我自以爲已經清楚了，然而，在 1927 年的夏季，我發現我自己並沒有弄清楚！」所以參與締造共產黨的茅盾和隨「當時革命高潮而起的弄潮兒」一樣，「雖知低潮是暫時的，但對中國革命的正確道路，仍在探索之中。」他「這看法，是有普遍性的。」可見，原來茅盾「以爲已經清楚了」的「中國革命的道路」，就是前面引証過的他所堅持的一步到位的「無產階級革命」的「速勝論」。現在這理想被現實徹底粉碎了。大革命失敗爲時不久茅盾就承認這是不切實際的幻想。在《動搖》中他作了部分的形象表現：「由左傾以至發生左稚病。」他同時也表現了陳獨秀所代表的錯誤傾向：「由救濟左稚病以至右傾思想的漸抬頭，終於爲大反動。」他指出：這有主觀因素，也有客觀的背景。可見茅盾的「幻滅」，是他既勇於否定自己的錯誤，也勇於否定黨內錯誤路線的清醒認識。這和他對共產主義和蘇聯經驗「深信不移」，認爲這一切「無可非議」同樣，是從另一個角度表現了他堅定的政治立場和對革命的執著追求。因而他停下來思考，是要找中國革命眞正

切實可行的正確道路。

　　能證明茅盾的革命堅定性、並無絲毫背叛的最重要的歷史事實是：回到上海後，他看到國民政府主席胡漢民所簽發的通緝令名單。在 199 人中茅盾的大名赫然列第 57 位，居然在瞿秋白、周恩來之前！他從上海出版的《新聞報》（8 月 31 日）、《申報》（8 月 14 日、15 日）上看到題爲《清黨委員會披露共產黨操縱本黨幹部之眞憑實據──在沈雁冰日記簿中撿出》的連載報導。《民國日報·黨務》（8 月 13 日、20 日、23 日、24 日）則披露了「在沈雁冰宅中搜得」的文件、書刊目錄。所謂「沈雁冰宅」實爲閘北公興路仁興坊 45 號、46 號交通局辦公處。所謂「沈雁冰日記」則是他在共產黨內和交通局內工作時留下的會議簡要記錄。反動當局之所以要化「公」爲「私」，旨在強調「共產黨操縱本黨幹部」的誣陷效果並據以爲罪証。這一切卻反映了茅盾黨務工作中經費開支狀況，閱讀馬列和黨報黨刊的視野，以及黨內和統戰工作的廣泛活動。下面我摘引一段《申報》和《新聞報》所刊的 6 月 21 日借葉聖陶宅召開黨的會議所記部分文字：「第一區黨團……星期一晚 7 時 30 分在香山路仁餘里 8 號開第一次會。」「主席雁冰，報告自『民校』（指國民黨）全體中央會於 7 月 15 日通過《整理黨務案》後，本黨（指共產黨）對『民校』政策由混合變爲聯合，以前的混合形勢，好處在將散漫之『民校』團結起來，壞處在引起『民校』分子之反感及同志之『民校』化。所以現在從混合向著聯合的路上走，目前雖不完全退出，但在非必要場合則完全退出。即放棄高級黨部，而拿住低級黨部。我們要奪取下級黨部及其群眾。因此目前之工作，注力於區分部之工作。」茅盾關於黨的策略和黨內工作的講話大都佚失。這些材料是僅見的「孤本」。它讓我們一瞻被誣蔑爲「叛黨」的茅盾在敵人屠刀下的革命風采。

　　這種險惡環境使茅盾無法繼續黨的活動。他決定改變革命方式，寫革命文學。他按照孔德沚放出的風來行事（孔公開說茅盾已赴日本），「獨自住在三層樓，自己禁閉起來。」「在消沉的心情下，孤寂的生活中，而尚受生活執著的支配，想要以我的生命力的餘燼從別方面在這迷亂灰色的人生內發一星微光，於是我就開始創作了。」盡管此前茅盾志趣不在寫小說而在「社會運動」。形勢的逆轉卻迫使他改變社會定位與社會角色。以文學爲手段，實現共產主義理想。在他看來，當務之急是總結大革命失敗和包括自己人生道路曲折的經驗教訓。把他「眞實地去生活，經驗了動亂中國的最複雜的人

生的一幕，終於感得了幻滅的悲哀。」傾注在《蝕》三部曲《幻滅》《動搖》
《追求》中。《蝕》是「寫現代青年在革命高潮中所經過的三個時期：革命前
夕的亢昂興奮和革命既到面前時的幻滅；革命鬥爭劇烈時的動搖；幻滅動搖
後不甘寂寞尚思作最後之追求。」它充分肯定了革命青年的革命熱情與追
求；也批評了其不切實際的幻想和面臨殘酷鬥爭現實時的「左」右搖擺，它
對以時代女性為代表的反叛了封建家庭置身大革命洪流的革命小資產階級人
生道路及其經驗教訓，作出客觀的概括與總結，同時也注入了茅盾對自己革
命道路的失誤和教訓的客觀清醒的反思。三部曲中最具革命史和文學史意義
的是《動搖》，它對大革命時代的工農運動，及國民黨「左」派和右派之間的
衝突，特別是混進革命隊伍以「苦肉計」破壞革命的土豪劣紳的種種反動行
徑，都作出生動真實的描繪和鞭闢入裡的批判。迄今為止，真正投身革命有
了切實體驗與生活積累，以如此深刻生動的筆墨，反映大革命現實，表現時
代真實面貌的作家和作品，在文學史上僅僅有茅盾這一位作家和《蝕》這一
部作品。從此，中共黨史失去了一位傑出的革命家，卻為文學史造就了一位
大作家。

　　茅盾說《追求》中有他「最近的思想和情緒」。這「最近」是指 1928 年 4
～6 月寫《追求》期間。茅盾從幾個舊友處「知道了一些痛心的事。」這是指
1927 年 8 月 7 日中共中央緊急會議批判右傾路線，確立了瞿秋白為首的中央
新領導。此後，他們受斯大林和共產國際代表羅米那茲影響，執行以「無間
斷革命」論為指導思想的「左」傾盲動路線：不承認革命處於低潮，不斷發
動「全國武裝暴動」以實現「一省或教省首先勝利」的目標，致使大批工農
與黨員慘遭鎮壓；中央還把「反對民族資產階級和上層小資產階級」與反帝
反封建並提，嚴重脫離國情，搞亂了階級關係。瞿秋白是茅盾敬重的摯友。
他的錯誤使茅盾極感痛心，他說：「你不為威武所屈的人也許會因親愛者的乖
張使你失望而發狂。」茅盾說這時他的「思想片刻之間會有好幾次往復的衝
突。」「情緒忽而高亢灼熱，忽而跌下去，水一般冷。」「《追求》就是這麼一
件狂亂的混合物。」

　　《蝕》面世後在「革命文學」論爭中招來許多指責。其中就有「不能積
極地指引出路」一說。茅盾承認這一點，但不承認這是「消極」和「動搖」。
他說：「我不能自信做了留聲機吆喝著：『這是出路，往這邊來！』是有什麼
價值並良心自安的。」「因為我既不願昧著良心說自己不以為然的話，而又不

是大天才能夠發現一條自信得過的出路來指引給大家。人家說這是我的思想動搖。我也不願聲辯。我想來我倒並沒動搖過。我實在是自始就不贊成一年來許多人所呼號吶喊的『出路』。這出路差不多成為『絕路』，現在不是已經証明得很明白？」茅盾一向是實事求是的現實主義者，他不再堅持那不切實際的「無產階級革命」「速勝論」了。

　　同樣原因，《蝕》的人物中沒有「出現肯定的正面人物。」茅盾曾說：在「左」的環境中，「我的悲觀失望情緒使我忽略了他們的存在及其必然的發展。」〔註4〕悲觀情緒肯定是原因，但不是最主要的。茅盾和當時中共中央主要領導人中代表右傾機會主義路線的陳獨秀，一度（為時不足一年）代表「左」傾盲動主義的瞿秋白，和代表「左」傾機會主義路線的李立三，以及代表正確路線的毛澤東這四位大人物，都是同志兼朋友，並且在大革命時期有過為時不算太短的直接共事與合作。寫《蝕》時，他對「左」可謂充分領教了！但是毛澤東的中國革命奪取全國政權，必須經由新民主主義到達社會主義的革命路線形成完整的思想體系，成為中共中央的基本路線，那是三十年代、四十年代逐步成熟的。大革命時期，毛澤東只在革命鬥爭策略上顯示出路線的正確性，其代表論著只有《中國社會各階級的分析》（1925年12月1日）和《湖南農民運動考察報告》（1927年3月）。最早能代表其正確路線的著作《中國的紅色政權為什麼能夠存在？》晚於1927年的茅盾小說《蝕》，在1928年10月5日方才寫出。面世時又有蘇區、白區和國內國外之隔。茅盾當然讀不到。茅盾自己又不能發現一條自信得過的正確出路供筆下的主要的典型人物去代表。顯然，沒寫出路和沒寫主要正面人物的根本原因，是時代與歷史的局限所致。茅盾的幻滅悲觀情緒是主觀因素，但非決定因素。即便他沒有幻滅和悲觀，當時也難臻此高要求。當時的作家也有不悲觀者，又見誰寫出真正的出路和代表人物？那些指責茅盾者，當時也有所謂「革命文學」面世，但其筆下只有「左」的概念化與標語口號而已！

　　大革命的失敗是對包括茅盾在內一批革命者的政治品格的嚴峻考驗。在此嚴峻考驗面前，茅盾仍能堅持馬克思主義信念不動搖，這表現出政治品格的堅定；不肯輕信「左」傾盲動主義為真正出路，這表現出政治品格的真誠；停下來苦苦思考真正的答案，則表現出其政治品格的執著！這一切都是難能可貴的。

〔註4〕《茅盾全集》第24卷，第206～270頁。

四

　　1928 年 2 月下旬有中共代表參加的共產國際執委會第九次擴大會議通過了關於中國問題的決議：它批評了羅米那茲的「不斷革命」錯誤觀點和中共黨內的「左」傾盲動錯誤。同年 6 月 18 日到 7 月 11 日中共第六次代表大會在莫斯科召開。大會明確了中國仍屬半封建半殖民地社會；現階段中國革命仍是資產階級民主革命。批評了混淆民主革命與社會主義革命界限的所謂「不斷革命論」。確定了以反帝反封建，實行土地革命，建立蘇維埃政府為當前革命的中心任務。也指出當時革命處於低潮。這就初步總結了大革命失敗的經驗教訓，規定了今後的方向路線。

　　此前，茅盾隱居上海的消息已經傳開。被捕的危險迫使他不得不真的赴日本躲避。1928 年 7 月初茅盾在陳望道和他已在日本的女友吳庶五幫助下，乘船抵東京。這期間他從地下黨的同志處陸續獲悉了共產國際第九次執委會和中共「六大」的基本精神。這對他是莫大的鼓舞。因此他於 7 月 16 日寫了長篇論文《從牯嶺到東京》。文章中包括他關於寫《蝕》三部曲的自白，包括了對此前存在的悲觀失望情緒所作的十分難得的自我批評。茅盾表示「《追求》中間的悲觀苦悶是被海風吹得乾乾淨淨了」。「我希望以後能夠振作，不再頹唐；我相信我是一定能的。」他用隱喻象徵手法宣告：「現在是北歐的勇敢的命運女神做我精神上的前導。」（1961 年 6 月 15 日茅盾在信中說這個「洋典故」「寓意蓋在蘇聯也」，這應當包括在蘇聯召開的中共「六大」精神在內。）茅盾對自己，也對當時「左」得可怕的同志提出了希望：「悲觀頹喪的色彩應該消滅了，一味地狂減口號也大可不必再繼續下去了。我們要有蘇生的精神，堅定的勇敢的看定了現實，大踏步往前走，然而也不流於魯莽暴躁。」也是本著這個善良願望，文章對當時倡導「革命文學」者的兩個偏向提出商榷意見：一是反對把革命文學「標語口號化。」二是針對「為小資產階級訴苦，便幾乎罪同反革命」的極「左」傾向提出批評。茅盾認為「中國革命的前途還不能全然拋開小資產階級」。因此把他們當成描寫對象和讀者對象也是革命文學應有的任務。茅盾說：他相信「將來的歷史會有公道的証明」。但他對當時的國內外、黨內外的形勢，卻欠透徹了解，因而過份的樂觀了，這個問題或因投鼠忌器，或因為賢者諱，長期以來學界一直心照不宣地視為禁區。現在到了揭秘的時候了。

　　問題的根源在斯大林的判斷、決策的失誤。大革命失敗後，斯大林多次

論述了他的中國革命「三個階段」論。他認為第一個階段即廣州時期：「是全民族聯合戰線的革命。」第二階段即武漢時期：蔣介石叛變革命後，民族資產階級轉到反革命陣營。第三階段即「蘇維埃革命」時期：「汪精衛叛變革命後，小資產階級離開革命陣營。」「這時無產階級的同盟軍」只剩下「農民和城市貧民」。斯大林的這個論斷是不符合中國革命實際的，但它在共產國際和中國共產黨內影響很大。根據這一理論，當時民族資產階級和小資產階級都被當作了革命對象。這是中共「八七」會議和此後瞿秋白的「左」傾錯誤的理論依據，共產國際代表羅米那茲據此為「八七」會議起草的《中國共產黨中央執行委員會告全黨黨員書》和《中國共產黨的政治任務與策略的議決案》，充分貫徹了這一錯誤理論並使中共中央作了錯誤決策。1928 年 2 月有中共代表團參加的共產國際執委會第九次擴大會議，雖然批評了「不間斷革命」論，但並未批判上述錯誤的階級路線與相應政策。中共「六大」雖對中國社會與中國革命的性質、任務作出正確全面的估計，但對中國社會各階級的關係並未作出正確的分析。反之，不僅繼續把民族階級當作最危險的敵人，也未指出革命小資產階級並未脫離革命陣營，仍是革命同盟軍，應當作為團結和爭取的對象。「六大」實際上沿襲了斯大林「三階段」論中關於小資產階級的錯誤論斷；也繼續把「廣大中間階級、階層推到敵人一邊。」這個失誤危害極大！

1928 年「革命文學」論爭中所犯的極「左」錯誤就是突出的反映。這場論爭是後期創造社和太陽社發動的。後期創造社由參加大革命失敗後回到上海的元老派郭沫若、成仿吾，和剛回國的留日學生李初梨、馮乃超等少壯派組成。太陽社則以留蘇歸來的蔣光慈為首，包括錢杏邨、夏衍等組成。兩社幾乎清一色的由共產黨員組成。他們照搬了蘇聯社會主義文學口號，所倡導的革命文學實際是指無產階級文學。因此排斥一切包括對中國有進步作用的革命民主主義文學在內的具有積極作用的文學。對作家則按上述「左」的理論為指導以階級劃線。因此又表現出明顯的關門主義、宗派主義傾向。過去我們對這次論爭中的極「左」錯誤，只從蘇聯的「拉普」主義和日本的「福本」主義「左」傾理論挖根源；從未涉及斯大林的中國革命「三階段」論的錯誤引導。而這才是最基本的根據所在。其最突出的表現，第一是郭沫若化名杜荃，把魯迅打成「封建餘孽」、「法西斯諦」和「二重的反革命的人物」。第二是錢杏邨和克興等人異口同聲地歪曲事實，硬說茅盾「離開了無產階級的文

藝陣營」，說《蝕》「表現的傾向當然是消極的投降大資產階級的人物的傾向」。說茅盾「在事實上是投降到大資產階級做俘虜」，他「對於小資產階級分明指示一條投向資產階級派出路」，「不得不隨資產階級去反動」，而「附屬於資產階級的時候，它是反革命」，這些批判所表示出的從作品到作家的徹底否定態度，在茅盾看來當然是嚴重政治問題。因爲茅盾知道創造社太陽社這些黨員的組織背景，理所當然會理解爲是黨和黨的政策的變化，導致了對魯迅和自己態度上的重大變化。這當然不可能不影響他和黨組織的關係。行文至此，我想趁機糾正我在《茅盾孔德沚》《茅盾評傳》等書中的失誤。

五

茅盾赴日本後，中共中央確曾把茅盾視爲需要考察的對象。茅盾 7 月初抵東京，10 月 9 日中共中央在回復中共東京市委信中說：「沈雁冰過去是一同志，但已脫離黨的生活一年餘，（筆者按：此說不確，茅盾由牯嶺回上海後受到通緝在家避難期間，通過孔德沚及其他黨員朋友和地下黨一直有聯繫，被通緝的黨員許多人都沒有可能過組織生活，但並未被視爲「脫離黨的生活」。茅盾眞正與黨失去聯繫，是從赴日本開始。黨中央追認茅盾爲中共黨員的決定中也說是從 1928 年始），如他現在仍表現得好，要求恢復黨的生活時，你們可斟酌情況，經過重新介紹的手續，允許恢復黨籍。」（此信原件存中央檔案館，建國後出版的中央文件匯編中也全文收錄）但當時許多在日本的中國留學生，包括中共中央此信第二款批准的東京市委組成人員李德聲（書記）、王哲明（宣傳）、鄭疇（組織）、陳君垣、潘萌堂等同志在內，因受日本當局迫害，陸續於 1928 年夏回國。所以東京市委並未收到此信。茅盾和這五位中共市委委員素昧平生，他們又旋即回國，無法聯繫。因此我曾把這看作是茅盾失掉黨的組織關係的原因。這是不確實的。

1928 年 12 月茅盾遷居京都是投靠他在商務印書館的同事，經他介紹入黨的楊賢江同志。而楊賢江當時是「中國留學生中黨的負責人，秘密開展黨的工作」。寫《茅盾評傳》《茅盾孔德沚》兩書時，我沒有找到有關楊賢江的資料，但從秦德君刊於香港《廣角鏡》（1985 年 4 月 16 日總第 151 期）的《我與茅盾的一段情》中，讀到「那時的楊賢江也可能失去組織聯繫」的說法。因爲秦德君和楊賢江、茅盾當年都是在上海彼此熟悉的地下黨員，我就託認識秦德君的一位朋友核實此事。秦德君的答覆是「確有此事」。所以我在書中

有「楊、高等都是通緝令上有名的中共黨員，這時也都失掉了關係」這句與事實不合的話。1997 年《百年潮》第 4 期刊登秦德君口述，劉淮整理的《我與茅盾的一段情緣》中，也有「楊賢江已經脫黨」的文字。楊賢江先生家屬向《百年潮》編者提出質詢。秦德君答覆是：「自己已逾 90 高齡，確實記憶模糊了。」「我們寫錯了，應該更正」，「以黨史部門的記載爲準。」奇怪的是劉淮的答覆：她說她是「從某出版社出版的一本書（按：指拙著《茅盾孔德沚》）中看到楊賢江『何嘗不是脫黨』的字樣，經徵得秦德君同意後在《情緣》中寫秦『很長一段時間內都不知道楊賢江已經脫黨』的」。這種倒果爲因的「團團轉」邏輯，實在令人啼笑皆非！但在我，則也應負失誤之責。事後承楊賢江先生子女徐昉（楊川之）先生和金立人先生來函指出我的失誤。在此我除作自我批評外，再次向賢江先生在天之靈，和他的家屬，以及廣大讀者鄭重道歉。

在《櫻蚕》《我與茅盾的一段情緣》等文中秦德君都說：茅盾和她遷到京都，是「爲找楊賢江辦理組織手續去蘇聯」。「想不到茅盾和楊賢江關起門來密談，連我也不讓聽」。事後茅盾也沒對秦君講，但從此不再提赴蘇聯的事情。這次「密談」顯然事關重大。但茅盾和楊賢江都沒留下關於談話內容的片言只語。從 1927 年 11 月間擔任從武漢趕到上海的中共中央宣傳部幹事的鄭超麟的回憶錄中，也許能找到答案。鄭超麟曾造訪隱居的茅盾。鄭超麟說當時除談到他的小說外，「還是同我談政治，他不滿意於『八七』會議以後的路線，他也反對各地農村進行暴動。他說一地暴動失敗後，即使以後有革命形勢，農民也不肯參加暴動的。這是第一次，我聽到一個同志明白反對中央新路線。（筆者按：這次談話內容鄭超麟向瞿秋白匯報了）他這反對暴動意見，後來寫在他的《從牯嶺到東京》文章中。李立三當政時代，黨所指導的文學刊物都攻擊他，中央而且訓令日本支部不認他做同志。1929 年，我遇見楊賢江，他剛從日本回來，問起沈雁冰時，賢江竟視他同敵人一般。」鄭超麟的這些話頗有疑點。爲此金立人專訪過他，才知所謂「中央訓令」實際是指中共中央覆東京市委的那封信。他是聽楊賢江說的。內容也改成「意謂茅盾要接組織關係，需要重辦手續」。這証明楊賢江在日本時看到了這封信。作爲摯友和中共駐日本地下黨的負責人，楊賢江不可能不向茅盾傳達這封信的精神。至於「賢江竟視他同敵人一般」，鄭超麟說他是從「態度神情」看出來的。他又証實：楊賢江並未說「沈是叛徒之類的話」。從在日本和上海茅盾都曾借住

楊家看，「視他同敵人」之說顯然不可信。直到楊賢江病逝為止，他們一直保持密切的良好的摯友關係。

　　過濾了上述各種材料的水份之後，大體可以判斷：楊賢江和茅盾這次「密談」的中心議題，是茅盾是否恢復和能否恢復黨籍的問題。這裡有三大障礙：一、茅盾對「八七」會議以來「左」傾盲動路線持否定態度。二，李立三取代瞿秋白主持中央後，實際上仍然繼續執行「左」傾路線。所以上海文藝界創造社、太陽社中的黨員按照斯大林中國革命「三階段論」和中央「左」傾路線，對茅盾的上綱上線作為投靠反革命陣營的小資產階級代表來批判，在楊、茅看來並非「空穴來風」。而茅盾對此的反對態度，也很難如中共致東京市委信中所要求的那樣「仍表現得好」。三，茅盾是 1920 年參與籌備建黨和建黨時即為第一批黨員的老同志。他躲避通緝期間行動失去自由，地下黨也處在秘密狀態。那時黨員和組織之間，固然不能像今天這樣，甚至也不能像「七・一五」反革命政變之前那樣，有方便的聯繫條件。在這特殊情況下，茅盾「要求恢復黨的生活」時，需「經過重新介紹的手續」，且得按「表現得好」決定是否批准，即便不說是十分屈辱，起碼也是過「左」的過份苛刻的。這顯然是茅盾難於接受的。今天看來，這三條障礙才是茅盾失去黨的關係的真正的原因。這也許又是楊、茅「密談」毫無結果，從此茅盾不再提赴蘇聯的真正原因。因為此前楊賢江幫助董必武、林伯渠等赴蘇聯，都要經過地下黨的渠道，是向蘇聯轉移輸中共黨員的工作。

　　站在歷史唯物主義的基本立足點來考查茅盾，茅盾對當時中共中央主要領導人的「左」傾路線的看法顯然是正確的。作為黨員，他有權提出批評意見和保留自己的正確意見。如果他出於政治功利目的放棄正確立場，借以達到「表現得好」的「標準」，就不是真正的堅持真理、堅持原則的黨性立場了。而達不到這個「標準」，楊賢江個人與茅盾關係再好，也無法幫助茅盾「恢復黨的生活」。而且茅盾即便恢復了組織生活，他又如何「與中央保持一致」？可見，茅盾失掉黨的組織關係，是客觀條件所迫；並非他不想恢復或不主動提出要求導致的結果。這種歷史性遺憾在黨史上是屢見不鮮的！因為黨的領導人犯路線錯誤而使一大批優秀黨員被排斥受迫害離開黨的隊伍，削弱了黨的力量，這在中共黨史上歷來就是一大教訓！

　　在這一歷史遺憾中，茅盾以堅定的馬克思主義信念，執著追求實現共產主義的態度和堅持原則的立場，充分反映出他難得的政治品格。1931 年他要

求恢復黨籍，被立三路線所拒絕。1939 年在延安再次提出要求，中央考慮統戰工作需要，他留在黨外做工作更爲有利而暫緩批准。直到臨終時茅盾致信中共中央，提出追認爲中共黨員的要求。1981 年 3 月 31 日中共中央正式作出決定。決定說：「我國偉大的革命作家沈雁冰（茅盾）同志，青年時代就接受馬克思主義，1921 年就在上海先後參加共產主義小組和中國共產黨，是黨的最早的一批黨員之一。1928 年以後，他同黨雖失去了組織上的關係，仍然一直在黨的領導下從事革命的文化工作，爲中國人民的解放事業和社會主義建設事業奮鬥一生，在中國現代文學運動中作出了卓越貢獻。」「中央根據沈雁冰同志的請求和他一生的表現，決定恢復他的中國共產黨黨籍，黨齡從 1921年算起。」胡耀邦代表中共中央所致的悼詞中，對他作出了蓋棺論定的歷史評價：「我國現代進步文化的先驅者、偉大的革命文學家。」「爲中國革命事業、中國新興的革命文學事業奮鬥了一生的卓越的無產階級文化戰士。」這就徹底糾正了「左」傾路線時期拒絕給茅盾恢復黨籍和所設置的障礙等等錯誤；也徹底恢復了茅盾中共黨員和始終忠誠於黨的歷史眞面目。

在《從牯嶺到東京》一文中，茅盾說自己「有點幻滅」，但「並沒有動搖」，他相信「將來的歷史會有公正的証明」，他的預言終於實現了！

（刊於《紹興文理學院學報》2003 年第 6 期）

魯迅、茅盾和中國左翼作家聯盟

今年是魯迅誕生 120 周年，逝世 65 周年；茅盾誕生 105 周年，逝世 20 周年；中國左翼作家聯盟成立 71 周年，解散 65 周年。紀念偉人與重大歷史事件最好的辦法，應該是繼承其精神，汲取其經驗與教訓，作為後人的借鑒。何況左聯短短六年的歷史，是中國現代文學史中最重要的「斷代史」之一。對魯迅與茅盾在其中發揮的作用加以總結與借鑒，對今後中國文學的健康發展，當有很大的助益。

過去我們受政治環境的影響，及左聯健在的當事人的阻撓，人為地設置了不少禁區，不敢或不允許觸及矛盾與實質。這決非實事求是的歷史唯物主義的態度。去年紀念左聯成立 70 周年發表的文章中不乏新見，但也有歪曲歷史、曲解歷史、曲解魯迅的說法。本文不擬與其爭論，但想直面歷史事實，觸及深層矛盾，甚至某些歷史人物心靈的齟齬，力爭還歷史以本來的真實面目。

1930 年 3 月 2 日，中國左翼作家聯盟在上海成立，短短六年，作出了偉大建樹。至今很難說對此已作出客觀的評價。因為「文革」中，「四人幫」批判其「右」，新時期唯西方馬首是瞻的某些「新潮」派人物則批評其「左」。在慶祝其成立 71 周年之際，看來仍有撥亂反正作出科學公正評價之必要。但本文對此也不擬展開爭論，只正面陳述己見。

一

「左聯」是在中國革命十分困難的歷史轉折期應時代需要成立的。當時國際資本主義正處危機。國際共運日漸高漲；但又時時受「左」傾思潮干擾。

在國內，蔣政權軍事與文化雙管齊下，發動了持續數年的反革命「圍剿」。黨內堅持正確路線的同志正實現以農村包圍城市的戰略大轉移。黨中央的領導權卻連續三次被「左」傾路線代表人物所控制。恰在這個重要關頭，在大革命失敗中經受了嚴峻考驗的魯迅，卻完成了由革命民主主義到共產主義的世界觀轉變。他知難而進，以嶄新的姿態，團結「五四」宿將、培養左翼新軍，在上海堅持韌性的戰鬥。茅盾作為 1920 年加入了共產主義小組與參予建黨的首批黨員之一，經歷了漫長時間的鍛煉。他早於魯迅，在 1925 年完成了世界觀的轉變。但在大革命失敗時，卻因受國民黨通緝，不得已亡命日本，失去了組織關係。但他「幻滅」的是形成多年的「革命速勝論」；其為共主主義奮鬥的決心並未動搖。此後經過深刻反思，他借助《幻滅》《動搖》《追求》這長篇三部曲《蝕》的創作，總結並表現了大革命失敗的經驗教訓；以未竟長篇《虹》展示了其以新的革命決心作持久的奮鬥與追求的新的革命人生旅途。魯迅和茅盾兩位「五四」主將與旗手，在「左聯」成立前夕，國內國外遙相呼應，形成犄角之勢。

以郭沫若為首的創造社元老，有的參加了南昌起義，失敗後回到上海，吸收大批留學日本的新秀，組成了後期創造社。他們徹底否定了自己前期所鼓吹的「藝術無功利目的」的觀點與浪漫主義的文藝主張，在「日本無產階級作家協會」（「納普」）及其福本主義「左」傾思想影響下，與留蘇時接受了「俄羅斯無產階級作家協會」（「拉普」）「左」傾思想影響的蔣光慈為首的太陽社一起，繼 1923～1925 年《中國青年》派與茅盾等這批年輕的共產黨員之後，再次倡導「革命文學」。他們照搬了第三國際與「拉普」、「維普」的極「左」做法，在打擊資產階級之同時，也打擊革命小資產階級文學力量；對「五四」文學革命運動持否定態度。一時間把矛頭指向魯迅、茅盾、葉聖陶，以及曾是創造社發起人的戰友郁達夫等「五四」文學革命元老。他們大張撻伐，給魯迅扣上「封建餘孽」、「法西斯諦」、「二重的反革命的人物」等帽子。〔註1〕他們還把茅盾當作資產階級、小資產階級文學的代表。這就使魯迅、茅盾被迫不得不著文答辯。一時間本應團結對敵的新文學隊伍，在這場「革命文學」論爭中幾近分裂！

忙於糾正瞿秋白「左」傾盲動路線錯誤的中共中央，直到 1929 年秋才發

〔註1〕 杜荃（郭沫若的化名）：《文藝戰線上的封建餘孽》，《創造月刊》1928 年第 1 期。

現：這個問題已經十分嚴重。逐派江蘇省委代理書記兼宣傳部長李富春，會同先屬江蘇省委、後屬中宣部的文化黨團書記潘漢年等，全力糾正這場論爭的錯誤傾向。在批評教育創造社、太陽社內的黨員之同時，他們堅決貫徹黨的兩項決定：一是立即停止論爭，恢復對魯迅的革命文壇盟主地位的尊重。二是加強團結，消除宗派情緒；著手籌建中國左翼作家聯盟；結成廣泛的統一戰線以共同對敵。為此，派與魯迅關係較好的馮雪鋒、夏衍、馮乃超等同志代表黨向魯迅傳達中央的決定；徵求魯迅對成立左聯的意見。魯迅對黨一向尊重，對青年所犯錯誤一向持寬容幫助的態度。盡管他對左聯理論綱領與行動綱領草稿中的某些「左」的成分有所保留，仍表示同意成立左聯，冰釋前嫌，參加籌委會。魯迅的支持與參予，使左聯得以很快宣告成立。但對黨內醞釀讓他任「主席」或「委員長」，魯迅堅決謝絕。他只同意進入成立大會上通過民主選舉產生的七人執委會。但黨中央和左聯黨團對魯迅明確表示：魯迅是左聯主要領導人；這得到了魯迅的默許。〔註2〕

魯迅在成立大會上發表了題為《對於左翼作家聯盟的意見》的講話。他明確指出了左聯對敵鬥爭的三條方針：「必須堅決，持久不斷。而且注重實力」；「戰線應該擴大」，「應該造出大群的新的戰士」；「聯合戰線是以有共同目的為必要條件的」，我們的「目的都在工農大眾」。魯迅針對實際上仍存在的「左」傾思想與脫離群眾傾向諄諄告誡說：「倘若未和實際鬥爭接觸」，「倘不明白革命的實際情形」，以為文學「工作比一切工作都高貴」，把自己置於「勞動者之上」，那麼「『左翼』作家是很容易成為『右翼』作家的」。〔註3〕魯迅這篇講話實際上成了指導左聯六年文藝運動與創作的理論綱領。其實際作用，較左聯通過的「綱領」和「決議」更大。

茅盾在1930年4月回國後，即應邀加入左聯。由於左聯黨團與「文總」負責人馮雪鋒等堅請，茅盾於1931年5月至10月，1933年2月至10月，曾兩度擔任左聯行政書記。在任職期間他強化了領導力量，努力扭轉左聯偏重政治的弱點，突出了文學工作。他參予起草的新決議和發表的多篇論文，一定程度上糾正了左聯成立時通過的綱領中與實際工作中存在的「左」的偏向。不久瞿秋白應魯迅等的請求參加了左聯領導工作。他與先後任文委與左聯黨團負責人的潘漢年、馮乃超、陽翰笙、馮雪鋒等一起，對魯迅及其領袖地位

〔註2〕夏衍：《「左聯」成立前後》，《左聯回憶錄》（上）。
〔註3〕《對于右任作家聯盟的意見》，《魯迅全集》1981年版第4卷。

非常尊重，他們對茅盾同樣尊重；遂使左聯前期形成了一個團結強大的領導核心；各種措施十分得力。這就形成了一個奇怪的歷史現象：在左聯內部，以魯迅、茅盾、瞿秋白（左聯前期）等爲代表的正確路線與另一些人代表的「左」傾路線對內對外同時發揮作用。後者的關門主義排拒了盟外的進步文藝力量；前者卻把盟外的文藝力量盡可能廣泛地團結在魯迅周圍發揮作用。由於前者占居主流，故在評估左聯建樹時，當然應把魯迅周圍的進步文藝力量的建樹包括在內。而且惟其如此，才保証了左翼文藝統一戰線的強大活力與戰鬥力。

二

　　以左聯爲核心，廣泛團結「五四」以來日趨擴大的文藝隊伍，匯成遠較蔣政權出錢出物所網羅的御用文人及其發動的反革命文化「圍剿」攻勢強大得多的實力，不僅在政治形勢嚴峻的白色恐怖中粉碎了一次次文化「圍剿」，還取得了成就輝煌的建樹。這主要表現在以下幾個方面。

　　第一，廣泛團結「五四」以來形成的文藝大軍，並且培養了一批文學新人；以魯迅爲核心，形成黨領導下強大的文學統一戰線。從社團看，左聯既包括了文學研究會、創造社、語絲社等「五四」時期的老社團成員，又包括後成立的蔣光慈爲首的太陽社、田漢爲首的南國社、夏衍爲首的藝術劇社，以及我們社、引擎社等等小社團的成員。從地區看，以上海爲中心輻射到國內國外，如北京有以孫席珍、臺靜農、謝冰瑩等爲代表的北方左聯；廣州有以歐陽山、草明等爲代表的廣東左聯；日本有以林煥平、魏猛克等爲化表的東京左聯……等等。魯迅、茅盾自「五四」以來始終注重扶持培養文學新人的工作，左聯時更強化了。巴金、丁玲、夏衍、沙汀、艾蕪、臧克家、殷夫、柔石、蕭紅、蕭軍、吳組緗、姚雪垠、葉紫、丘東平……這一串名字，就是實例。魯迅、茅盾還通過寫序文、評論、創作傾向與文藝思潮綜論，以及創作論等論著，引導著文學的新潮流。上述諸人後來寫的多篇回憶，均記述了兩位良師益友的扶持教誨對自己的成才，起了關鍵作用。此外左聯還廣泛開展全社會性的工農兵通訊員活動，以保証左翼文藝運動的群眾性並培養後備力量。當然，由於「左」的關門主義與宗派主義作怪，還有部分「五四」宿將及當時的文壇中堅如葉聖陶、曹禺、巴金等等，雖然團結在魯迅周圍發揮左翼文學的積極作用，但都被關在「左聯」大門之外。這當然妨礙了統一戰

線進一步擴大與發揮積極作用的力度。

第二，建立了組織系統，開拓了文藝陣地。左聯是「左翼文化總同盟」的團體會員。受「文總」及其相應的「黨團」（簡稱「文委」）領導。左聯內的黨組織也設「黨團」，由黨團書記負總責。行政上是魯迅爲首的七人執行委員會；常務工作由行政書記負總責。下設組織部、宣傳部、編輯部。又有馬克思主義文藝理論研究會、國際文化研究會、文藝大眾化研究會和文藝活動指導委員會等四個專門委員會，分別開展多方面的文學活動。〔註 4〕左聯又與「左翼劇聯」等兄弟組織橫向配合，構成相當嚴密並具有機聯繫的網絡。故「左聯」比社團要嚴密一些。它頗具「黨團」色彩；但較「黨團」要鬆散。

左聯的陣地一部分是入盟者帶進來的，如《大眾文藝》（郁達夫主編）、《拓荒者》（蔣光慈主編）等。大部分是左聯新辦或盟員聯合盟外力量合辦的，如《萌芽》（魯迅、馮雪峰主編）、《北斗》（丁玲主編）、《文學月報》（周揚等主編）、《文學》（主編曾多次易人、實際貫串始終起主編作用的是茅盾，但限於文禁，他不能公開具名）、《譯文》（魯迅、黃源主編）、《中流》（黎烈文主編）等等刊物達數十種。如果算上報紙副刊及地區性左聯的報刊，全國當以百計。其中茅盾主持的《文學》由 1933 年 7 月起，到 1937 年 10 月因抗戰爆發該刊參予合辦《吶喊》（後改名《烽火》）時止，共出版九卷計 52 期。《譯文》自 1934 年 9 月至 1937 年 6 月（中間停刊約半年）共出版了五卷計 28 期。是左聯持續時間最久，影響最大，指導文壇全局的兩份大刊。《文學》的作用相當於《小說月報》之於「五四」時期。對這些報刊，魯迅、茅盾或分別任主編，或者爲所有的左聯報刊寫稿，據不完全統計，僅《文學》就刊魯迅文章 20 多篇；茅盾竟達 130 餘篇；以補白、編者言論形式出現者尚不在內。

魯迅、茅盾還在左聯以外爭取陣地。如他們支持陳望道辦《太白》，與追隨「閑適」影響消極的《論語》《人世間》等刊相抗衡；支持黎烈文辦《申報》的《自由談》，以便從控制此刊的舊文人周瘦鵑手中爭奪陣地等等就是。魯迅的《淮風月談》《僞自由書》《花邊文學》中的許多名篇，多數在此兩刊發表。茅盾僅 1932 年 12 月 27 日到次年 5 月 16 日，以每月六篇的平均數在《自由談》上發表文章達 29 篇。茅盾還在一度成爲論敵的「自由人」、「第三

─────────────

〔註 4〕陽翰笙：《中國左翼作家聯盟成立經過》，《左翼回憶錄》（上）。

種人」辦的刊物上發表文章。以盡量爭取輿論陣地。魯迅、茅盾還和左聯以外的文學力量通力合作，自辦、合辦或支持了許多出版社，如巴金等主持的文化生活出版社，葉聖陶等主持的開明書店，鄒韜奮主持的生活書店等，都大量出版了革命書籍與進步文藝刊物。正是這多方面地開拓陣地、與敵對營壘爭奪陣地的工作，保証了在白色恐怖、文禁森然的嚴酷條件下的左翼文學戰勝了文化「圍剿」，取得了輝煌戰績，獲得了創作、理論雙豐收。

第三，著力理論批評與翻譯介紹，提高左翼作家與進步文藝隊伍的馬克思主義思想水平。左聯以下屬的馬克思主義文藝理論研究會為核心，開展研究與翻譯等工作。瞿秋白譯了馬克思主義經典作家的主要文藝論著，並寫了《馬克思恩格斯和文學的現實主義》《恩格斯和文學上的機械論》等闡述馬克思主義文藝觀的論文。魯迅譯了《蘇俄文藝政策》、普列漢諾夫著的《藝術論》、以及盧那察爾斯基著的《藝術論》等。魯迅、茅盾還和馮雪峰、胡風、周揚等聯手推出一大批運用唯物史觀與馬克主義美學觀，總結中國文藝運動與文藝思潮，評價作家作品，論述創作規律的論文。其中最突出的理論建樹，是介紹和論述了蘇聯剛剛提出的社會主義現實主義理論；開展了歷時三年多的文藝大眾化的討論，從而使馬克思主義文藝理論與中國文學實踐相結合，較有深度地明確了諸如文藝與生活、文藝與政治、世界觀與創作、思想性與藝術性、真實性與傾向性、文藝創作與理論批評的方法等一系列「五四」以來不夠明確，甚至存在爭論的重大問題，大大提高了左聯隊伍與左翼文學的整體思想素質及理論水平。

第四，文學創作空前繁榮，形成了迄今為止中國現當代文學史上惟一出文學大師的時代，達到了這一歷史時期創作水平的最高峰。本時期魯迅的《三閑集》《二心集》《南腔北調集》《偽自由書》《淮風月談》《花邊文學》《且介亭雜文》及其續編、末編等九部雜文集及短篇集《故事新編》，茅盾的長篇《子夜》、短篇《林家舖子》《農村三部曲》等代表了中國現當代文學史上社會主義現實主義文學的最高水平。茅盾的小說還開大規模反映時代主潮與中國社會現實的社會剖析派都市文學與小說之先河。再加上巴金的《家》《春》《秋》，老舍的《駱駝祥子》等長篇，丁玲、張天翼、葉紫、吳組緗、蕭紅、蕭軍等的中短篇小說，曹禺的《雷雨》《日出》，田漢、洪深、夏衍等的話劇，殷夫、蒲風、臧克家等的詩歌，等等，共同建構了左翼文學的宏偉大廈，並且以大批經典性作品哺育了一代又一代新人。

第五，文藝批評空前活躍，並且通過文藝批判與鬥爭，粉碎了資產階級文藝思潮與蔣政權發動的反革命文化「圍剿」。魯迅、瞿秋白、茅盾無疑是左翼文壇最權威的理論批評家。魯迅的《對於左翼作家聯盟的意見》《〈中國新文學大系〉小說二集導言》《黑暗中國的文藝界現狀》，瞿秋白的《〈魯迅雜感選集〉序言》，茅盾的《「五四」運動的檢討》《中國蘇維埃革命與普羅文學之建設》《關於創作》《我們所必需創造的文藝作品》等論文，系統總結了由「五四」到左聯十多年文學史的經驗教訓與規律。瞿秋白的《〈子夜〉與國貨年》，魯迅的《關於小說題材的通信》《柔石作〈二月〉小引》，茅盾的《徐志摩論》《女作家丁玲》《王統照的〈山雨〉》《〈地泉〉讀後感》，以及馮雪鋒、胡風等人的文學論文、作家作品論與創作思潮論，或支持了「五四」宿將，或扶持培養了文學新人。而且他們大都採取典型引路的方法，用馬克思主義美學觀、方法論指引著文學創作與文藝思潮的正確發展方向及途徑。

主動開展內部的文藝批判與對敵思想鬥爭，是左聯重大業績的主要組成分。以魯迅爲主將與前鋒，茅盾等通力合作，先後開展了對「新月派」、「『民族主義』文學」和「自由人」、「第三種人」等三次大論戰。前兩次論戰分別揭露了由黨棍、文化特務、反動軍官等政客文人組成的所謂「民族主義文學」其名，法西斯主義文學其實的反動本質；對打著「人性論」旗號，宣傳資產階級文學，反對無產階級文學的「新月派」的實質作了徹底批判。後一次論戰則把「自由人」、「第三種人」以走「中間道路」爲名，掩蓋其資產階級文學本質的虛僞性與虛假性暴了光。通過這些性質不盡相同的論爭，維護了無產階級美學觀與文學的黨性原則，深刻闡述了文藝與政治、文藝與生活、文藝的思想性、時代性、社會性、人民性、民族性與創作自由、創作個性等基本理論；打擊了敵人，教育了朋友，也武裝了左翼隊伍。從主觀上說，左聯對這三次論戰的性質是作了區別的，總的方向大體說是正確的。但對「自由人」、「第三種人」的批判有過火處，對其合理的主張缺乏辨析與應有的適當肯定。對「新月派」文學主張中的合理因素有所忽略。因此這些論爭既積累了經驗，也留下了教訓。而魯迅的《「民族主義文學」的任務和運命》《「硬譯」與「文學的階級性」》《論「第三種人」》，茅盾的《「民族主義文藝」的現形》等論戰文章，是左聯留下的重要文獻，至今仍有理論指導意義。

三

　　左聯是在資產階級民主主義革命歷史階段中在中國共產黨領導下開展的無產階級文藝運動，顯然具有歷史的超前性。能取得如此輝煌的成就，實屬難能可貴。由於黨內三次「左」傾路線必然反映到左翼文藝運動中去，左聯也難免犯「左」傾幼稚病的錯誤。主要表現是以下四個方面：第一，理論上相當程度地接受了在蘇聯已經受到批判的唯物辯証法的創作方法的影響，犯了後來毛澤東所批評的把「一般的宇宙觀」等同於「藝術創作和藝術批評的方法」的錯誤，是導致創作中公式化、概念化、標語口號化、臉譜化作品的出現的原因之一。第二，文學史評判方面，對「五四」運動的領導思想與文學革命的性質，缺乏歷史唯物主義的準確分析，作出偏「左」的要求，因而對當時的作家作品否定過多，影響了團結一切進步力量，建立更廣泛的文藝統一戰線的工作。這也與存在關門主義傾向有關。第三，對左聯的革命文藝群眾團體的性質及文藝工作的特殊性認識不足，某些黨員與「黨團」領導成員，受到上級黨組織因立三路線影響所形成的「左」的思想的左右，總想把「左聯」辦成近似於「黨團」的政治性組織。如組織盟員貼標語、撒傳單、舉行飛行集會，甚至提出「政治運動高於文藝運動」的忽視「左聯」文藝工作特點與群眾團體性質的口號。魯迅、茅盾對此持保留態度，也不肯參加這些活動。有些黨員就頗有微詞，認為他們政治態度有問題。魯迅被迫也曾參加過此類活動；遂遭到反動當局的通緝，不得不離家躲避，造成不必要的損失。這一切也干擾了左聯文藝工作的主導方向。第四，「革命文學」口號論爭時存在的宗派主義作風與否定魯迅、茅盾等「左」的思想，雖經上級黨組織批評制止，一度有所收斂，但仍有部分黨員和黨員領導同志並沒從思想上根本解決問題。左聯前期由於黨派馮雪峰擔任黨與魯迅、茅盾之間的聯絡員，特別是瞿秋白所持的尊重魯迅、茅盾的態度，因其在黨內具很大威望而影響了許多黨員。加之先後任「文委」與左聯的黨團書記的潘漢年、馮乃超、陽翰笙、馮雪峰、耶林、丁玲等對魯迅、茅盾不僅十分尊重，而且努力維護並幫助魯迅發揮領導作用，他們又始終注意協調各方面的關係，因此，左聯大體上能夠團結一致共同對敵。在這時，宗派主義與不尊重魯迅、茅盾的態度尚不突出。此後瞿秋白、馮雪峰相繼調進蘇區。周揚先後擔任了左聯與「文委」的黨團書記。他本人就對魯迅很不尊重。他周圍的相當一些黨員與黨的基層負責人也是如此。這時，實際上左聯內部形成了以魯迅為核心和以周揚

爲核心的「兩套馬車」。後者不僅架空了魯迅，而且時時有冒犯魯迅的舉動。茅盾雖與雙方都保持良好的關係，也時時注意利用這良好關係起著協調作用，但他畢竟已失去了黨的組織關係，單憑個人威信與關係，不足以起瞿秋白、馮雪峰那樣的協調作用。後來在「兩個口號」論爭中，他也成爲「周揚派」的攻擊對象，只能被迫參與論爭。

「兩個口號」論爭是在國際上法西斯侵略日益猖獗，日本帝國主義占領東北後又侵略華北，中國共產黨不得不調整自己的綱領、策略與政策之際發生的。1935年7月共產國際領導人季特洛夫在共產國際大會上作了《法西斯主義的進攻與共產國際爲工人階級的反法西斯主義的統一而鬥爭的任務》的報告。他在報告中提出了建立共產黨領導下以工人階級爲核心的反法西斯主義統一戰線問題。王明在沒和中共中央商量的情況，在會上發表講話，此講話後來又以《論反帝統一戰線問題》爲文章標題公開發表了。在此講話中，王明不但不提黨對統一戰線的領導權和統一戰線應以工人階級爲核心等重大問題，反而提出模糊了階級的政治屬性的「建立國防政府」的口號。他和康生還強迫蕭三給左聯寫信，命令解散左聯以服從以他的上述思想爲指導的所謂抗日統一戰線的建立。同年12月，中央中央政治局在瓦窯堡召開擴大會議，通過了《中共中共關於目前政治形勢與黨的任務的決議》和毛澤東的《論反對日本帝國主義的策略》的報告。決議與報告均明確指出：堅持黨對統一戰線的領導權，以工人階級爲核心，盡可能廣泛地建立抗日民族統一戰線。

當時上海地下黨處在與黨中央失去聯繫的閉塞環境中。周揚、夏衍等「文委」與左聯黨團負責人接到王明的解散左聯的錯誤指令，又從海外傳進國內的報紙上讀到王明的上述文章，就誤以爲這是黨中央的精神，於是決定立即解散左聯，並廣泛宣傳此前據王明所提「建立國防政府」口號而提出的「國防文學」口號，並以此口號作爲統一戰線的標幟。魯迅堅決反對解散左聯，認爲這會使隊伍潰散，使統一戰線失去核心。他還反對不提黨和無產階級對統一戰線的領導權等錯誤做法。但周揚等人以黨的領導自居，對魯迅的正確意見置之不理，並一再施加壓力，想把這些錯誤做法強加於魯迅。

正在這時，馮雪峰被委任爲中共中央特派員由陝北赴上海，肩負起中央交給的廣泛傳達瓦窯堡會議精神，促成抗日統一戰線的建立，考察上海地下

黨，恢復其與中央的組織聯繫，並兼管文藝工作的重任。但周揚等同志對馮雪峰的特派員身份與工作，既不肯承認又不尊重。針對「國防文學」口號不提黨對統一戰線領導權等「不明了性」，魯迅與茅盾、馮雪峰等集體研究決定：為努力「救正國防文學的不明了性」，提出具鮮明革命傾向的「民族革命戰爭的大眾文學」口號，作為統一戰線的總口號，它可以與「國防文學」這個具體口號並存。但「國防文學」派立即對此新口號猛烈抨擊，遂使論爭發展為論戰，把左聯的內部分歧暴露在敵人面前。周揚等同志還利用控制「黨團」的特權，擅自解散了左聯，成立了團結範圍遠遠小於左聯的中國文藝家協會，並發表了宣言。追隨王明先「左」後右，最終形成路線錯誤的結果，正好應了三年前魯迅所說的名言：「因為連續的向左轉，結果碰見了向右轉的朋友！」〔註5〕

茅盾從分歧尚控制在內部時，就努力彌合這分歧。他全力做協調、團結的工作。馮雪峰以黨中央特派員身分來滬後，茅盾主動把自己的努力納入黨中央領導之下，配合馮雪峰開展工作。然而事與願違，他也成了「國防文學」派的攻擊對象，更深切地體會到了宗派主義的嚴重危害。為了堅持原則，分清是非，以利統一認識，團結對敵，茅盾只好公開著文，進行有理有力有節的反批評。

面對左聯內部的原則分歧和加諸自身的「破壞統一戰線」、「同情托派」等莫須有的罪名，以及統一戰線還未形成，左聯先已分裂並被解散的嚴峻形勢，重病纏身的魯迅忍無可忍，遂旗幟鮮明地以《答托洛斯基派的信》激烈抨擊中國托派渾水摸魚，取媚日寇，「有背於中國人現在為人的道德」的行為，表明了他對中國共產黨的支持擁護態度。他說：「那切切實實，足踏在地上，為著現在中國人的生存而流血奮鬥者，我得引為同志，是自以為光榮的。」〔註6〕同時，魯迅又發表了長文《答徐懋庸並關於抗日統一戰線問題》，充分肯定了左聯成立以來堅持的正確方向，公開宣布了「中國目前的革命的政黨向全國人民所提出的抗日統一戰線的政策，我是看見的，我是擁護的，我無條件地加入這戰線」的堅定立場。魯迅進一步闡明了「民族革命戰爭的大眾文學」口號，堅持無產階級領導權的正確性，及其與左翼文學大眾

〔註5〕《透底》，《魯迅全集》第5卷，第103頁。

〔註6〕魯迅：《魯迅全集卷六》〔M〕，北京：人民文學出版社，1981年，第588～589、528～538頁。

化方向的一貫性、銜接性；再次表示了「兩個口號」可以並存的寬容態度。魯迅還尖銳地批評「國防文學」的「不明了性」和周揚等同志的宗派主義作風及其消極影響。〔註7〕由於魯迅立論科學，旗幟鮮明，既與黨的路線相通，又合乎歷史要求與時代需要，加之魯迅在文壇上具有巨大影響，此文一發表，應者雲集。絕大多數人都漸漸形成共識，論爭逐漸平息。再經過馮雪峰、茅盾等的奔走努力，論爭雙方的代表人物聯合發表了《文藝界同仁團結禦侮與言論自由的宣言》。這成了統一戰線已經形成的標誌。然而魯迅卻鞠躬盡瘁，終因重病醫治無效，於1936年10月19日溘然長逝。魯迅的逝世本身，又成了促進抗日統一戰線形成的巨大推動力。「國防文學」派從此亦消聲匿跡。

左聯成立於「革命文學」論爭的結束，終止於「兩個口號」論爭的結束，用了短短六年，勝利地完成了時代賦予的歷史使命。但「兩個口號」論爭留下的芥蒂卻影響深遠。建國後歷次「左」傾擴大化的文藝鬥爭以至政治鬥爭，大都與此有關！

魯迅逝世之後，茅盾因眾望所歸而成為惟一具權威性的文壇領袖。他用各種辦法，努力把最大多數的愛國文藝工作者團結在抗日文藝統一戰線中來。在黨的領導下與左翼文藝運動取得的成就的基礎上，眾志成城，繼續完成魯迅的未竟事業。上海淪陷後，茅盾和廣大愛國文藝戰士轉戰南北，奔赴國難！1938年3月27日，他和從日本歸國不久的郭沫若共同領銜，成立了中華全國文藝界抗敵協會，終於在左聯解散後，建立起更廣泛的真正體現黨的正確領導的抗日文藝統一戰線組織。

列寧指出：「在分析任何一個社會問題時，馬克思主義理論的絕對要求，就是要把問題提到一定的歷史範圍之內。」〔註8〕在新民主主義革命中期，左聯以其革命前驅性與超前性，對中國無產階級文學事業以至革命事業作出的貢獻，是既輝煌又偉大的。這是迄今為止的中國現當代文學史上惟一的一個造就出文學大師的時代；也是中國現當代文學史上迄今未被超越的文學達到高峰的時代。這既是黨的正確引導的結果；也是魯迅、茅盾以其偉大建樹與精神人格力量，團結群眾共同奮鬥的結果。左聯成功的歷史經驗與失誤的歷

〔註7〕 魯迅：《魯迅全集卷六》〔M〕，北京：人民文學出版社，1981年，第588～589、528～538頁。

〔註8〕 列寧：《論民族自決權》〔A〕，《列寧選集卷二》〔M〕，北京：人民出版社，1973年，第512頁。

史教訓，和左聯通過集合力量所做的偉大建樹一起，至今仍光照後代，成爲一筆不可取代的偉大精神財富。

（刊於《紹興文理學院學報》2001 年第 3 期）

論抗戰初期茅盾的文藝思想
及其發展特點

　　抗戰初期茅盾的文藝思想，建立在豐富的人生經歷與堅實的思想基礎之上：他從幼年起受優秀傳統文化薰陶，樹立起以「士」爲代表的中國知識分子「以天下爲己任」的歷史使命感與憂國憂民的憂患意識。青年時代參與締造中國共產黨並擔任重要領導職務，通過實踐確立起共產主義理想及爲此奮鬥的意志。介紹外國文學、倡導自己的文學主張的頭一個十年，和文學創作與理論批評並重的第二個十年，形成了文學生涯的黃金時代，也使文藝觀自成體系。這一切使茅盾臻於政治家與文學家、作家與理論家完美結合的境地。在魯迅生前，他和魯迅攜手並肩引導著左翼文壇。魯迅逝世後，此重任歷史地落在他一個人肩上。這使他的文學活動、創作與理論批評，更具自覺的導向意識。

　　因此，抗戰爆發，茅盾就義無反顧，奔赴國難。他轉戰上海、武漢、長沙、廣州、香港、新疆、延安；又應周恩來的召喚，於 1940 年 10 月赴重慶加強國統區的民主運動力量。在這短短的 3 年，茅盾踏遍大半個中國。親歷了淪陷區、港英殖民地、延安解放區，和分別由盛世才、蔣介石統治的類型不同的國統區。幾種不同性質的社會制度中的切身生活體驗，與他 30 餘年的人生歷程縱橫結合，建構起茅盾新的更加恢宏的視野，更加透徹的識力和堅定的共產主義人生觀。

　　這就使茅盾抗戰初期的文藝思想具有更渾厚的內涵，並以鮮明的政治導向性爲總體特徵。

　　茅盾對抗戰形勢作出了宏觀的頗具預見性的估計：這是一場全民動員的持久戰；充分認識「長期抗戰」與「怎樣方能抗戰到底」，是時代賦予我們的中心課題。抗戰過程在實現民族解放之同時，「我們社會中的封建勢力的殘餘必將淨除」，因此「抗戰的結果又將是孫中山先生三民主義眞正的全部實現」。這是茅盾引導「抗戰文藝運動」、「決定文藝工作的方案」與「戰時文藝透視的遠景」的基本出發點。〔註1〕除了對前景稍嫌樂觀之外，上述估計，均被8年抗戰歷史一一証實。茅盾的視野確乎是高瞻遠矚的。因此，調動一切文藝力量爲全民抗戰服務就成了茅盾抗戰初期文藝思想的基本出發點。

一

　　從 1931 年的「九一八」、1932 年的上海「一二八」抗戰起，茅盾就確立了文藝服務於抗戰的自覺意識。1937 年「七七」事變後，「從七月八日以來」，他和「全國民眾每天都在盼望我軍給敵人一個迎頭痛擊」。他和「同胞們以加倍的熱烈來請求中央政府立即發動全面的抗戰」。但是希望一次次換來了失望。終於在「八一三」上海抗戰受阻於最高當局時，茅盾形成了一個總觀念：「當前的救亡工作是百廢待舉，這不能靠國民黨的官辦衙門，必須立即動員群眾組織群眾自己來幹。」於是他參與主持創辦抗戰刊物《吶喊》。他的第一聲吼就是：文藝必須爲抗戰服務！

　　他在《吶喊》發刊詞中幾乎是聲淚俱下地呼籲：「在這時候，需要熱血，但也需要沉著；在必要的時候，人人都要有拿起槍來的決心。但在尚未至此必要時」，就「站上各自的崗位！」「我們一向從事於文化工作」，「我們的武器是一枝筆」，我們「畫過民族戰士的英姿，也曾描下漢奸們的醜臉譜」，我們仍要表達「同胞的憤怒」，申訴其「保衛祖國的決心」和熱忱！現在我們仍要「站上各自的崗位」，堅決負起「自己解放的任務」，「和平，奮鬥，救中國，我們要用血淋淋的奮鬥來爭取光榮的和平！」

　　在抗戰爆發民族救亡的危急關頭，中國文壇存在著文藝爲抗戰服務與「文藝與抗戰無關」〔註2〕這兩種對立的立場與路線的尖銳鬥爭。在這場持續 2 年的鬥爭中，茅盾以空前明朗的「文藝爲政治服務」的觀點引導著文壇；構成

〔註1〕此引文及以下引用茅盾的話均見《茅盾全集》第 21 卷和第 22 卷。

〔註2〕1938 年 12 月 1 日梁實秋在《中央日報》平明副刊《編者的話》中，率先提出此論調，並攻擊已經形成的抗戰文學爲《抗戰八股》。1939 年沈從文繼續鼓吹此論調。遭到抗戰愛國文學工作者批判，這場論戰持續約 201 年之久。

了重大的文藝思潮現象。這有歷史的遠因；也有其時代需求的近因。

中國現代文學在其發展的漫長歷史過程中，始終肩負著文學現代化的自身建設發展，與配合中國社會政治革命並促進其發展的雙重歷史使命。茅盾漫長的文學道路，始終位於這政治的文學的社會潮流交錯發展的核心位置。他乍登文壇就意識到文學的「人學」本質。認識到人生與文學各自的內容雖豐富複雜，但文學與人生的關係，起碼在「五四」以來的中國，其主要內容很大程度上是文學與政治、與革命的關係。他對二者關係的理解，與文學思潮基本同步。從未持二者無關、可以分離的「爲藝術而藝術」的立場與態度。

「五四」時期，茅盾自覺把握著文學的思想啓蒙的時代使命，以「爲人生的文學」主張與現實主義的追求，使文學及其人學本質兩相契合、水乳交融地得到順利發展。在茅盾的美學觀內部，它與外部環境之間，亦無多大矛盾。大革命發生曲折，階級的民族的革命處在嚴峻關頭。時代第一次急切地要求調動文學手段爲政治革命服務。這與文藝自身規律既有適應的層面，也有抵牾的層面。1928 年爆發的「革命文學」論爭，之所以會使革命文學隊伍站在觀點對立的路口，固然緣於各自美學觀的差異這一主觀原因，亦因存在上述客觀原因。當時茅盾清醒地看出：「革命文學」倡導者的理論與實踐中，存在違背文學自身規律及其人學本質的偏頗，因而坦率地指出。遂遭到頭腦發熱者的嚴厲批判。其實茅盾是很委屈的。因爲他維護的是文藝規律，並無反對文藝與政治有內在關係，並肩負一定政治使命的意思。於是他一面抗爭，一面寫了証實其辯証態度的長篇《虹》。但此後《路》與《三人行》的創作實際，表現出茅盾一度容許文學屈從政治的妥協態度；因而受到概念化的客觀規律的懲罰。這段時間不過年把。在醞釀《子夜》的過程中，他不僅有了自覺與警覺，而且從理論實踐兩方面努力克服糾正。於是，在左聯時期，他在創作與理論兩方面，都步入黃金時代與高峰期。但他仍保持著強烈的政治意識。這和其創作的社會剖析特徵一紙兩面。

抗戰爆發後，全民族處在危亡的嚴峻關頭。茅盾清醒而又強烈地意識到，歷史向文學提出挽狂瀾於既倒的強烈要求。茅盾以上述歷史認識爲基礎，自覺地無條件地服從並積極響應這時代要求。事實上，在人類文學史中，這種反侵略取向並不限於愛國壯舉。就在茅盾高舉「文藝爲抗戰服務」大旗的當年，包括中國共產黨領導下的中華蘇維埃政府在內，蘇聯、法國、

加拿大、美國等共 54 個國家的萬餘名共產黨人與進步人士組成「國際縱隊」，同西班牙人民一起抗擊德國法西斯侵略，成爲第二次世界大戰的一大壯舉。「國際縱隊」中還包括劍橋大學、牛津大學出身的現代派詩人羅伯特·康福斯（他是生物學家達爾文的孫子）、斯本德等在內的許多文學家，都走出藝術殿堂投身西班牙反法西斯前線；有的還獻出寶貴的生命。美國的海明威、法國的馬爾洛、流亡在外的德國的女作家西格斯、劇作家布勒希特、流亡英國的意大利作家西尤涅……有的奔赴西班牙戰場，有的在所在國所在地區獻身於反法西斯戰爭。蘇聯作家包括蕭洛霍夫、法捷耶夫、西蒙諾夫、愛倫堡等大作家在內，或置身前線拿起槍桿，或在後方奮起如椽大筆。這一切和茅盾的理論、行動同步，都以特定的文學歷史華章，証明了文學與政治與革命與人民命運的密不可分。這時，抗敵愛國是最大的政治。匯合了不同政治態度不同階級立場的作家於同一戰壕之中！我放寬歷史背景作這些陳述，無非想反襯茅盾此時此刻的文藝思想發展到「文藝爲抗戰服務」的階段，不僅是歷史要求的必然體現，也是文學自身內在規律在特定歷史社會條件與環境下必然顯現的不可抗拒也無法遏止的趨向。但茅盾十分自覺。顯示了他與眾不同處。

茅盾大聲疾呼；「時代要求我們把力量貢獻於抗戰」。我們「應當根絕了過去那種貌合神離，包而不辦，宗派關門」的錯誤傾向；「一心一德」，「戰戰兢兢地負荷起當前艱巨的工作來」。「文化工作的部門是眾多的」，我們要統籌兼顧，著眼全面。他不論走到哪裡，都呼籲團結，傾盡全力維護與擴大抗日文藝統一戰線。此時，茅盾顯示出巨大的內聚力。

二

自覺而又正確地引導抗戰文藝發展方向，是抗戰初期茅盾文藝思想的又一突出特徵。其最早提出、最具導向性、影響也最大的口號是：「我們目前的文藝大路，就是現實主義！」除了現實主義，此外無所謂「政策」。這是茅盾針對當局某些人爲了遏制抗日文藝事業的發展，打出「戰時文藝政策」的逆歷史潮流而動的行爲所作的最響亮的回答。茅盾指出：「文藝是反映現實的。戰時的文藝」亦不例外。他在《歐洲大戰與文學》一書中早就接觸過「各爲其主」的反現實主義「文藝政策」的反動本質。他很贊成羅曼·羅蘭與巴比塞對它的強烈抨擊。現在茅盾又明確指出：「我們是被侵略國」，人人皆知我

們爲什麼流血，「我們的戰士是眞正的忠勇奮發，視死如歸」，歷史上最傑出的寫實主義作家的健筆「也不能把我們今日的壯烈的現實反映得足夠」！我們只有「不僅反映現實」，而且透過它「指出未來的眞標」：「抗戰的結果是自由」！抗戰的烈火必將把「社會中封建勢力的殘餘」同時「淨除」。這反映出茅盾把反帝與反封建同時作爲抗戰歷史任務，把階級解放與民族解放結合起來的重要思想。他看出當局所謂「戰時文藝政策」的實質，似是反帝，實則既維護帝國主義利益，也維護封建主義與官僚資本主義利益的反動實質。因此茅盾堅決反對，並大聲疾呼：「遵循著現實主義的大路，投身於可歌可泣的現實中，盡量發揮，盡量反映——當前文藝對戰事的服務，如斯而已」，「除此而外，無所謂政策」。

茅盾「五四」時期倡導過自然主義，其實這是批判現實主義與社會主義現實主義的「中介形態」。左聯時期，他不再倡導這「主義」那「主義」。對在蘇聯產生的社會主義現實主義，他僅提過一次；並未充分展開。但他卻在理論批評尤其是自己的創作中充分體現出社會主義現實主義創作方法及其原則精神。抗戰開始他一反故態，旗幟鮮明地打出現實主義旗幟，從廣泛團結文藝隊伍從事抗戰的意義講，他是指廣義的各種現實主義傾向。但他代表的主流文學，卻是社會主義現實主義。他糾正了左聯時期一度存在的唯物辯証法的創作方法的偏頗，從理論上作出相當開闊的闡釋。他對各種不同的創作方法持兼容並包的態度，他說：若把「社會主義的現實主義與革命的浪漫主義」中「『社會主義的』與『革命的』兩個帽子除掉，單從世界的偉大作品中去研究，便可見現實主義的要素和浪漫主義的要素常常在同一作品中並存而不悖。」因此，「如果機械地要在此二者之中強爲取捨」，既「不必要，而且有害」。他指出了這一理論的現實根據：大時代的「現實生活中就有不少Romantic 的故事」。他指的是人們向理想的飛躍、超人的英雄行爲等。而非指幻想、虛誕、逃避現實。他認爲：「眞正反映現實的，血淋淋的現實的作品，就必然包含了 Romantic 的光焰萬丈。」但在各種不同的創作方法中，他特別強調的是現實主義。他明確指出：「在文藝史上，初期的寫實主義作品都有一定的政治的立場，都是從政治思想出發，去觀察社會人生的。」「『五四』以來寫實文學的眞精神，就在它有一定的政治思想爲基礎，有一定的政治目標爲指針……這就是民族的自由解放和民眾的自由解放。」因此，盡管「五四」以來文學由現實主義、浪漫主義、現代派諸「主義」多元組成，「但時代的需

要是實實主義，所以寫實主義成了主潮」。茅盾認為抗戰時期的時代需要，仍是包含著民族的和民眾的自由解放這一政治理想的現實主義主潮。但「民族解放」的反帝泛指性有所淡化，反抗日本帝國主義的特指性則強化為主導方面。然其反帝的實質並無改革。茅盾就這樣緊緊把握住自「五四」始發展到今天以上述政治思想與政治理想為靈魂的現實主義主潮，全力推動，使它起統攝抗戰文藝全局的作用。由此可見，現實主義主流傾向性與對其他流派的包容性開放性，是抗戰初期茅盾文藝思想的重要特徵。

他還沿著「五四」時提出的「文學是人學」的主張發展其現實主義典型論。他承認抗戰時代「充滿了英勇壯烈的場面」。但不贊成「人是依附著時代的動向而前進的」，「我們必須寫這場面和時代」而不必著重寫人的似是而非的觀點，他堅持「還是應當寫人」。「人雖然是依著時代的動向而前進，但決不是完全機械地被動的，人亦推動時代使前進得更快些」；「人是時代舞台的主角，寫人怎樣在時代中鬥爭，就是反映了時代」。當前時代要求的中心是抗戰建國，這仍舊可以從各樣人的活動來體現來反映「時代的面目」。

由此茅盾歸結到恩格斯對現實主義的美學概括：「創作的最高目標是寫典型事件中的典型人物」。他不反對「單寫典型的事」。認為「只要觀察深入，分析正確，也是非常好的」。茅盾對「典型的事」作了非常寬泛的解釋：「前方後方」，都「有不少典型的事」。但他堅持現實主義的最高要求：「寫典型事件中的典型人物」。他高興地指出：「從『事』轉到『人』，可以說是最近半年來的一大趨勢」。茅盾對典型人物的理解也很寬泛：歌頌的、諷刺的、暴露的人物，「英勇壯烈」的英雄與各式各樣的敵人，都可以寫成典型人物。在他主編的《文藝陣地》創刊號推出張天翼的以人物命名的小說《華威先生》引起爭論時，茅盾多次著文從該典型的真實性、典型性與人物多樣化角度肯定了華威先生這一諷刺典型的審美價值。他高瞻遠矚地指出：「文藝的教育作用不僅在示人以何者有前途，也須指出何者沒有前途」；對後者不加打擊，「它不會自行消滅，既有醜惡存在，便不會沒有鬥爭，文藝應當反映這些鬥爭又從而推進實際的鬥爭」。這是「抉摘那些隱伏在紅潤的皮層下的毒癰」的工作。茅盾這裡深化了文學典型的審美與審醜雙重作用的理論；把現實主義典型化引上一條寬闊的路。茅盾還給姚雪垠《差半車麥稭》所塑造的農民典型給予很高評價。認為它是寫出了「普通農民的覺醒」的典型。其可貴處之一是挖掘出「農村老百姓」「先天的民族意識」，故更能啟發普通的以至落後的群眾。

這些理論扶植了一大批作家。

茅盾還指出：為加深現實主義審美力度，必須正確處理歌頌與暴露的關係。他首先對當時的現實作出清醒的估計：「抗戰的現實是光明與黑暗的交錯，──一方面有血淋淋的英勇的鬥爭，同時另一方面又有荒淫無恥，自私卑劣。」消滅後者是爭取最後勝利的首要條件。因此，他要求作家不能只反映「半面的『現實』」；在寫光明之同時，也要寫黑暗及其為何不能克服：這才是「必須描寫出來的焦點」。茅盾明確指出了如何正確暴露與諷刺黑暗和運用暴露的手段問題：「暴露的對象應該是貪污土吏，以及隱藏在各式各樣偽裝下的漢奸」。暴露的手段「應當是烈火似的憎恨」。「諷刺的對象應該是一些醉生夢死、冥頑麻木的富豪、公子、小姐，一些『風頭主義』的『救國家』，報銷主義的『抗戰官』，『做戲主義』的公務員。」他認為「諷刺作者的筆觸是冷峭的，但他的心是熱的，他是希望今日被諷刺的對象明日會變成被贊揚的對象」。茅盾這時站高一步，提出了作家審美態度與審美情感傾向及如何區分兩類不同性質的矛盾等問題：「對於醜惡沒有強烈憎恨的人，也不會對於善美有強烈的執著；他不能寫出真正的暴露作品。同樣，沒有一顆溫暖的心的，也不能諷刺。悲觀者只能詛咒，只能在生活中找尋醜惡，這不是暴露，也不是諷刺。沒有使人悲觀的諷刺與暴露。」

這實際上已經涉及以革命世界觀人生觀指導現實主義創作方法這個本質問題了。茅盾認為任何創作方法都受世界觀人生觀的制約。只有以革命的世界觀人生觀為指導，才能使現實主義創作方法對抗戰發揮能動的作用。茅盾又指出：「生活決定意識」。決定作家世界觀人生觀的主要因素一是「個人生活，教養，階級意識等等」，二是「從實踐生活中去體驗，去精修」。前者是「教育和訓練」，後者是社會實踐。這又和獲得文學源泉合二而一了。因此作家充實生活經驗與實踐是「天經地義」的事。

為適應抗戰需要，茅盾又提出了「作家的生活是戰鬥的」口號，並作出寬泛的解釋：「戰鬥」並非「一定要上火線」或「天天幹群眾運動」；忠於真理，忠於自己，「一絲不苟，嫉惡如仇，見一不善必與之抗」，「這就是戰鬥的生活」。對深入火線，茅盾也有卓見：「問題不在他有沒有拿過槍，打過仗，而在他是否真正曉得士兵生活」，特別是「深知士兵的內心的生活」。他認為作家的生活實感首先不是指經驗的廣度，而是指其把握的深度。

茅盾認為他提出的這些革命現實主義的要求，不僅適合作家，也適用於

理論批評家。他指出：批評家要求作家做到的，首先自己就應該做到，批評家敢於「念念有詞」地說「作家要向生活學習」，卻沒人敢說「批評家也還得向生活學習」。但茅盾卻敢大聲疾呼：批評家「勸作家不要寫自己不熟悉的事，也該自勸不要批評自己不熟悉的事」。茅盾特別強調「加強批評工作」。其涵義是「一石打兩鳥」的：一是「對於作品多作批評」；二是「對於批評家本身的工作也多作批評，即所謂『自我批評』」。茅盾把這種自省意識提到抗戰時期批評家「責任愈加重大」，「工作也愈加『繁重』」的時代使命高度來認識。針對某些批評家素質不高，對生活了解不深，卻慣於指手劃腳的問題，茅盾尖銳地說：「我有時倒以為批評家的權威如果縮小些，也許於作家有利」。

抗戰初期茅盾的現實主義理論，呈現出全方位性與系統性，而且處處滲透出他強烈的時代使命感與憂患意識。這不僅在當時，就是在今天，也具導向性。

三

茅盾既把全民抗戰作為文藝工作的基本出發點，動員千千萬萬的文藝工作者去發動億萬人民投身抗戰洪流，就是他必然具備的廣闊視野。因此他特別強調要處理好抗戰時期文藝工作中普及與提高的關係。他提出：「目前的文化問題，有普及的一面，也有提高的一面。如果把這兩面截作兩段來看，便會走到絕路。要提高，先需普及，從普及中然後能有真正的提高」。正是站在這一時代制高點，文藝大眾化與民族化的論題，就成了抗戰時期茅盾最集中最具建樹的論題。當然，這是左聯時期他參與文藝大眾化討論工作的繼續與拓展。若溯其源，當連同茅盾「五四」時期參與文學現代化與文學語言口語化的工作一起作通盤估計。那時他不僅致力於反對文言文，支持文學語言口語化，而且當國粹派與復古派反對倡導白話文時，他還曾挺身而出，以《駁反對白話詩者》、《四面八方的反對白話聲》等文章，給與猛烈的抨擊與犀利的批判。左聯時期承接著「五四」運動的延續工作，按照文學發展的正常歷史程序，即「文藝大眾化運動應和國語運動聯繫起來的」。但抗戰打亂了這正在運行的程序，急需「文藝來做發動民眾的武器」。因此茅盾認為，當前只能採取非常的步驟：「一是文藝大眾化起來，二是用各地大眾的方言，大眾的文藝形式（俗文學形式）來寫作品。」這一方面承接著「五四」以來的文學大

眾化傳統；另方面又必須改造「五四」以來「從外國學來的進步的但不爲大眾所喜歡的形式」。「爲了抗戰的利益，應該把大眾能接受作爲第一義，而把藝術形式之是否『高雅』作爲第二義」。

於是茅盾就把文學大眾化與「大眾能懂的形式」展開來分析其關係。他認爲這是目的與手段相統一的有機內在關係。他從敘事、寫人、對話、動作描寫等方面對大眾化形式，特別是大眾化的舊形式作出具體細緻的論述。有人認爲「這太急功近利」。茅盾反駁道：不這樣「就不能深入大眾，不願深入大眾就是對抗戰工作的怠工」。他証之以歷史，「事實是：二十年來舊形式只被新文學作者所否定，還沒有被新文學所否定，更其沒有被大眾所否定。這是我們新文學者的『恥辱』，應該有勇氣來承認的」。

大眾化的關鍵是通俗化。茅盾以史家眼光考察了二者的關係。他說：「『通』與『俗』連用」成詞，大約「在甲午戰爭前後」。意即「使俗人能懂」。那時還只限於形式而未涉及內容；且與「民間人人熟悉的形式」及應用之「而使之普遍」相聯繫。但茅盾又非常辯証地指出：文藝大眾化與利用舊形式之間的關係，有其同一性；也有其矛盾性。「大眾化是當前最大的任務」。「『文章下鄉，文章入伍』，要是仍舊穿了洋服，舞著手杖」，群眾難以接受。創造新的大眾化形式，又一時來不及。「此時切要之務」就只能是研究大眾歡迎的「舊形式究竟可以被利用到如何程度」，並「實驗如何翻舊出新」。這就是其尋求認同的同一性。「利用」當然又不是「無條件的接受」。而是整體性地「消化它而再釀造它」。「學習之，變化之，且更精煉之，而成爲我們的技巧」。總之，汲取、改造而求新的認同：這就是在同一性基礎上的矛盾性；這就是茅盾所辯証理解的同一性與矛盾性的對立統一關係。

茅盾不贊成「舊形式可以裝新內容者爲數不多」的偏見；也不贊成把利用舊形式簡單化地理解爲「舊瓶裝新酒」。他認爲：利用舊形式遠比這個要複雜得多。它包括「翻舊出新」（即去掉不合現代生活的舊質，存其表現方法之精髓，且補充以新質）與「牽新合舊」（如不襲用舊小說的章回體與其開頭結尾之套語；但學其筆法簡潔，動作描寫緊湊，故事發展前後呼應鈎鎖，寫心理不用敘述而用描寫等等）兩義。茅盾預言：把這兩者匯融，將產生民族文藝新形式，「這才是『利用舊形式』的最高的標準」。因此他認爲：與其說是「利用」，不如說是「應用」更爲恰當。

在大眾化討論中，有人擔心「要做到通俗，就會降低標準，要達到質的

提高，就得犧牲通俗」。因此通俗與質量的論爭一直存在。茅盾反對這種把二者對立起來的形而上學態度。他說：「通俗並非庸俗」，「『通俗』云者，應當是形式則『婦孺能解』，內容則爲大眾的情緒與思想」，這和大眾化「沒有什麼本質上的差別」。「以爲『高』者『高深』之謂也」，是一種誤解。而且「『質的提高』並沒有什麼奧妙」，只要做到「（一）人物須是活生生的人」，「（二）寫什麼得像什麼」，「（三）字眼用得確當，句子安排得妥貼，意義明白，筆墨簡勁」，「自然『通俗』，而『質』亦『高』了」。於是茅盾就由形式問題深入到內容問題了。

茅盾從世界觀與生活方式差異的高度提醒作家們：「不要以租界中避難的大眾作爲戰區中大眾的代表。兩者因爲生活不同，觀念形態也大大不同了。」他還以發展的眼光指出：在抗戰劇變中大眾也在變化，他們「自動唾棄舊的一切教條了」。因此，作家也不要「擔心大眾是多麼守舊」，「再以舊眼光去看大眾」。也因此，不論涉及政治思想還是倫理道德，作家都應該「大膽地依照」「合理的觀點處置」文學作品的內容。他還提醒作家不要自視過高因而輕視了大眾，許多方面人民大眾倒是高於作家的，因此茅盾向作家提出「『教育大眾』與『向大眾學習』這兩方面」的要求：教育大眾以前進的宇宙觀與人生觀；學習「大眾的生活色彩及其意識情緒」。兩者「互相依存而發展」。這就是茅盾指出的「合理的解決」文學大眾化過程中作家與群眾之關係問題的必經之路。

以上各點，是在抗戰爆發的急劇歷史轉折關頭，全國處在十分混亂的狀態，文壇的混亂與困惑情緒也普遍存在的情況下，在沒有得到中共中央的引導支持，中共中央也傾全力於扭轉民族矛盾取代階級矛盾占據社會主要矛盾位置造成的混亂，集中精力制定政治路線與方針政策，還未來得及作出相應的文藝決策與配套的理論方針、路線、政策的情況下，茅盾以其 20 年的文學實踐與理論修養，在其馬克思主義世界觀與方法論指導下提出的這些既反映文藝發展規律，又適應時代需要的，科學性、學術性、導向性兼而有之的理論。其意義與影響之重大，是可以想見的。

四

隨著形勢的發展與客觀規律的顯現與把握，中共中央逐漸就文化與文學路線諸問題提出了綱領、方針與相應的理論，1938 年 10 月、1940 年 1 月毛

澤東先後發表了《中國共產黨在民族戰爭中的地位》和《新民主主義論》。當時的中共中央政治局總負責人張聞天，也發表了《抗戰以來中華民族的新文化運動與今後的任務》。文章產生了巨大影響，也引發了關於「民族形式」的討論及論爭。茅盾在新疆和延安相繼讀了這些文章。茅盾對這些文章評價很高。認爲「自從抗戰以來，關於文化如何服務於政治」，抗戰勝利後「建設怎樣一個新中國」，其「新文化又是怎樣一種面目、性質」，近 20 年的「新文化運動是向了怎樣一個方向發展，目前及今後的任務是什麼」，對這些事關大計的問題，能這樣「運用馬列主義的理論，對過去作了精密的分析，對今後提給了精闢的透視與指針的，實在還不曾有過」，它「適當其時的出現，可說是中國新文化史上一件大事」。這些文章，推動茅盾進一步深化自己關於文藝大眾化的理論。他進一步集中論述了大眾化與民族化的關係問題。茅盾的基本立點，是他 1929 年就論述過的馬克思主義關於基礎、上層建築意識形態對立統一的理論：文學是「人類生活一切變動之源的社會生產方法的底層裡爆發出來的上層的裝飾」，它一旦形成，就同時產生巨大的反作用。〔註 3〕據此茅盾展開了全方位、多視角的系統的理論闡述。

茅盾對民族形式的產生作出科學的解釋：「各種文藝形式」都是「社會經濟發展到了一定的階段時的產物」這是中外「各種民族文藝發展的歷史」的「大同」。但因各「民族的『特殊情形』」而在大同中有了小異。此乃「民族形式」賴以產生的「原故」。

茅盾認爲，從文學遺產中學習民族形式，應作具體分析：因爲中國的文學遺產多是封建文人所爲，反映出封建文人的「思想情感、喜怒愛憎」，只有「百分之一」「表白了人民大眾的思想情感、喜怒愛憎」，而且其相應的形式，也是「由人民大眾所創造出的」，故能爲「廣大人民大眾所喜歡而接受」。因此繼承民族形式，必須注意內容與形式的關係，即看它是否具備人民性。茅盾稱這「百分之一」的文學爲「市民文學」（這種比例顯然估計得偏小了），「市民」是個具特定時代內容的歷史範疇。茅盾指的是「城市商業手工業的小有產者」和「農村中農富農」。他歷史地分析道：先秦兩漢就有「反封建意識」的市民文學，但在經濟發展的漢武帝時代「罷黜百家獨尊儒術」時「被消滅」。後來封建經濟衰落，市民經濟再度興起，南北朝民歌、唐傳奇、宋評話、元曲、明清小說等市民文學才又次第興起。茅盾對這些「不朽的古典的市民文

〔註 3〕 《西洋文學通論》，世界書局出版，1929 年，第 14 頁。

學」特別是其優秀代表作《水滸》、《西遊記》、《紅樓夢》等作了集中剖析，稱之為「民族民主革命」文學的精華。他認為從文學遺產中借鑒民族形式，這些就是主要的借鑒的對象。

茅盾認為，借鑒民族形式，既應顧及其內容，也應對民族形式本身作歷史分析。他指出，人民大眾了解事物「乃通過物質的關係，而非精神的（從具體的行動，而非從抽象的說理）」，所以，「以為形式是大眾所熟悉，內容便無論怎樣都行」者，「亦不免背謬」。因此茅盾堅持內容與形式相統一的觀點。對內容與形式都作具體分析。他指出：社會經濟不斷發展，作為對應物的文學，包括占「百分之一」的人民大眾的文學，其內容與形式也都在發展變化。今天的新現實要求新的民族形式，它所反映的「內容將是新民主主義的新現實」，這和舊的民族民間形式「所從產生的舊封建社會是兩個不同的歷史階段」。何況，即便是人民大眾所創造的形式，也「並不盡善盡美」。因此對民族民間形式，「不能整套地被承襲，並且也不是什麼被『拆開』和『溶解』，而是被吸收了消化了變成滋養的一部分。」同時文人創造的或經過文人「沾手以後更進步的形式，也並不為大眾所歧視」。因此，借鑒民族形式，「一切舊形式皆當有份，不應只推崇民間形式」。站這些立足點上，茅盾深刻批判了當時由向林冰提出的所謂「民間形式是民族形式的中心源泉」的謬論。由於茅盾持上述辯證的、全面的、歷史分析與具體分析相聯繫的態度，他對向林冰的批判，也就比較有力，能切中肯綮。

茅盾論述了民族形式的借鑒與文學創新的關係，認為二者「不能硬分開來講」。因為「『創造』是從『學習』中間產生出來」的；「『學習』到了醇化的境界，前人的『遺產』成為自己的血肉，生平之所經歷，所見所聞，都溶合錘煉而成為自己的『靈感』……自然而然具備了『創造性』了。所以『學習』是『創造』的前提，又是『創造』的過程。離開了學習來空談創造，也許可以『造』出一些什麼來，然而未必是『創』」。

茅盾還進一步指出了建立新的民族形式的方向與途徑。共包括以下四點：「要吸取過去民族文藝的優秀傳統」；「學習外國古典文藝以及新現實主義的偉大作品的典範；要繼續發揚五四以來的優秀作風；更要深入於今日的民族現實，提煉熔鑄其新鮮活潑的質素。」這裡充分反映出茅盾的開放意識與辯證態度。在他看來，建立新的民族形式，不僅不應排斥，而且十分需要「外」為「中」用和「古」為「今」用；更不能不重視汲取生活源泉所提供

的滋養。

由此，他涉及到對「五四」新文學傳統的評價與態度問題。茅盾仍從「社會經濟發展到了一定的階段時，就必然要產生某種文藝形式」的立點來論証：「『五四』以來受了西方文藝影響的新文藝形式」之所以能產生，是因為「五四」時的「中國土壤」與所借鑒的外來形式據以產生的外國土壤二者之間的共「同」性，於是「五四」的「小異」與中外在此問題上之「大同」之間，產生了契合。這就使這「外來的異物」在「五四」時代的土壤中被「民族化」為新的民族形式。由於「五四」離抗戰近，其有生命的東西也就更多，所以理所當然地成為建立新的民族形式的最重要的借鑒對象和必經之途。由此，茅盾進一步批判了向林冰從「民間文學是民族形式的中心源泉」說出發，排斥借鑒外國和否定以至摒棄「五四」新文學傳統的荒唐理論。

茅盾還提出了各種民族文學融匯成世界文學的宏偉構想。他認為，「個別民族的智力創造變為」全世界「公共財產」，是物質生產與精神生產的共同規律。這使得「民族的片面性和狹隘性，變為愈加不可能了」，因此他相信，遲早會「從許多民族的地方的文學裡，產生出一種世界文學來」。「這種世界性的文學藝術」並非拋棄各民族文藝「憑空建立起來的」；而「是以不同的社會現實為內容的各民族形式的文藝各自高度發展之後，互相影響溶化而得的結果。是故民族文學之更高的發展，適為世界文學之產生奠定了基礎」。這番話是在日本的侵略使中國面臨的民族矛盾上升為社會基本矛盾與主要矛盾的形勢下說的，也就更顯得茅盾胸襟開闊，其思想高屋建瓴，與狹隘的民族主義者迥異。這種構想，將被世界文學不斷實現的過程與趨勢証明其具科學性與真理性。這和新時期文壇出現的「愈是世界的，愈是民族的」〔註4〕這一全盤「西化」謬論大相徑庭。因此又顯示出它不僅在當時，就是在今天，仍具有現實指導意義。

此外，茅盾還對小說、戲劇等文學門類的民族形式作出探索研究與引導。茅盾特別認真地總結了陝甘寧邊區文藝工作者探索文藝民族化的努力及其建樹，並作了熱情的肯定。他特別推崇延安的平劇改革的經驗。他詳細地介紹了魯藝平劇團「改良平劇，創造新歌劇」那穩紮穩打的步驟：「第一期是徹底把握平劇的技巧，第二期新編歷史劇，作為改良的實驗的過渡，最後則為從平劇的技術中化出來，保存其精華，加進新的成分，而完成了新歌劇之創造」。

〔註4〕曾逸：《論世界文學時代》，《走向世界文學》，第33頁。

茅盾相信他們會成功。他對谷斯范利用改造舊章回小說體裁的「出新」經驗，也給與充分肯定，予以總結。他特別讚賞的是：一面「力避歐化」，一面力避「章回小說中慣用的濫調套語」這一方針，肯定其「人物都用夾有地方語的普通話（不是北方話）」的做法；並提出「字匯固可採自大眾口頭，句法則有待自制」的設想，認爲「這樣一來，勢非創新不可」。

茅盾關於文學大眾化、民族化的理論，不僅概括了中華文化的主體部分漢文化與文學，因爲他在新疆工作過，故也概括了許多少數民族的文化與文學。這些理論是其畢生的理論建樹中最輝煌最具創見的部分之一，受到文藝界廣泛的讚揚。連一向對茅盾的觀點多持否定態度的郭沫若也不例外。他特別稱讚茅盾「把各時代的文藝形式與社會經濟基礎緊密地聯繫起來」的觀點，認爲「這可以補我們的缺憾」。他對茅盾一反重慶文藝界所持的章回小說受印度宗教文學影響的舊說，提出這是「宋明時有了市民階級之故，即與當時商業都市發展有關」的新說，也倍加肯定。他還認爲茅盾對向林冰的批評非常有深度。

茅盾的民族化大眾化的理論，是在總結「五四」以來文學民族化大眾化進程中正反兩方面的經驗與教訓的基礎上作對比觀照、綜合考察所升華出來的。他又從來不把民族化與文化遺產作單線的因果性聯繫，而是非常重視總結文學民族化與現代化交織發展的規律。因此，他的文學民族化大眾化的理論，又是他的現實主義美學觀的重要組成部分。

五

茅盾還從晚清、「五四」、北伐直到抗戰，對中國新文學的萌芽、誕生與發展壯大及其發展規律，作出了系統的總結。他對晚清至「五四」前的文學改良及其與資產階級的興起之關係，從經濟、政治、文化等多重視角，作出歷史分析。認爲它「就文藝思潮上來說，是古典主義的文學」。「五四」正是要打破它對個性的束縛，「提倡解放個性、發展個性，因而發展個性爲主的浪漫主義的文藝思潮」就應運而生。所以新文學歷史的「第一時期：從五四運動到五卅」（大約有五年）的特徵之一，就是「寫實主義與浪漫主義的創作方法的交錯」。其另外的三個特徵是：「由反封建到反帝」；「由文學改良到文學革命」；「詩歌興盛」。他對《新青年》派文學主張的短長，因內部觀點的不統一而導致分裂，「五四」後文化統一戰線的分裂導致「青年思想混亂」

等問題的剖析，均極犀利而有見地。他關於「五四」以來「寫實主義的與浪漫主義的創作方法的交錯」這一論斷，突破了他早年的「文學進化論」公式的局限，〔註5〕顯然更符合文藝思潮的真實情況與發展邏輯。但他說「寫實主義是寫實，浪漫主義常是理想的」；這似乎從其「寫實主義中常常含有理想」的觀點後退了半步。他關於「寫實主義與浪漫主義的分別，就在它的思想基礎是唯物論與唯心論」的觀點，則是一種誤認。從中可以看出他在 50 年代後半提出的「現實主義、非現實主義與反現實主義」的公式的隱隱約約的影子。

　　茅盾認為新文學第二個時期是「從五卅到北伐」（約 3 年）。特徵是「反帝運動的高漲」；「新文學陣營內部的分化」；「寫實主義占了優勢」；「小說漸興盛，詩歌中落，戲劇仍舊」。第三個時期劃得比較長，是由北伐到抗戰前（約 12 年），特徵是：一，「反帝反封建工作受了挫折」，民族民主解放運動由高潮到退潮；「五四」的革命目標未能實現。茅盾側重從民族資產階級「先天不足」，必然與工農分手而屈膝於帝國主義封建勢力方面找原因。二，「革命文學內部兩條路線的鬥爭」。茅盾進一步批判了這一時期存在的標語口號與「唯技巧主義」傾向。認為這分別是「左傾空談」與「右傾尾巴主義在文藝上的反映」。他堅持必須與這兩種傾向鬥爭的原則立場。三，「現實主義的勝利」。這不但糾正了上述傾向，也完善了現實主義自身。四，「小說到了全盛時代，戲劇建立了，詩歌運動發生了」。五，「大眾化問題的提出」。

　　綜上所述，茅盾得出了結論：「中國新文學運動提出的課題主要是兩個：(1)文學的反帝反封建的任務之完成，必須展開與加強現實主義的創作方法」；為此，作家必須樹立「正確而前進的世界觀、人生觀」。(2)為完成此任務「須先解決大眾化的問題」。於是茅盾把歷史經驗與現實需要有機地聯繫銜接起來了。他突出強調；抗戰以來「這兩個課題不但依然不變」，而且「必須加速來回答」。他樂觀地宣布：「到現在為止，無論在理論方面，實踐方面，都比從前進步多了」。這些話說明，茅盾抗戰初期以上幾大方面的理論的提出，既是歷史經驗的系統總結，也是對時代課題作理論上的回答。顯然，這是個有機的整體。對抗戰開始後的 3 年，茅盾未作上述那樣的概括總結。但他寫了一大批文章及時總結了具體的經驗。最有代表性的當是：《八月的感想

〔註 5〕 這個公式大體是：《古典主義──浪漫主義──寫實主義（自然主義）──現代主義》。

——抗戰文藝一年的回顧》、《談抗戰初期華南文化運動概況》、《今後文藝界的兩件事》。這些文章也體現出抗戰文藝運動、文藝發展的規律，並一定程度地作了理論的升華。

這裡體現出茅盾作文學反思的基本視角與原則：文學完成時代使命的情態與狀況；文學隊伍的組合與分化；文學思潮、流派、創作方法及其與先進世界觀之關係；各種文學樣式的比照發展之態勢。這是他考察總結不同歷史階段中國新文學的共同標尺。這從文學史觀方面，反映出茅盾的理論個性與文學觀念的重要特徵。

抗戰初期茅盾的文藝思想，較之此前幾個歷史階段更加開闊，更貼近現實生活，更充分地反映出歷史的要求與時代的主調。總體看來，它更馬克思主義化，更加辯証，也更具民族特色。不過其中也不免局部的偏頗。突出的是對待各種不同的創作方法態度上的偏頗：他可以也應該根據時代的需要，更加強調革命現實主義的重要性；但對浪漫主義的時代意義與審美作用估計不足，評價偏低。有的判斷則明顯失誤。

人總是有其長，亦有其短。偉大歷史人物如茅盾，也在所難免。

（1996 年 3 月爲紀念茅盾誕生 100 周年寫於泉城千佛山下，
刊於《山東師大學學報》1986 年第 4 期）

開國首任文化部長沈雁冰
取得卓越建樹的原因及其歷史意義

　　沈雁冰是「五四」新文化革命前驅和參予締造中國共產黨的首批黨員之一。經歷了二十年代「文學與政治的交錯」並投身大革命。革命低潮中提筆創作，成了著名作家茅盾〔註1〕。從此結束了理論批評爲主的單線運行，開始了文學創作與理論批評「雙軌」並行。在用文化與文藝促進民族、民主革命的三、四十年代的艱難歷程中，以《子夜》等爲標誌，攀登上中國革命現實主義文學的最高峰；和魯迅、郭沫若比肩，成爲舉世公認的中國新文壇的三大泰斗。

　　在中華民族燦爛蒼穹中，茅盾是一顆閃著特異文化光輝的星座。當歷史翻到 1949 年這嶄新一頁，它將以什麼光芒照耀社會主義的中華大地？茅盾本想放下民族民主革命時期不得不承擔的文化與文藝發展的領導重擔；潛心於新中國新生活的深刻體驗；集中精力續成幾部未完的長篇。同時以新筆新墨新感受，去謳歌新時代，譜寫社會主義新篇章。

　　然而歷史經常改變人的航向。這時新中國百廢待興。建設社會主義大廈，需要許多方面軍齊頭並進。每個方面軍都需要眾望所歸、胸藏甲兵、且能指揮若定的司令員。於是一件完全出乎意外的抉擇，擺在了茅盾的面前。即將出任政務院總理的周恩來走馬點將：請茅盾出任開國首任文化部長。當茅盾以上述願望婉辭時，毛澤東又親自出馬做茅盾的思想工作了。話不多卻說得

〔註1〕茅盾以文化部長身份出現時用其本名：本文爲與通常的習慣稱呼銜接，以下
　　　　均稱其筆名：茅盾。

推心置腹：「文化部長這把交椅是好多人想坐的，只是我們不放心，所以想請你出來」。〔註2〕茅盾 1924 年任中共上海兼區執行委員會委員時與毛澤東結識。1926 年還做過時任國共合作的國民黨中央宣傳部代部長的毛澤東的秘書（實際工作相當於常務副部長，因該部沒有副部長）。三、四十年代在延安和重慶又兩度相聚。他深知毛澤東運籌帷幄，歷來胸有成竹。決心下定，斷難更改。何況這是黨中央的集體決定。茅盾對此大局和自己眾望所歸的處境，並非毫無了解。何況自幼確立了「大丈夫當以天下為己任」的抱負，多年來養成了個人服從人民需要的人生態度。這時茅盾當仁難讓，只好改變初衷，明知前途崎嶇，也只能挺身奮進了。

茅盾一向務實。一旦承諾，雖勿需事必躬親，大事卻必須抓緊抓實抓好。再加上他在文藝部門又肩負領導重任，於是只好放棄創作。從此茅盾又回到二十年代那種理論批評單軌運行，和「文學與政治交錯」的道路上去了。

歷史為何這樣抉擇？茅盾這既從文又從政的十五年歷程取得的卓著建樹，其原因及歷史啟迪意義何在？在紀念茅盾逝世 20 周年討論「茅盾與當代中國」論題時，對此稍作總結，對當前，對今後，也許都有助益。

「五四」文化革命前驅的啟蒙實踐與認知

茅盾的人生道路，始於十九世紀末東西文化碰撞期。茅盾以沈雁冰的大名登上歷史舞台，則始於他置身「五四」新文化革命大潮。辛亥革命曾使他振奮。革命的失敗又使他困惑迷惘。但他自幼養成執著追求、知難而進的韌性。新文化運動之風乍起於青萍之末，茅盾就以其對中華文化與西方文化所作的溯本求源，順流而下的研究積累為始基，踏上了文化運動啟蒙者的不歸路。

「五四」運動的輿論先導，始自 1915 年 9 月創刊的《青年雜誌》；自 1916 年 9 月第二卷起改刊名為《新青年》。它高舉民主與科學及反帝與反封建的大旗，以青年為主導力量，發動文化革命和文學革命動。1918 年 10 月，發表了李大釗的《庶民的勝利》、《布爾什維主義的勝利》。標誌著它進入了宣傳十月革命與馬克思主義理論的新階段。茅盾從這時起參予新文化革命運動輿論準備工作。其代表作就是 1917 年底，1918 年初連續推出的兩篇長文；《學生與社會》、《一九一八年之學生》。他挑選歷來率先覺悟的青年學生階層作為首要

〔註2〕 韋韜、陳小曼：《父親茅盾的晚年》，第4頁。

的啓蒙對象，期待這些「社會之種子」成爲革命動力和中堅力量。茅盾向他們提出「革新思想」、「創造文明」、《奮鬥主義》三大要求。特別是要求其「有擔當宇宙之志」，「有自主之心，以造成高尙之人格，以建設新業。」

　　爲砥勵青年衝破束縛，銳意向上，茅盾做了兩件大事：其一是指出西方取得政治民主、物質文明與科學成就之原因，在於「全民的合力」；尤其在出身貧苦的青年。在《履人傳》、《縫工傳》兩篇長文中，他介紹了世界諸國各行各業中一大批出身貧苦平民而成爲時代前驅的名人。這爲即將發生的「五四」運動張揚了勞工神聖思想、平民主義與民主主義精神。其二是翻譯著作了一大批關於科學特別是尖端科學的科普讀物與科幻小說：包括《人如何得衣》、《人如何得食》、《人如何得住》三本書和《人工降雨》、《探「極」的潛艇》等多篇文章在內。他還介紹了包括康德、盧梭、尼采等大家在內的西方哲學社會科學學說。這就從自然科學與社會科學兩端，全方位張揚了科學精神和唯物主義精神。茅盾以高舉民主與科學兩面大旗的啓蒙壯舉，迎接了「五四」新文化革命與新文學革命運動。

　　有了這個基礎，1920 年茅盾參加上海共產主義小組，並成了建黨前夕理論準備與宣傳動員工作的積極一員，就是水到渠成的事了。茅盾「接觸馬克思主義」「是 1919 年尾」〔註3〕以 1920 年加入共產黨小組，1921 年建黨前夕發表政治論文《自治運動與社會革命》爲組織標誌和思想標誌，茅盾初步確立了馬克思主義世界觀與社會主義政治觀。這一突變過程，正是他爲建黨從事理論準備的過程。他翻譯、編譯了一大批文章。大致分爲三類。第一類是馬列主義基本理論：如列寧著《國家與革命》第一章。第二類是作爲建黨參照的文獻：如《美國共產黨宣言》、《美國共產黨黨綱》。第三類是供黨領導工運參照的文章：如《共產黨國際聯盟對美國 IWW 的懇請》等。茅盾一邊學習評介宣傳，一邊也撰寫體現自己的理論認知；以引導革命運動的政治論文。其最重要的是在建黨前夕分別於 1921 年 1 月和 4 月發表的《家庭改制的研究》、《自治運動與社會革命》兩篇政治論文。前者標誌著茅盾婦女運動觀的演變，後者標誌著茅盾政治觀、社會觀的演變。連同 1925 年編著發表的《論無產階級藝術》，標誌著其美學觀的演變，茅盾終於完成了轉變期較長的確立共產主義世界觀的過程。這是伴隨著爲黨的建立與鞏固作理論啓蒙與宣傳輿論準備的過程而實現的；具有相當的超前性。特別是《自治運動與社會革命》

〔註 3〕《我走過的道路》上冊，第 133 頁。

著重指出了一點：中國的前途就是「無產階級的革命」！〔註4〕在 1920 年的中國文壇甚至政壇，這眞是空谷足音。

正是由於能以馬克思主義理論作爲思想前導，新文化革命前驅者茅盾，幾十年來就能始終保持著把握、剖析與引導新潮流的，自覺而又清醒的頭腦和立場。對前驅者與領導者說來，這種思想品格與政治素質，是十分必要的，也是難能可貴的！

博古通今、學貫中西的恢宏視野，政治家、文學家的有機結合

知難，行更難。行又能升華知；再以新知推動與指導更高層次的行；從而形成自成體系的認知結構和文化視野。這是認識過程的基本規律。茅盾自覺地把握並運用了這一規律。他下大工夫反覆實踐；建構起博古通今、學貫中西的認知結構與恢宏視野。這是學界公認的不爭事實。

茅盾的認知結構與文化視野，又是通過對中西文化的溯本求源、系統把握、對比參悟、融匯貫通建構起來的。中學和大學預科時代他就系統研究了國學，「涉獵所及有十三經注疏，先秦諸子，四史（即《史記》、《漢書》、《後漢書》、《三國志》）、《漢魏六朝百三家集》、《昭明文選》、《資治通鑒》，《昭明文選》曾通讀兩篇。至於《九通》，二十四史中其他各史，歷代名家詩文集」，也大都瀏覽閱讀過。〔註5〕在商務印書館，他不僅博覽涵芬樓的豐富藏書，還在自編《中國寓言初編》、童話叢書，及參編與校對《四部叢刊》過程中，翻遍了國內藏書最豐的南京江南圖書館。他對西方文化與文學的溯本求源研究，是從神話開始沿著古希臘以降直至當代的歷史縱線作過系統研究，這才達到宏觀把握的。對這一中、一西兩大文化參照系，茅盾採用對比參照，取精用宏的方法消化吸收。其首批成果，是包括《西洋文學通論》在內的一系列中外文學史著。這些論著大都屬開先河之作。其更重要的碩果則是：爲他政治家與文學家有機結合的恢宏視野與實踐能力，打下了堅實基礎。

啓蒙，爲的是革命實踐。治學，還是爲了革命實踐。從「五四」到建黨，茅盾完成了由知至行的角色重心的轉換。此即他所說的「文學與政治的交錯」進行的人生中軸之所在。其終極目的則是：從基礎到上層建築、意識形態，

〔註4〕《茅盾全集》第 14 卷，第 204 頁。
〔註5〕《我走過的道路》上冊，第 114 頁。

實現全方位的中國社會變革。他以「五四」新文化革命爲時代大背景，促使中國文學現代化的理想追求，正是在這裡得到有機結合。

「從政」與「從文」是兩條線，茅盾的主攻方向與突破口是「從文」。「從文」立定的目標，是從舊文學手裡奪取陣地，從西方特別是蘇聯借取火種，在中華大地建構起革命文學大廈。茅盾接手主編全面革新了《小說月報》。依靠他參予發起的文學研究會作爲基本力量，並不斷擴大隊伍，培養新人。他提出了「爲人生」的寫實文學主張，並且身體力行，付諸實踐。

當時西方國家已經提供了現實主義、浪漫主義、現代主義三大文學參照系。茅盾的方針是：介紹力求全面，倡導則應側重於中國之急需。但什麼是當時中國文化與文學現代化進程之急需？他有一個認識與探索的過程。這就是他一度徘徊於大體屬於現代主義的新浪漫主義和大體屬於現實主義的自然主義之間的原因。然而在重新認識和評價了新興的以高爾基爲代表的蘇聯社會主義文學之後，他認定中國文學的發展方向，是倡導與發展革命現實主義文學。這就是他 1925 年經歷「五卅」洗禮的同時，推出《論無產階級藝術》長文，開始倡導「革命文學」主張的原因。這和他參予建黨、宣傳共產主義理論是相伴而生、配套進行的。

經過大革命的巨浪淘沙，茅盾的「革命速勝」論「理想」幻滅了；但他追求革命的信心卻並未動搖。他亡命東京，經過《幻滅》、《動搖》、《追求》三部曲和《虹》的創作，清理了自己的思想，重新振作起來了。1930 年回國後，就置身左翼作家聯盟的隊伍，重新匯入革命的洪流中。他從長期革命實踐與社會研究的豐富生活積累中，提煉、升華、典型化，建構出以《子夜》、《春蠶》、《秋收》、《殘冬》（合稱《農村三部曲》）《林家舖子》、《多角關係》爲代表的開中國社會剖析流派之先河的小說系列。從而確立了社會主義現實主義在中國文學史上的支配地位，並推動它不斷地向前發展。

抗日救亡運動使本就和革命政治緊密結合的文學和國家、民族與人民的命運結合得更緊了。這使茅盾更加認清了文化和文藝的革命化、民族化、大眾化道路，正是發展中國新文化與新文學的必經之路。於是就把自己的創作與理論批評自覺調整到這個座標的中心。以至於在四十年代的國民黨白色統治區，他竟能衝破文網，廣泛介紹以毛澤東《在延安文藝座談會上的講話》爲指針，以趙樹理爲代表的體現出文藝的工農兵方向的解放區文學。而茅盾這時所寫的長篇《腐蝕》、《霜葉紅似二月花》等，正是他實踐文學革命化、

民族化、大眾化的代表作。這些創作和理論批評文章匯在一起，使他的身教與言教兩相結合，它宛如無聲的命令，調整帶動著文化與文學的革命大軍，雄糾糾氣昂昂地向未來的社會主義新中國挺進。

在茅盾的人生征程中，與此「從文」主線「交錯」推進的，是「從政」這另一條主線。可分為參予黨內的政治的高層領導和黨外的文化與文藝的核心領導兩個階段。二十年代他擔任了中共上海兼區執行委員會委員、書記並兼任其下屬的國民運動委員會委員長等黨內的要職。1926 年在毛澤東主持的國共合作時的國民黨中宣部擔任秘書。不久，茅盾又回到上海，代表中共中央擔任國民黨（左派）上海特別市黨部主任，並兼任國民黨中宣部上海交通局局長。這時他又在中共黨內再次擔任由中共上海兼執委會改組的中共上海區委地方政治委員會委員、上海區委委員、以及中共中央宣傳部消息科科長等職。這時他已經成為職業革命家了。不久適應北伐形勢需要，茅盾被調武漢，投筆從戎，擔任中央軍事政治學校武漢分校的政治教官。旋又調任名為國民黨湖北省委機關報，實為中共中央宣傳部所控制，由中共發起人之一董必武任社長的《民國日報》總主筆。武漢這段經歷，使他置身革命劇變的大漩渦中，這種歷練，平生還是第一次。

在廣京和武漢，茅盾撰寫並發表了一大批指導革命全局的政治論文。大體可分為以下四類。一，反帝並批判國民黨右派：如《國家主義──帝國主義最新式的工具》等三篇政論，《英帝國主義的挑釁》，和前些時候發現的昂揚著反帝精神的《1926 年在廣東的「演講詞」》〔註6〕等。二，宣傳蘇聯社會主義革命：如長達九節的論文《蘇俄「十月革命」紀念日》。三，宣傳中共的主張，支持工農革命運動：如《鞏固農工群眾與工商業者的革命聯盟》、《工商業者工農群眾的革命聯盟與民主政權》、《鞏固後方》、《革命者的仁慈》等。四，揭露與聲討蔣介石、汪精衛等叛變革命、屠殺人民的血腥罪行：如《袁世凱與蔣介石》、《蔣逆敗象畢露了》、《撲滅本省各屬的白色恐怖》、《討蔣與團結革命勢力》等。沒有革命高層領導者的胸襟，這些闡述黨的方針路線，總結剖析革命複雜局勢並指示導向的高瞻遠矚的論文，是無法寫出來的。而這裡體現的認知結構與恢宏視野，就比他「從文」治學的認知結構與視野更加恢宏，更具實踐性與導向性了。

大革命失敗後，茅盾受到通輯，不得不亡命日本，從此失卻了黨的關

─────────────

〔註 6〕該文見《茅盾研究》第 7 輯，第 357～362 頁。

係。回國後在上海和在延安，他曾兩度要求恢復，但均未獲准。前一次因執行「左」傾機會主義路線的中央領導人的阻撓；後一次則是毛澤東、周恩來出於留在黨外利於強化統戰的革命工作需要。茅盾毫無怨尤，仍以黨員標準要求自己，並以黨外布爾什維克的身份，參予三十年代與四十年代引導革命文藝新潮流的領導核心工作。在左聯前期，茅盾兩度擔任行政書記，在「左」傾政治與左翼文化、左翼文學份內工作的夾縫中，鍛煉了排除干擾，力爭順流奮進的本領。在左聯後期，他被夾在以周揚為代表的先「左」後右的宗派主義傾向，和以魯迅為代表的正確取向之間。這鍛煉了他求大同存小異，盡可能團結內部力量，消除分歧，共同對敵的組織、領導能力。

以上「從政」與「從文」兩條戰線，匯成了「文學與政治交錯」的茅盾獨特人生經歷，使他始終能以革命政治帶動文化藝術工作，又以後者促進前者。這一切形成了茅盾青雲獨步，同代作家很少有人企及，更談不上具備的精神境界和實踐能力。這既是茅盾革命工作與文化藝術工作的領導能力與水平不斷提高的根本原因；又是他一部又一部推出革命現實主義巨作，以社會剖析派奠基人、開拓者身份引導文學新潮流，以理論批評與文藝領導工作，引導革命文化藝術戰線一浪高過一浪持續奮進，取得輝煌建樹，為新中國新的文化藝術戰線之形成奠了基舖了路的根本原因。

兩者是互為因果的。對此張光年有個精闢的概括：「文學家與革命家的完美結合。」〔註7〕

這道出了政界、學界與文壇評價茅盾的共識。

三種閱歷，兩大參照

茅盾的人生豐富多彩。對其文化部長這個側面說，新疆、延安與訪蘇之旅，有其特殊意義：三種閱歷，提供了兩大文化參照系。

社會主義中國文化與文化建設工作，和西方的與解放前國民黨統治下的文化工作相比，是異質的。但和解放區以及蘇聯比，就主導方面言，是同質的。其中茅盾新疆之行及其文化實踐，和上述各端均不相同；有其極大的獨特性。

茅盾1939年3月抵新疆，1940年5月離開，歷時14個月。茅盾誤信了

〔註7〕 《茅盾九十誕辰紀念文集》，第3頁。這是張光年在這次紀念大會上講話的標題。

杜重遠的推荐：說新疆督辦盛世才親蘇親共，政治開明。茅盾想在此有所作爲以配合抗戰。進疆後才發現，盛世才是個大搞獨立王國的殺人不眨眼的地方軍閥。他之所以打出親蘇親共旗號，實爲借其力量，防止蔣介石和甘肅軍閥的吞併所採取的策略。其「反帝、親蘇、民平、和平、清廉、建設」這「六大政策」，難以掩蓋其假革命、眞反共的實質。在茅盾入疆不久，杜重遠就被盛軟禁。〔註8〕在疆工作的著名共產黨人如毛澤民、陳潭秋等，後來也慘遭其殺害。茅盾名氣很大，表面上尚被重用。盛世才讓他任新疆文化協會會長。實際在他身旁安插上親信，名義上是擔任副會長，實際上不僅控制人權、財權，還在政治上監視茅盾。

茅盾好像一粒革命的種子，埋在哪裡就在哪裡生根發芽開花結果。茅盾根據這種特殊環境確定了一面提高警惕，一面充分利用推行六大政策的合法條件，辦於革命於各族人民有利的實事。他發現由他任委員長的新疆文化協會，實際起著文化廳的作用；但其業務範圍還超出許多。於是茅盾決定：「工作上，以馬列主義的觀點來宣傳六大政策下的文化，進行文化啓蒙工作」，「有選擇地進行文化藝術方面的介紹和人材的培養」。他在新疆地下黨的領導與幫助下，按照中國共產黨在抗戰時期的民族政策、文化政策與統一戰線政策，制定了新疆文化協會的工作方針：一、適應抗戰時期人民的需要，提高人民精神生活，爲民族解放戰爭作最大貢獻。二，把提高人民文化水平作爲當前新疆文化工作的方針。三，既要使漢族文化因時代潮流之變異而揚棄而升華，又要反對用漢族文化「窒息與凝滯各少數民族文化的錯誤，使各民族文化相互促進，共同發展」。

爲執行這一方針並取得實效，除全面推動「文協」工作外，茅盾還側重於以下三方面的重點工作：一是辦文化幹部培訓班。他所培訓的 200 餘名學生，後來成爲新疆文化革命、文藝領導工作的骨幹力量。二是重點推動新疆的文化藝術全面發展。不僅包括話劇、歌曲、音樂、繪畫，還包括培養科普人才，普及科學技術。三是發表了一大批以反帝、抗日爲主題的政論，和總結「五四」至抗戰的文藝運動經驗，宣傳魯迅爲代表的新文化革命與新文學革命傳統的文藝論文。這就從指導思想、引導潮流、組織隊伍與培養人才幾大方面，爲新疆的革命文化藝術事業打下了基礎。

在這年把時間裡，茅盾積累了領導文化藝術工作的豐富經驗，把握了文

〔註 8〕後來死於獄中。

化發展的一般規律，學會了處理複雜問題的策略及應變能力，主要表現在以下三個方面：一，在少數民族地區（新疆有 14 個民族）全面弘揚中華民族文化傳統，特別注意正確處理多民族文化的關係，使之交流融匯，相輔相承，共同得到發展。二，深入剖析複雜多變的國際國內的政治文化形勢，準確把握民族矛盾、階級矛盾、領導層內部複雜的矛盾，學會駕馭複雜多變的局面和鬥爭的藝術；因勢利導，遏制反動傾向，促使局勢良性發展。三，充分把握和利用盛世才聲稱親蘇、親共，贊成馬列主義的僞裝，時刻警惕其反共、反人民的軍閥本質。借助其不倫不類的政治體制框架，努力擴大革命文化的空間；盡量把革命民主主義以至社會主義文化滲透到其資本主義與封建主義駁雜混合的畸形文化中去，使之衝突發酵，爭取占據主導地位。

　　曾經滄海難爲水，這些預演式的實踐獲得的眞知，對後來任文化部長的茅盾說來，這是特殊的但又不可或缺的認知與實踐。

　　1940 年 5 月茅盾終於脫離了新疆虎口。當月下旬抵延安。到 10 月 10 日奔赴重慶接受新的時代重任時止，他在延安解放區歷時不足五個月。但其獲益卻超過平時的五年。首先，茅盾置身的是古老中華大地上礦古未有的嶄新的社會，其社會制度基本實現了毛澤東在《新民主主義論》裡描繪的革命理想，它實際上是未來新中國的一個雛型。由於一切體現著共產黨的領導，一切工作以馬列主義和正在形成而且不斷豐富著的毛澤東思想爲指針，不論對中國還是對全世界說，它都具有時代發展的超前性。第二，茅盾雖出身於農業爲主的江南城鎮，但長期生活在大都市，對農業文化接觸較少。延安城雖說是解放區的小城市，但陝甘寧邊區卻是農村。然而這裡有了馬克思主義這個指導思想，就把這裡的農業文化與無產階級先進文化結合起來，構成後來毛澤東所提出的「工農兵方向」指導下的新民主主義文化體系。這一切使茅盾耳目一新。推動茅盾的人生閱歷跨進了一個新的階段；而且這一切也豐富了茅盾對農業文化的情感體驗，大大豐富了茅盾的精神視野和文化境界。第三，也是最重要的一點，茅盾在這裡既相對系統地進一步學習了以辯証唯物論與歷史唯物論爲核心的馬克思列寧主義基本理論，參加了學習討論會、哲學座談會、歷史問題討論會等組織，認認眞眞當學生，又結合延安解放區的革命實踐作對比參照，認眞研讀了毛澤東親手送他的剛剛出版的《新民主主義論》一書，再結合在新疆讀到的毛澤東的《論持久戰》，〔註 9〕

〔註 9〕茅盾曾用它作教材，給新疆文化幹部訓練班講了足足八次課。

來延安後讀的《五四運動》、《青年運動的方向》、《中國革命和中國共產黨》
等文章，茅盾對毛澤東思想有了感性與理性相結合的新認識與新思考。特別
是毛澤東在「新民主主義的文化」、「中國文化革命的歷史特點」、「四個時
期」、「文化性質問題上的偏向」和「民族的科學的大眾的文化」等章節所作
的精闢論述，確實振撼了既是這段歷史的見証人，又是這段歷史的創造者之
一的茅盾的心靈！這些論述既像是對他這段光輝的人生道路的總結與升華，
又像是對他實踐中的失誤、思想上的困惑的剖析、批判、解答和糾正；幫助
他更徹底地解決了世界觀、人生觀、價值觀、文化觀、審美觀的進一步升華
問題。

　　在文化觀與政治路線方面茅盾的收穫最大，集中表現在以下兩個方面。
一，對中國文化革命之性質的重新認識。包括在新疆發表的文章在內，茅盾
一直認為：「五四」運動是資產階級領導的「資本主義文化運動」，「僅以西歐
的資本主義文化為最高目標。」〔註10〕這就導致了茅盾對「五四」及「五四」
新文學的評價相對偏低。到延安後他接受了毛澤東的評價：「在『五四』以前，
中國的新文化運動，中國的文化革命，是資產階級領導的。」「在『五四』以
後，這個階級就絕無領導作用」，只是一個盟員。「盟長的資格」就「落在無
產階級文化思想的肩上。」「在『五四』以前，中國的新文化，是舊民主主義
性質的文化，屬於世界資產階級的資本主義文化革命的一部分。在『五四』
以後，中國的新文化，卻是新民主主義性質的文化，屬於世界無產階級的社
會主義文化革命的一部分。」〔註11〕同時茅盾也接受了毛澤東對魯迅的科學
評價。他還通過在延安發表的《關於〈吶喊〉和〈彷徨〉》一文，糾正了他對
魯迅前期思想與創作評價偏低的偏頗。二，更加明確了今後中國革命與中國
新文化革命運動的方向與路線：認識到由無產階級領導的中國的革命尚屬於
資產階級革命民主主義即新民主主義階段，這是社會主義革命的準備階段。
其時間是很長的。不可能一蹴而就。這就是毛澤東所說的「分兩步走」的戰
略思想。茅盾由此進一步認識到，自己過去從建黨到北伐所持的可以短期完
成的所謂「革命速勝論」，其實是「左」傾幼稚病的表現。茅盾還進一步明確
了，中國的新文化革命運動，是沿著毛澤東所說的「民族化、科學化、大眾
化」的方向前進的。

〔註10〕《「五四」運動之檢討》（1939 年 7 月），《茅盾全集》第 22 卷，第 58、70 頁。
〔註11〕《毛澤東選集》（橫排本，下同）第 2 卷，第 657～660 頁。

茅盾把這些認識寫進了他此後發表的《論如何學習文學的民族形式》等論文，和他在延安魯迅藝術學院講學所編印的講義《中國市民文學概論》中。

在延安，茅盾還讀了和看了包括《黃河大合唱》在內的體現新民主主義文化革命方向的許多文藝作品。爲他回到重慶後撰寫評價體現文藝的工農兵方向的文藝作品的那批評論文章打下了基礎。

這樣，茅盾就從理論到實踐，從文化體制到文化領導機制，獲得了一個有中國特色的新主義文化建設的參照系。

1946 年 12 月初到 1947 年 4 月底，應蘇聯對外文化協會的邀請，茅盾赴蘇聯訪問達五個月。這時由 16 個加盟共和國組成的蘇聯的社會主義制度，已經有 30 年的歷史，它積累了豐富的社會主義文化建設經驗。在蘇聯，茅盾獲得的是完整的社會主義文化參照體系。它比延安超前了整整一個歷史階段。

茅盾參加了蘇聯對外文化協會會長凱美諾夫和蘇聯作家協會主席著名作家法捷耶夫分別主持的兩次文化交流座談會，聽他們全面介紹了蘇聯社會主義文化與社會主義文學的發展情況。當時蘇共中央正在批判和糾正《星》和《列寧格勒》兩份雜誌所犯的政治錯誤。茅盾有幸反覆閱讀了蘇方提供的三份內部文件：蘇共中央《關於〈星〉與〈列寧格勒〉兩份雜誌的決議》、《關於劇場上演節目及其改進辦法的決議》和主持蘇共中央意識形態工作的日丹諾夫所作的《關於〈星〉與〈列寧格勒〉兩雜誌的報告》。這三份綱領性的文件使茅盾耳目爲之一新；成了他在蘇聯尋找社會主義文化藝術參照系的一個總綱。

茅盾重點了解的是蘇聯的文學藝術工作。他走訪了法捷耶夫、西蒙諾夫、卡達耶夫（茅盾譯了他的長篇《團的兒子》）、馬爾夏克、吉洪諾夫、戈爾巴托夫（茅盾譯了他的長篇《人民是不朽的》）、列昂諾夫、蘇爾科夫等十幾位舉世聞名的作家；爲其中四位作家寫了訪問記。茅盾還參觀了他心儀日久的偉大作家普希金、托爾斯泰、高爾基的博物館和以高爾基命名的文學院。從而把對民主主義的俄羅斯文學和社會主義的蘇聯文學的認識銜接起來，並且更加具象化了。

茅盾還參觀訪問了莫斯科、列寧格勒、第比利斯、斯大林的故鄉戈里、葉麗方、塔什干、撒馬爾罕、阿什哈巴德、巴庫、阿斯特拉等名城，覆蓋了

俄羅斯、烏克蘭、格魯吉亞、亞美尼亞、烏茲別克、土庫曼、阿塞爾拜疆等七個加盟共和國。在這些地方參觀了工廠和集體農莊；但重點是參觀文化協會、作家協會、研究院、博物館、文化宮、編輯部、印刷廠、圖書館、影劇院、畫館、藝術館和學校等文化教育單位共七十多個。

茅盾的參觀訪問圍繞著兩大中心：一是蘇聯的歷史形成與現狀；二是蘇聯社會主義科學、文化、教育的歷史與現狀。他特別關注的是蘇聯的國體、政體、憲法、政權機構，工、青、婦等社會團體和社會保障機制；以及各加盟共和國的相應體制與機制。茅盾在《雜談蘇聯》一書中分別列了專章把這些情況全面系統地介紹給中國人民。

茅盾還看了包括高爾基的《小市民》、法捷耶夫的《青年近衛軍》、莫里哀的《一僕二主》、莎氏比亞的《奧賽羅》等在內的 11 部話劇；包括普希金的《澳涅金》、《杜布洛夫斯基》等名作在內的 9 部歌劇；包括《天鵝湖》在內的共計 10 餘台舞劇和歌舞晚會、交響音樂會、馬戲、傀儡戲。此外還看了近 10 部紀錄片。對蘇聯這些豐富的多民族的文學藝術，以及在蘇聯備受關注的西歐古典藝術，茅盾從思想性與藝術性、人民性與民族性、歷史性與時代性等多個角度作了對比研究與剖析，有了深切的認識和了解。

這次訪蘇，茅盾親歷目睹，系統全面、立體化而且活生生地掌握了社會主義蘇聯文化藝術這一個最重要參照體系。茅盾把對這一切的認知、感受與理性評判，系統地寫到多次再版的《蘇聯見聞錄》和《雜談蘇聯》兩部書裡。這是可與瞿秋白的《餓鄉紀程》、《赤都心史》相媲美的兩部鉅著。瞿秋白是在二十年代建黨不久記錄了十月革命勝利及其偉大變革；茅盾則在四十年代新中國建國前夕記錄、描繪並且論述了蘇聯社會主義社會現實生活的偉大現實。兩者雙峰並立，具有極大的歷史意義與現實參照價值。

回國後茅盾被視為當時最具權威性的蘇聯問題專家，應邀作過多次報告。他有意識地通過報告和上述兩部著作，把蘇聯介紹給中國人民。一直到新中國成立後，茅盾的《蘇聯見聞錄》與《雜談蘇聯》，仍是最熱門的暢銷書，對當時全面學習蘇聯的熱潮起了推動作用。

從新疆到延安再到蘇聯，這是三種不同的人生體驗和閱歷；延安解放區的新民主主義和蘇聯的社會主義，這是相互銜接的兩大社會政治文化參照系。這些不同的體驗、閱歷和參照，對新中國首任文化部長說來，當然是十分珍貴，相當重要的！

文化部長，非君莫屬，篳路藍縷，崎嶇奮進

有了政治的與文化的理論、實踐和領導工作多方面的長期閱歷與鍛煉，具備了「文學家與革命家完美結合」的素質，又有了新民主主義和社會主義的兩大政治文化參照系，再加上足以服眾的能力與感望，茅盾就成了開國首任文化部長的最佳人選。一言九鼎的毛澤東才會當面對茅盾作出「文化部長這把交椅」讓別人坐我們不放心，所以「請你出來」的明確表態。這時的茅盾明知前途崎嶇，也只能知難奮進，鞠躬盡瘁了。

從 1949 年走馬上任始，到 1964 年底辭職獲准時止，茅盾足足幹了 15 個年頭。盡管對艱難有足夠的思想準備，但其執政過程的體驗，仍遠遠出其意料之外。千難萬難，最大的難，其實只是一個字：「左」！黨內三次「左」傾機會主義路線之「左」，茅盾曾一再領教過。但和建國後茅盾面對的執政者的「左」比，實在是小巫見大巫！盡管如此，茅盾仍然事事小心謹慎，踏著崎嶇路，迎著困難上，取得了輝煌的建樹，陳述這些政績與建樹，不是本文的任務。拙著《茅盾評傳》也作過大致的論述。〔註 12〕這裡只集中談茅盾怎樣執行路線、方針與政策問題。

毛澤東有一句精闢的話：「政治路線確定之後，幹部就是決定的因素。」〔註 13〕此前斯大林也說過類似的話。對此茅盾是深以然的。茅盾明白，文化部長的工作雖然千頭萬緒，其重中之重，當然是貫徹執行文化工作的路線方針政策：這就是百花齊放，百花爭鳴，古為今用，洋為中用，和推陳出新。為此他始終注意正確處理四個方面的重要關係。

第一，正確處理文化與政治的關係。毛澤東說過：「一定的文化是一定的社會的經濟和政治在觀念形態上的反映。」「至於新文化，則是在觀念形態上反映新政治和新經濟的東西，是替新政治新經濟服務的。」〔註 14〕「一切文化或文學藝術都是屬於一定的階級，屬於一定的政治路線的。」毛澤東還說：「文藝是從屬於政治的，但又反轉來給予偉大的影響於政治。」〔註 15〕對這些論述，茅盾不僅僅接受了，並且認真貫徹著。但在執行過程中，茅盾卻面臨著兩難的境地。

〔註 12〕 參看拙著《茅盾評傳》第十章、第十一章，第 563～727 頁。
〔註 13〕 《中國共產黨在民族戰爭中的地位》，《毛澤東選集》第 2 卷，第 492 頁。
〔註 14〕 《新民主主義論》，《毛澤東選集》第 2 卷，第 655～656 頁。
〔註 15〕 《在延安文藝座談會上的講話》（1942 年 5 月 23 日），《毛澤東選集》第 3 卷，第 822～823 頁。

第一難在於：如何處理黨性、階級性和人民性的關係。茅盾深知：當然應該堅持共產黨的黨性，和工農兵的首先是無產階級的階級性，但其涵蓋的面要窄些；而人民性要寬得多。茅盾建國前夕參加過國旗、國徽、國歌審定小組。國旗上的大星象徵中國共產黨，四個小星則是象徵人民：工人階級、農民階級、小資產階級和民族資產階級。人民性當然涵蓋這四個階級。但是，經過「三反」、「五反」與公私合營，民族資產階級又成了消滅的對象。反映在文化藝術領域則是從建國初批判小資產階級創作傾向發展到批判資產階級傾向；茅盾的評論與創作也首當其衝。茅盾因為給白刃的長篇《戰鬥到明天》作序而受到批判，他為說明作序情況而寫的《致人民日報編者的信》，發表時竟被歪曲為《關於為〈戰鬥到明天〉一書作序的檢討》。他的《腐蝕》與《林家舖子》被扣上了同情資產階級和國民黨特務的大帽子。這個歷程斷斷續續從 1950 年直到「文革」期間。其實早在 1928 年，茅盾就曾因《蝕》而被當作小資產階級代言人，受到第一次「左」傾路線的批判，如此算來，他為此挨批的歷史，竟長達 40 餘年！然而在擔任文化部長的 15 年間，茅盾總是設法糾正把文學的黨性、階級性原則和人民性原則對立起來的「左」的傾向。當「左」傾思潮構成了非「左」即右、非我即敵這「二元對立」模式時，1962 年在大連農村題小說創作座談會上，茅盾提出過在先進人物、反動人物之間，實際存在著暫時處於「中間狀態的人物」的觀點。這就是「文革」中被當作「黑八論」之一來批判的「中間人物」論。其實「中間人物」論是茅盾對馬克思主義美學典型理論的一大貢獻。

第二難在於：如何處理文化藝術的意識形態一般屬性與文化藝術特殊屬性之關係。茅盾知道，就文化的一般屬性言，當然具有意識形態屬性，特別是其政治屬性。但文化藝術又是獨特的意識形態，當然有其區別於一般意識形態的一般屬性即黨性階級性以外的獨特屬性；其中就包括無黨性、階級性可言的，諸如民族共同性和純文化性、純文藝性的東西。像文化與文藝產品中不具政治傾向的內容和純文化形式、純文藝形式、純文藝技巧等等。茅盾還認為：由此也決定了文化工作除具有一般意識形態規律之外，還具有其他意識形態所不具備的純屬文化與文藝獨具的特殊規律。面對「左」傾思潮抹煞這一切特性與規律時，茅盾總是在尊重文化的意識形態一般屬性、意識形態工作一般規律之同時，特別注意、格外小心地尊重文化藝術的特殊屬性，與文化藝術領導工作中的特殊規律。

這第一難還有一個側面：茅盾幾十年來相當自覺地運用文化藝術對政治經濟的巨大反作用來推動民族革命鬥爭與階級解放鬥爭。正因此，至今茅盾仍倍受所謂「新潮派」和所謂「純文學」論者的非難與指責。但在這個問題上，正確的是茅盾而不是那些所謂的「新潮派」或「純文學」論者。但是茅盾並不認爲文化藝術是絕對「從屬於政治」的。他通過自己博古通今，學貫中西的學識，和幾十年的文化藝術實踐獲得了真知：文化藝術及文化藝術工作，在特定前提條件下固然存在對政治的某種從屬性；然而並不因此就失掉了其政治以外的文化藝術自身的獨立品格。如果過分強調了「從屬性」，就必然失掉了文化藝術的獨立品性。這樣的文化藝術；就不成其爲文化藝術，而會淪爲政治傳聲筒了。對此，茅盾一貫持抵制與否定的態度。因此，不僅在解放前的幾十年，就是建國後直到「文革」前夕擱筆爲止的十幾年，他都不斷著文反對公式化、概念化、臉譜化和把文化藝術「政治傳聲筒」化。他還特別反對「趕任務」等違反文藝創作特殊規律的口號與做法。一般情況下茅盾的這些努力也確實收到了成效。

第二，正確處理「一花」與「百花」、「一家」與「百家」的關係。從就任文化部長起，茅盾就利用各種機會宣傳貫徹「百花齊放，推陳出新」的方針。在涉及民族傳統文化與民族、民間文化藝術時，其中又特別是在戲曲方面，茅盾貫徹此方針一直非常堅決。所謂一「花」，當然是指堅持工農兵方向、服務於無產階級政治的文化藝術產品。所謂「百花」，則除了尊重上述產品的「牡丹」般的位置外，也允許「苔花如米小，也效牡丹開」般的百花爭艷的「多樣化」存在。目的只有一個：滿足各族各界人民群眾對文化藝術的多方面的審美口味與需求。但是，任意擴大「毒草」範圍的「左」傾思潮時常泛濫。建國初禁演了一批傳統戲，其中就包括至今仍具舞台生命力的楊家將優秀傳統劇目《四郎探母》。扣的帽子大得嚇人：漢奸戲！在電影中還把《清宮秘史》定性爲「賣國主義」影片！在文學創作中則是批判小資產階級創作傾向：批判了蕭也牧、白刃、碧野等一系列作家的一系列作品。今天看來這些被批判的作品都是好作品。而且這些作品也包含著某些「左」的成份：這是極具諷刺意味的！但是盡管茅盾自己也在這些批判當中受過「株連」，有時還首當其衝，他仍然時時站出來說話，努力爲百花爭艷創造陽光明媚、雨露滋潤的生存空間。當極「左」思潮發展到連《青春之歌》都受到批判的時候，茅盾就寫了著名的論文《怎樣評價〈青春之歌〉》。把這種扼殺百花爭艷大好

局面的極「左」思潮壓下去了。1962 年在所謂的「大連黑會」上，茅盾又爲《老堅決外傳》、《賴大嫂》、《四年不改》等受批判的作品說話，在指出其不足之同時，充分肯定了這是些「好作品」，「有意義的作品」。〔註16〕實在不能說公道話時，他只能三緘其口，決不隨聲附和。例如全國大張旗鼓批判《武訓傳》，茅盾就不曾著一字。

　　正確處理「一家」與「百家」的關係，也是茅盾從溯本求源開始，研究與總結春秋戰國百家爭鳴鼎盛時代的歷史時，就熱情肯定的方針原則。當毛澤東正式把「百花齊放、百家爭鳴」並提作爲發展社會主義文化藝術堅定的無產階級方針政策時，茅盾更是舉雙手擁護；作爲隨時注意堅決貫徹執行的大事。縱觀建國後的茅盾論著，他闡述黨的方針政策的文章中，論述最多的莫過於「雙百」方針了。所謂「一家」，當然是指馬克思主義這個「大家」了。所謂「百家」，則是指學術領域中，在不違背馬克思主義原理前提下，允許就各種文化藝術與學術問題發表自己的獨到見解。

　　茅盾總是盡力爲「百家爭鳴」開拓空間，在此問題上，他甚至經常動用他不肯輕易動用的文化部長的權利與理論大家的權威。例如 1955 年 12 月他《在全國省、市文化局長會議上的講話》中就著重指出：「百家爭鳴」，「現在還只能說正在開始。幾個月來，就掃除『爭鳴』的障礙而說的話相當多，而對於文藝上若干基本問題的『爭鳴』卻不多。」爲此，他對省、市文化局長提出要求：「我們既然有責任做思想領導，就也有必要來引導『爭鳴』，組織『爭鳴』」。他還要求文化局長們充分利用人民賦予的權利，「進一步採取更大膽的主動措施」去「掃除『爭鳴』的障礙。」〔註17〕

　　然而說來容易做時難。根本原因在於：盡管「雙百方針」是毛澤東親手制定、親自提出的，然而包括他本人在內，在執行過程中卻時時違背！這就不斷發生混淆了人民內部矛盾與敵我矛盾之界限的事；盡管毛澤東是在《關於正確處理人民內部矛盾的問題》中以區分與劃清兩類不同性質的矛盾爲大前提提出「雙百」方針的。這種現象，從建國以來就時起時伏；到「文革」達到頂峰！面對這種情況，茅盾總是持冷靜態度，採用機智的策略；或者根本不表態，或者盡量不表態；非表態不可時，就採用「大帽子底下開小差」

〔註16〕參看《茅盾全集》第 26 卷，第 410～426 頁。
〔註17〕此文是在內部會議上以文化部長身份所作的講話，我們根據手稿編入《茅盾全集》第 24 卷，這段話見第 391 頁，著重號是手稿原有的。

的方法，或以「王顧左右而言他」的策略來應付。前者如全國批判俞平伯及
其《紅樓夢》研究學術思想時，茅盾沒發表過一篇文章，但在全國文聯、全
國作協聯合組織的八次批判大會上，作爲大會主持人之一，不得不爲會議作
結束語時，茅盾並不把矛頭對準俞平伯，用寥寥數語作出「良好的開端」之
評價後，就把話鋒一轉，聯繫自己的思想歷程，作起自我批評來了，這一招
實在意味深長！

　　當然茅盾也有實在繞不過去非上綱上線不可的時候。那就只好說違心話
了。例如1957年批判丁陳反黨集團，茅盾明知丁玲從未反黨，但當時中央已
經定了性，而他又非發言批判不可；於是他採用扣大帽子不分析，然後著
重打態度的方式來搪塞。這時就不能不說些違心的話了！當然有時他也會被
卷到「左」傾思潮中去趟渾水。例如1955年1月全國開展反胡風運動，給胡
風定了「反黨反社會主義」的調子。茅盾在不得不寫的批判文章中，卻題
爲《必須徹底地全面地展開對胡風文藝思想的批判》，把握的分寸是人民內部
矛盾；採取的是說理的態度。直到中央公布了由毛澤東加按語的第三批材
料，正式定性爲暗藏在人民內部的反革命集團之後，茅盾出於對黨的信任，
只能認爲自己被胡風集團的僞裝所迷惑而上了當！這才在文章中上了敵我矛
盾的綱。

　　第三，正確處理古與今的關係：博古通今的茅盾，當然知道文化部長所
肩負的繼承發揚中華民族豐富的文化遺產的責任到底有多大份量。因此他始
終不渝地堅決貫徹「古爲今用，推陳出新」的方針。一方面運用自己對文化
遺產的充分了解，一方面也依靠鄭振鐸、齊燕銘這幾位博古通今的副部長的
支持配合，大力整理文化遺產，校注出版古籍文獻，大量推動文物考古與研
究工作、大力整理傳統劇目，扶植包括中國國粹京劇和幾乎瀕臨失傳的崑曲
在內的戲曲工作，……全方位地展開了文化遺產的繼承與搶救工作。茅盾十
分注意「剔除糟粕，吸取精華」，並把繼承與借鑒的落腳點放在推動創新上，
放在社會主義文化建設上。

　　但是在處理古與今的關係上茅盾地同樣碰到「左」傾思潮的難題。開始
是五十年代中後期提出了「厚今薄古」的口號，茅盾固然得貫徹並在文章中
提這個口號；但他又感到這個提法有問題。問題倒不在於「厚今」（「今」當
然應該「厚」的），而在於該不該「薄古」。他認爲，對「古」中的封建性的
糟粕，不是「薄」的問題，而是剔除的問題。但對「古」中的精華，是不應

該「薄」的。然而作爲一部之長，執行政策只能是軍人般地「以服從爲天職」！茅盾自己當然不能去「爭鳴」。但在實際工作中，他對文化優秀傳統與文化遺產中的精華，從未「薄」待過。當然，他並無回天之力。「文革」中「掃『四舊』」，連他這個文化部長的家也被抄了！

第四，正確處理中與外的關係：對外文化交流中如何處理中與外的關係？對此，茅盾一向持相當開放的態度。這個態度與作風，「五四」時期大力介紹西方文化與西方文學時就形成了；幾十年來一以貫之。但他又一向反對「全盤西化」論。他的立場是和建國後實行的「洋爲中用」方針一脈相通的。不過這時茅盾擁有三種權利，三個渠道和三種手段，足以發揮學貫中西，精通英文的優勢，去執行這個方針。

首先是文化部長的權利及官方渠道。他代表政府接待來訪，出國訪問，與友好國家簽訂文化交流合作協定並且監督執行。這種政府行爲與手段，具有支配全局的地位和作用，決定了他 15 年任期中這方面能有許多政績。第二是擔任世界和平理事會理事及其他對外文化交流協會或部門的兼職獲得的權利。這是一個半官方渠道。由於茅盾兼具官與民雙重職務，就可以把二者結合起來。五十年代世界和平理事會曾多次舉辦紀念世界文化名人的活動，茅盾不僅在中國組織了一次又一次的紀念活動，還在紀念大會或學術討論會上作過一次又一次的主題報告。他還利用世界和平理事會理事、常務理事身份，積極推荐中國偉大作家。屈原之所以列入世界文化名人行列並「走上了世界」，就是茅盾力荐的。第三是擔任中國文聯副主席和中國作家協會主席所獲得的權利及這條民間交流的渠道。他還擔任了亞非作家協會的領導職務；使中與外的文藝交流渠道更加寬闊、更加暢通了。他創刊並任主編的《譯文》後改名《世界文學》），更使他擁有了一塊在全國舉足輕重的陣地，這時茅盾就如虎添翼了！

然而「左」傾思潮的衝擊是全方位的。在中外文化交流上的表現，就是「閉關鎖國」，其危害十分嚴重。先是阻塞以至隔斷了東西方文化交流的渠道。中蘇關係惡化後，連中蘇之間，中國與東歐社會主義諸國之間的文化交流，也幾乎完全中斷。1962 年起茅盾還被剝奪了率團出國訪問的權利！剩下的只有靠精通英文的優勢閱讀原文資料了！

然而茅盾也有一帆風順的工作。這就是正確處理了中華民族文化中漢文化與少數民族文化的關係，和文化工作中普及與提高的關係。這兩方面的工

作也有困難，但很少「左」傾思潮的衝擊。這是茅盾十分欣慰的！

功敗垂成，後車之鑒

在中共八屆十中全會上，毛澤東提出了「以階級鬥爭爲綱」的路線，文化藝術首當其衝。今天批判這，明天批判那，批來批去批判到茅盾頭上。因爲不論批判毒草電影還是所謂「鬼戲」，無一不是文化部長或中國作家協會主席領導下的作品。批判電影《林家舖子》固然株連到茅盾的同名小說；1964 年批判「中間人物」論和「文革」中批判「現實主義深化」論，盡管點的是邵荃麟的名；實際上邵荃麟引証的相應的話，全出於 1962 年茅盾在大連農村題材小說座談會上的講話，對茅盾說來，當然是「春江水『寒』鴨先知」了！

這時茅盾還知道了毛澤東 1963 年 9 月有個批示，其中有這樣的內容：「文化方面特別是戲劇，大量是封建落後的東西。社會主義的東西很少，在舞台上無非是帝王將相。文化部是管文化的，應當注意這方面的問題，爲之檢查，認眞改正。如果不改，就改名爲帝王將相部，才子佳人部，或外國死人部。如果改了，可以不改名字。」1963 年 12 月 11 日和 1964 年 6 月 27 日毛澤東又先後作了兩次批示，這就是有名的「對文藝工作的兩個批示。」前者全盤否定了文學藝術工作，後者點名批判含中國作協在內的文聯所屬各協會，其定性爲：「跌到修正主義的邊緣。如不認眞改造，勢必在將來的某一天，要變成匈牙利裴多菲俱樂部那樣的團體。」毛澤東這時並不了解全面情況，所據的匯報，很多是失實之辭，但他所作的判斷和所提的要求，卻像「泰山壓頂」。

茅盾本來從一開始就不想當這個文化部長，是毛澤東親自出馬點將並說服他非當不可的。現在又是毛澤東親自出馬「將軍」將到茅盾的頭上來了。茅盾還怎麼幹下去！此前他本來就向周總理提出過辭職要求，但未獲准。1964 年 12 月 21 日全國第三屆第一次人民代表大會開會前夕，茅盾再次向總理提出辭職請求。並表示連文聯副主席，作協主席一並辭去的決心。會議期間總理親自找他談話，〔註 18〕只批准他辭去文化部長職務。免職的決定1965 年 1 月 5 日在《人民日報》上公布。從此茅盾得到解脫，眞正是無官一身輕了！

〔註 18〕詳情請參看拙著《茅盾評傳》，第 679～682 頁。

　　茅盾奮鬥大半生，執政十五年，在正常情況下，本可作出更大建樹；但在頗具中國國情特色的「左」傾思潮衝擊下卻功敗垂成！這種時代悲劇，留下了歷史性的遺憾！然而馬克思主義歷史觀歷來不以成敗論英雄；我們看一個歷史人物的作用，是看他是否為歷史增加了新的內容。茅盾的政績與經驗教訓中，除了許多澤被後世的建樹之外，還蘊藏著許多規律性的具哲理內涵的東西。其歷史啓迪意義，頗值得後人借鑒。從這個角度說，又頗具現實參照價值。對此，可從主觀與客觀兩個不同視角總結歸納。

　　從主觀視角總結，大體可歸納為兩個層面。

　　第一個層面是：作為社會主義文化建設事業主要領導人的文化部長，必須集能力、學識與威望於一身。文化部是中央人民政府的一個方面軍，其領導、管轄的各方面工作都具鮮明的意識形態屬性，特別是其社會主義政治屬性。這就要求一部之長必須具備政治家的領導能力。非此無法應對從建國到「文革」政治運動接連不斷的複雜局面。具備了政治家領導能力的茅盾，就能處變不驚，臨危不懼，從容沉穩，舉重若輕。而且文化部與其他政府部門不同。文化部的領導具更強的專業性。文化的涵蓋面幾乎無所不包，無法估量。物質文化與精神文化幾乎涵蓋了全部人類文明。學貫中西博古通今的知識結構與實踐能力以及經過「五四」、建黨以來 30 餘年政治風雲歷練而成的政治領導能力兩相結合，保証了茅盾能取得這可觀的政績。文化戰線又是知識分子成堆、名家、學者與精英薈萃的大智識庫，其高水平自不待言。更何況文人相輕，自古皆然。這個局限，也斷斷不可忽視。文化部長是文化方面軍的司令員，即便是天才，也決不可持才傲物。只有德才兼備，才能眞正服人。毛澤東、周恩來點將，當然會慮及此。毛澤東所說文化部長想當的人很多，但「我們不放心，所以要你來當」，所指的首先是德，茅盾之所以眾望所歸，首先因為他德高望重，足以服人。在當時，只有茅盾集能力、學識與威望於一身。

　　第二個層面是：胸襟、膽識、氣魄、超前意識與反潮流精神集於一身。縱向來看，文化具歷史積澱性與承傳揚棄性。橫向來看，文化具民族多樣性，世界多樣性。動態來看文化又具碰撞性與融合性。這一切必然集中體現在文化部長這個領導崗位上，要求一部之長能科學地去應對。茅盾不僅有博古通今，學貫中西的認知結構，而且有「海納百川，有容為大」的開闊胸襟。人類文化是在不同歷史條件、社會制度、與民族生活中長期形成的；其共同性

固然具有親和以至融合的可能；但其差異性又決定了異質文化不斷碰撞的不可避免性。何況當代中國是在兩次世界大戰之後充滿矛盾的特定時代環境中屹立於世界民族之林的；政治干預，敵對勢力滲透的國際環境，國內階級矛盾與階級鬥爭又時時以政治運動方式不斷掀起的國內環境，都給文化發展帶來許多困難。然而茅盾具有一雙識別複雜變幻政治風雲和文化思潮撞擊態勢的慧眼，以及「五四」以來歷經 30 餘載的「時代弄潮兒」的膽識。他還具備求同存疑的態度，委曲求全的機智、策略，和知難而進的精神。在 15 年任職經歷中，這一切都充分表現出來了。一個國家的文化水平不是國民文化素識的平均數，而是由精英文化所代表的高水平。文化發展又具波浪式前進的動態特徵。領導者必須有站在前沿的超前意識與行動本領。茅盾在致力「五四」啟蒙與建黨時的理論前驅工作中，就充分展示出其超前意識與先知先覺的敏銳和能力。這種狀態晚年寫回憶錄時尚能保持，任文化部長的 15 年他 53 歲到 68 歲，正處在人生最成熟的時期，這和機敏的超前意識兩相結合，臻於優勢互補的最佳境界，則是順理成章的事。再加上他那知難而進、敢於碰硬（人所共知，為排練革命史詩《東方紅》，他公然敢和江青發生正面衝突，並且堅持了原則，迫使江青不得不讓步）〔註 19〕的反潮流精神。可見茅盾又集胸襟、膽魄、氣魄、超前意識和反潮流精神於一身。

以上兩者均集於一身，就決定了茅盾這位社會主義中國首任文化部長既前無古人，迄今為止也後無來者。他達到的是個很難超越的政治文化高度。其垂範意義首先在此。

從客觀視角總結，大體上也可以歸納為兩個層面。

第一個層面是：內行領導外行以至內行，具有無比的優越性。在傳統觀念中，有一種「內行領導外行是相對的；外行領導內行的絕對的」觀點。其理由是「一專容易多能難。」然而「難」固然是客觀存在，但並非不可企及。茅盾對文化戰線的各個具體領域說，起碼是門門都內行。其中的大部分領域他都稱得上精通業務的國家級以至世界級的專家。這和其黨內黨外均經過多年歷練的政治家與共產主義戰士的素質相結合，就使他能以高水平的內行專家與最高領導人的雙重身份主持好文化部的工作。這就在以內行領導內行方面樹立了典範。今天我國，已經是在實現「四化」征程中初步臻於小康階段

〔註 19〕參看《敬愛的周總理給予我的教誨的片斷回憶》，《茅盾全集》第 27 卷，第 206～208 頁。

的中國了。21 世紀又是知識經濟、高科技、高信息水平的時代，我們以「十五」規劃爲契機，正向本世紀中葉臻於中等發達國家水平的偉大目標邁進。此時此刻，不論哪行哪業，非精通本行業務的專家實難當領導重任。從這個角度說，茅盾的執政經歷，又極具時代現實啓迪意義。

第二個層面是：個人的主觀能動作用受到歷史條件局限的制約，使茅盾功敗垂成。這個悲劇結局頗具哲學意蘊。是時勢造英雄，還是英雄造時勢？這是長期以來爭論不休的哲學命題。意見之所以難於統一，是因爲哲學觀的性質不同所致。站在辯証唯物主義和歷史唯物主義相結合的馬克思主義哲學觀的立場看來，二者其實並不矛盾。茅盾是經過舊民主主義、新民主義以至社會主義革命與建設時代的長期錘煉造就的時代精英。其長期的革命與文學實踐，特別是文化部長的 15 年實踐，又以個人的主觀努力創造出無數業績。這些業績，對歷史發展顯然起了促進作用；也爲人類文化事業增添了帶有茅盾個人色彩的新內容。這正是個人推動歷史前進的主觀能動作用的具體表現。「左」傾思潮的時代局限，當然是茅盾個人的力量無法抗拒的。他的貢獻，是傾其全力在可能的範圍內抵制了「左」傾，取得一定成效。但其個人絕對不具備回天之力。回天只能依靠階級的、民族的、人民的集合力，所以功敗垂成，是時代造成的悲劇。

毛澤東以伯樂的眼力把茅盾扶上新中國首任文化部長的領導崗位，本意在於建設。但他代表的「左」傾思潮又時時形成客觀阻力甚至破壞力；單靠茅盾主觀的努力，是無法克服的。最後又是毛澤東對文化部、與文聯、作協的三個批示，造成極具破壞性的巨大壓力。使茅盾不得不離開這個領導崗位。由此可見，茅盾在新中國舞台上演出的輝煌建樹的正劇，與功敗垂成的悲劇，都不單純是個人的；也不單純是毛澤東的；在很大程度上，這是時代的和歷史性的悲劇！

回顧歷史，總結經驗教訓，旨在避免歷史悲劇重演：這正是其哲學意蘊與歷史啓迪意義的主要所在！

（2001 年 2～3 月帶病寫於千佛山麓，
刊於《茅盾研究第七屆年會議文集》，新華出版社出版，2003 年）

論《夜讀偶記》的思想豐富性與理論複雜性——兼及其社會影響與引起的論爭

50 年代中到 60 年代初，我國文壇圍繞現實主義與歷史、歷史劇問題，先後展開了兩次規模宏大、分別與反右派鬥爭和「文革」序幕密切相關的論爭。茅盾關注並跟蹤研究了這兩場論爭，但未立即介入；而是苦讀勤記，思考經年，先後推出《夜讀偶記》和《關於歷史和歷史劇》兩部著作。兩書都不是就事論事地介入論爭，而是採取宏觀視角，高度概括綜合，史論結合，據史立論，重在理論規律之提煉升華。兩書具極高的學術性，一旦發表，就引發了激烈的討論或廣泛的認同。

一

《夜讀偶記》從 1957 年 9 月寫起，1958 年 4 月 21 日寫迄，初刊於《文藝報》1958 年第 1、2、8、9、10 期，同年 8 月由百花文藝出版社出版。此書約 7 萬字，是參加那場論爭的最長的論文。它也涉及當時受到圍攻的何直（秦兆陽）著《現實主義——廣闊的道路》、周勃著《論現實主義及其社會主義時代的發展》的部分論點，及別人對其所持的相反意見，但茅盾的側重點是立論。

茅盾從「對於一個公式的初步探討」開始，對中外文藝理論界所持的「歐洲即世界」的觀點提出根本性的懷疑。這不僅在當時，就是在今天，也是極具挑戰性的正確的立點。他對自己「五四」時期也曾堅信不疑的「古典主義

——浪漫主義——現實主義（自然主義）——新浪漫主義」這一公式，及其內在涵義，後者是對前者的「反撥」，提出根本性的質疑。茅盾說：「所謂反撥」，「含有『物極必反』、『發展』、『前進』等等意義的。」含後者是對前者的否定之意；是以「後浪推前浪，步步進展」的「美麗的屍衣掩蓋了還魂的僵屍」〔註1〕。這是到寫此書爲止，茅盾對此公式所反映的文藝進化論美學觀與相應的文藝思潮所作的最徹底的否定，也是對茅盾自己20年代的論文，包括其《西洋文學通論》一書中一定程度上貫串著的文藝進化論美學觀的最徹底的自我否定。

茅盾有破有立。他破了這個公式；主張用「現實主義與反現實主義的鬥爭」及對此鬥爭全過程的描繪取而代之；作爲文學發展史與文藝思潮鬥爭史的貫串線。他以中國文學發展史與世界文學特別是西歐文學發展史作爲兩個對比參照系，以高度概括的縱線描繪爲依據，否定了包括自己在內的通常理解，現實主義是在浪漫主義落潮期產生並取而代之的特定歷史階段的文學思潮形態。他提出並充分論証了下述新觀點：現實主義是貫串著人類文學藝術歷史發展的全過程；並與反現實主義思潮相鬥爭、與非現實主義思潮相競爭的全過程中產生、發展，臻於批判現實主義與社會主義現實主義（即革命現實主義）兩大高潮的。因此，茅盾認爲：現實主義始終是文學發展的主潮和基本貫串線。

茅盾承認：一、西歐美學家與文學史家運用的現實主義、浪漫主義等術語，是一種「史識」；與這些文學思潮興起當時的「時識」〔註2〕不盡相同。茅盾的這一看法是對的。因爲實踐在先，理論後有，「史識」更後。拉開距離的理論概括，可能更具科學性。二、馬克思、恩格斯對這些「主義」所作的馬克思主義的論述，較之前人更具科學性。三、從「歐洲即世界」的前提出發形成的文學思潮觀，沒有包括中國源遠流長的文學發展歷史及其規律，因此具有片面性。

其實，在我看來，這種局限，馬克思、恩格斯也在所難免。因此，我們必須像茅盾這樣，把中國及東方文學史納入世界文學史總格局中，根據這全方位的視野，重新作理論概括與科學的「史識」性界定。這是茅盾超越前人

〔註1〕《夜讀偶記》，《茅盾全集》第25卷，第123～124頁。
〔註2〕茅盾並沒用「史識」、「時識」這兩個範疇；但運用了它們的涵義來說明問題。

的更爲科學的歷史眼光，也反映了他的偉大氣魄。有了這個視野，才有《夜讀偶記》理論上的重大突破。

茅盾作現實主義探源時，追溯到中外的遠古神話，稱之爲「神話的現實主義」〔註3〕。此後，在中國，是《詩經》的「變風」、「變雅」、《史記》、《樂府》、建安三曹、韓愈及其古文運動、白居易及其「新樂府」運動，一直到前、後七子和明、清小說。在西歐，則是「17世紀的以描寫人情世態爲主的小說和戲劇」、「18世紀的啓蒙主義的現實主義」、到19世紀批判現實主義的高峰；社會主義現實主義則開闢了現實主義新階段。茅盾根據這兩大現實主義參照系得出結論：現實主義「古已有之」，但並非一成不變；它經歷了由不完備到完備逐漸發展而成的許多階段〔註4〕。因此它是廣義的、而非狹義的；到了發達階段，才具備了狹義的現實主義特徵。有人攻擊茅盾的現實主義是「一個超時空的中心的主能指」，「是一個含混的缺乏明確界定的概括。」〔註5〕如果他確實讀了《夜讀偶記》，及上述茅盾對兩個參照系及其發展脈絡的歷史內涵的描述，只能認爲這是他有意作出的歪曲。

茅盾對各個不同階段的現實主義的共同特徵及其基本內涵，作出以下六點概括：一、「現實主義的創作方法是階級社會中處於被壓迫地位、要求解放、推動社會前進的勞動人民所創造的。」它被出身統治階級但同情人民、其創作也具人民性的作家接受與發展，二者合一，逐步充實、形成發展起來的。因此它是一個歷史發展過程很長的創作方法與美學範疇。二、其「哲學基礎是唯物主義」，「社會基礎是生產鬥爭和階級鬥爭以及在這兩種鬥爭中推動社會前進的革命力量。」三、其「核心就是在現實世界是可以認識的信念上，根據反映論來從事藝術創作的。」即「通過形象化的藝術概括的方法，忠實地描繪人類怎樣進行生產鬥爭和階級鬥爭以及這兩種鬥爭在人的內心世界所引起的各種反應。」因此典型人物的塑造「是創作方法的一個中心問題。」茅盾指出：馬克思主義以前的歷代民間文學作者和文人作家不知道「反映論」這術語及有關理論，但在「生活實踐」中，卻「懂得了這個道理」。故能在藝術實踐中運用。「誰要無視這個事實，而以爲只有馬克思主義的反映論得到傳播以後，作家方能」運用它，那「就要犯教條主義的錯誤」。四、基於

〔註3〕《茅盾全集》第25卷，第153頁。
〔註4〕見《茅盾全集》第25卷，第150～153頁。
〔註5〕張頤武：《茅盾的矛盾》，1989年5月6日《文藝報》第3版。

上述特質，茅盾把恩格斯的現實主義定義〔註6〕作了精彩的發揮：「現實主義把人物放在社會環境中」考察其「感受以及環境對人物的思想意識的影響」，它著重揭示：「人的性格是由環境以及人的社會關係來決定的。」它不像古典主義、浪漫主義那樣，根據「倫理觀點或者政治觀點來安排」人物的性格；而是「用事實來表現」人物「何以一定是這樣而不是那樣。」不僅寫出這人物是特定時代的「某種人的典型」，且要寫出他是怎樣在其特定環境中形成特定時代特定社會的典型。這典型人物既是特定環境的產物，則這「作家筆下的環境，也非典型不可。」這典型環境要「能夠表現特定時代的基本精神和主要面貌。」五、「作家必須在生活實踐中『發現』他的人物而不是從理性出發或憑空想或熱情來『捏造』他的人物。」因此他「最能反映特定時代的社會意識。」六、因此，「當哲學家還只能以唯心主義解釋社會現象」時，其「同時代的偉大的現實主義作家卻不自覺地在他們的作品中表現了唯物主義的歷史觀。」〔註7〕

茅盾結合著典型人物描寫，特別是典型人物個性化描寫在現實主義不同發展階段的特定情態的概括與對比，把現實主義不同階段的特徵，作了精彩的描述。同時又根據中國文學以「詩」與「文」為主的特點，對中國文學史上不同階段的現實主義，作出具體精闢的描繪。

這一切論述，不僅在1956年至1958年對現實主義眾說紛紜、莫衷一是的情況下，有撥亂反正、正本清源的作用；就是在新時期文學思潮幾起幾落的今天，這些論述依然有撥亂反正、正本清源的現實指導意義與理論啟迪意義。

二

茅盾在《夜讀偶記》中不僅擺脫了以文藝進化論和「歐洲即世界」的觀念概括文藝思潮史的傳統模式，也擺脫了中國以朝代界標文學思潮史的傳統模式。他採用「現實主義與反現實主義」鬥爭發展史的新模式，對全世界文學思潮史作出一體化的宏觀概括。姑且不論這具體模式的成敗得失，僅就這宏觀概括全世界各國、各民族文學思潮史總體規律的立意與努力言，就極有

〔註6〕 即「現實主義的意思是，除細節的真實外，還要真實地再現典型環境中的典型人物。」

〔註7〕 《茅盾全集》第25卷，第203～206頁。

意義，極有氣魄；起碼在中國，這是前無古人的。盡管這理論概括借鑒了蘇聯，但茅盾自有其創新、開拓與發展。

茅盾這模式並非如那些反對者所說，是非此即彼地套用階級鬥爭歷史形成的「僵化模式」；因而把複雜的文學史簡單化了。茅盾認為：文學思潮史並非簡單的「一分為二」。他根據文學史情態，發現了直到「文革」後我國哲學界才形成的看法：運動的基本形式除「一分為二」外，還有「一分為三」的形態。從而把文學思潮的取向，概括為三種形態：現實主義、非現實主義、反現實主義這三種相互依存、相互碰撞的思潮與取向。他承認積極浪漫主義與現實主義有重大差異和矛盾。但他不把二者看成相互對抗關係，而視為並立互補，常常異曲同工〔註8〕的關係。他指出：現實主義常常汲取積極浪漫主義來充實自己。特別是社會主義現實主義，很大程度上汲取了革命浪漫主義。

茅盾認為：「反現實主義」並非一種創作方法，而「應理解為各種各樣、程度不同的反人民和反現實的各不相同的若干創作方法。」但其共同點「是脫離現實，逃避現實，歪曲現實，模糊了人們對於現實的認識」；故在政治上起「剝削階級的幫閒的作用。」〔註9〕茅盾指出：在中國文學史上，自《詩經》中的「大雅」和「頌」到漢賦、六朝駢文、游仙詩、山林隱逸派詩文，再到明代「臺閣體」，都是反現實主義的。在西方，反現實主義的文學主要是以形式主義、頹廢消極為特徵的部分古典主義、消極浪漫主義和現代主義文學。

茅盾區分現實主義與反現實主義的原則是：一、哲學標準：不論自發抑或自覺，凡堅持唯物論立場，按反映論進行創作者是現實主義；凡堅持唯心論形而上學立場，創作中按不受生活實踐檢驗的主觀唯心主義意願去表現自我、歪曲生活者是反現實主義。二、政治標準：凡人民大眾、或站在人民一邊出身剝削階級的作家，以創作反映人民意願、保障人民利益者是現實主義；站在剝削階級與反人民立場，以創作維護剝削階級利益並危害人民者是反現實主義。三、思想標準：作品的思想內容具人民性、真實性者是現實主義；思想內容「是虛偽、粉飾、歪曲現實、對被剝削階級起麻醉和欺騙的作用」者是反現實主義。四、藝術標準：「就形式來說是群眾性的（為人民大眾所喜

〔註8〕《茅盾全集》第 25 卷，第 125～126 頁。
〔註9〕《茅盾全集》第 25 卷，第 156 頁。

聞樂見的)」，對人民群眾起娛悅作用者是現實主義；那些形式主義的，即「以迎合剝削階級的趣味爲基本特徵的」、「追求雕琢、崇拜綺麗，乃至刻意造作一種怪誕的使人看不懂的所謂內在美」，「對剝削者自己則滿足了娛樂的要求」者是反現實主義〔註10〕。

茅盾指出：「現實主義與反現實主義」的鬥爭，「不是以運動形式來表現」，而是以遠比運動方式「激烈」的，「你死我活的鬥爭」：人民創造的現實主義文學步步發展，擴大影響；統治階級則用大興文字獄以至殺戮作家的方式給以鎮壓〔註11〕。可見茅盾所理解的現實主義與反現實主義的鬥爭公式及其鬥爭方式，已經超出了創作方法與文藝思潮鬥爭的範圍。儘管他一再聲明此公式並非根據階級鬥爭、哲學鬥爭套出來的；然而由於他把兩種創作方法與文藝思潮的對立的理解，擴大到階級鬥爭、哲學鬥爭的範圍中去，於是就不可能不把對創作方法與文藝思潮的對立與鬥爭的理解，擴大到不同歷史階段的兩個階級、兩種哲學觀的對立與鬥爭中去。

這種事與願違的後果與影響，就是 1958 年各高等學校在學術領域「拔白旗、插紅旗」，批判所謂「反動學術權威」之後所編的形形色色文學教材，大都具有與《夜讀偶記》有聯繫的兩個特徵：一、把「現實主義與反現實主義」的鬥爭當作貫串線，用以概括文學史上的階級對立與鬥爭，或階級鬥爭在文學史上的反映。二、突出民間文學的作用並加以誇大，甚至臻於很不適當的程度。這一切一度形成「一邊倒」的傾向。後來才逐漸有人提出不同意見。1959 年通過修改這些教材，又出現往另一邊倒的「否定」的傾向。如北京大學中文系五五級學生編的兩卷本紅皮《中國文學史》被改寫成游國恩等主編、北大中文系五五級學生參加改寫的四卷本的黃皮《中國文學史》，就從一個極端走向另一極端。

在論爭過程中，也存在同樣的或相應的簡單化傾向。茅盾 1959 年 8 月 4 日在致邵荃麟的信〔註 12〕中就表示不滿：他認爲報刊上批評「現實主義與反現實主義」的文章和批評「大學生們所編的幾部書」的批評「有點不公平」。茅盾承認這些書有缺點，但反對「說文藝反映階級鬥爭就勢必忽略並歪曲文藝發展的特殊規律」，「說世界觀指導創作方法的論點勢必把作家作品的複雜

〔註10〕《茅盾全集》第 25 卷，第 153～156 頁。
〔註11〕《茅盾全集》第 25 卷，第 147 頁。
〔註12〕此信係未發表的手稿，共 4 頁，其中第 3 頁不幸丟失。以下引文據尚存的 1、2、4 頁信的手稿，係茅盾的兒子韋韜同志提供。

性和藝術性簡單化。」茅盾怕「這樣下去要把青年人弄糊塗了」。茅盾指出：
「劉大杰的《中國文學發展史》是郎宋、泰納、佛里契、胡適等人觀點的混
血兒，而書名『發展』，其規律是胡適的文學史觀。去年他自己〔註13〕批評了
自己（也承認『現實主義與反現實主義的鬥爭』這個公式是對的），可是今年
他完全翻案了，老觀點是一點兒也沒有動。並且由於專找適合自己觀點的方
法去讀蘇聯的討論那個公式的文章，恐怕他那個混血兒式的老觀點更加變成
頑固不化了。可是他和何其芳在反對那個公式〔註14〕的問題上唱著相同的調
子。最近光明日報發表了何其芳的總結性的文章，看來這個討論就將在全國
結束。我深恐將產生新的簡單化。因為對那幾本文學史的批評是簡單化的。
我真不敢相信寫批評文章的人曾經仔細地沒有成見地研究（至少是閱讀）那
幾本書。」「報刊上屢次報導：討論雙方發言熱烈，可是《文學遺產》發表的
只是一方的文章，我不解其故〔註15〕。本來，我對那個公式和它涉及的一些
問題的看法，並不和蘇聯的涅多希文的完全一樣，我雖然贊成那個『公式』，
但在許多問題上和涅氏論點不一樣，《夜讀偶記》雖很膚淺，在這些問題上還
是說明了我的意思的。上山時本想寫篇《偶記》之《後記》，再談談這個問題，
現在看來，大可不必，因為何其芳的文章（結論）中已說：『堅持這個公式的
人也可以保留他們的意見』。這句話通常是這樣解釋的：你可以不公開承認已
經放棄原來的意思，但是請不要再開口了。」

三

　　但 1959 年 10 月茅盾還是寫了《夜讀偶記》的《後記》。不過當時並未發
表，「文革」後才收入 1981 年出版的《茅盾文藝評論集》所收的《夜讀偶記》
之後；這個後記足足壓了 22 年！也許因為時過境遷，人們一向忽略了《後
記》中以下重要的意見：一、茅盾首次披露了他對「現實主義與反現實主義
的鬥爭」這公式的認識過程：在蘇聯討論此問題時，茅盾站在反對立場關注
它。開始寫《夜讀偶記》時也是如此。「在寫完現在的第四段的初稿以後」，
才「改變了主意」。「於是擱起已寫的《古典主義和現代派》初稿，加上現
在的第一到第三節。」改變觀點的原因，首先是「我重新研究了我國文學史

〔註13〕茅盾這裡是說劉大杰本人。
〔註14〕指「現實主義與反現實主義」公式。
〔註15〕《文學遺產》當時是《光明日報》的文學副刊，由何其芳任所長的中央文學
　　　　研究所主編。

上的重大事件的歷史意義，認為現實主義和反現實主義的鬥爭這個事實是存在的，而且反覆出現，故不容抹煞。」其次是讀蘇聯論爭此問題之雙方的議論後，認為此公式「在一定的歷史條件下是對的，但不能走得太遠，把它看作永恒的規律，而在用這公式來編文學史或給古代作家『劃成分』的時候，更不能簡單化。」茅盾解釋說：這「一定的歷史條件」是指「在階級社會中」。這「鬥爭是事實，不但過去時代有之，現代資本主義國家中仍然有之。今天在法國、美國文藝界都有現實主義與反現實主義的鬥爭。甚至在波蘭也還有抽象派在被鬥著。」〔註16〕二、茅盾在《後記》中對此公式的新解釋，已經把創作方法與階級鬥爭、思想鬥爭作了區別。不過他強調的還是其聯繫性與不可分割性。他認為「探討文學發展的規律，不能離開社會和社會思想鬥爭的規律。任何歷史時期都有兩種文學的基本傾向在鬥爭，這就是為人民和反人民，正確反映現實和歪曲粉飾現實。現實主義和反現實主義的鬥爭就是文學上這兩種基本傾向鬥爭的概括。」二者的鬥爭「是貫串在中國文學發展史中的事實。在這裡，現實主義的創作方法與作品的人民性、進步性是不能分割的。因為唯有現實主義植根於現實，忠於現實。」茅盾指出：「不能把這個鬥爭看作只是創作方法的鬥爭」，因為其中寓有「範圍要大得多的思想鬥爭」；也不能「只把這鬥爭理解為與創作無關的進步與反動的鬥爭」，因為「這種鬥爭正是主要地通過創作方法上的現實主義與反現實主義的鬥爭來體現的。」「這就是中國文學歷史發展的特殊規律。」〔註17〕三、茅盾指出：「反現實主義這個術語，和反動文藝不是同義語。反現實主義文學的其作者「在政治上不一定是『奴隸總管』，有時倒是「很超然的」〔註18〕。四、茅盾界定了創作方法的內涵：認為「把創作方法僅僅看作是藝術表現方法的觀點是錯誤的，它應該包括這樣三個方面：作家對生活的認識和看法，作家對生活的態度和立場，作家的藝術表現方法。因此，現實主義與反現實主義的鬥爭，不只是藝術表現方法上的鬥爭，而是社會上遠為廣闊和深刻的鬥爭在文學上的反映。」而且「作家對人民對現實的態度，表現於他的世界觀和創作方法的關係上，在研究創作方法時如果和作家的世界觀分離開來，顯然是錯誤的。」〔註19〕五、茅盾進一步明確了論爭的正確目的：「我們的目的是探討

〔註16〕《茅盾全集》第 25 卷，第 242～243 頁。
〔註17〕《茅盾全集》第 25 卷，第 234 頁。
〔註18〕《茅盾全集》第 25 卷，第 235 頁。
〔註19〕《茅盾全集》第 25 卷，第 256 頁。

中國文學發展的規律，可惜討論中的反對論者只反對了『現實主義與反現實主義鬥爭』這個公式，而沒有提出新的規律來。我希望討論將更多些建設性。」〔註20〕

這篇近兩萬字的《後記》反駁了何其芳、劉大杰的批評文章中若干不妥的論點，也把《夜讀偶記》中表述得不夠嚴謹透徹的論點進一步明確化、理論化了。它使我們明確了以下幾點：一、茅盾不把「現實主義與反現實主義的鬥爭」看作「普遍規律」，而是看作階級社會中文學鬥爭的特定歷史規律。二、他強調思想鬥爭與創作方法鬥爭、世界觀與創作方法之間具不可分割的聯繫。這當然是對的。但在講「不可分割」的有機聯繫性時，沒有同時強調指出二者存在著質的差異性。這是不妥的。三、茅盾探討文學發展規律的努力是可貴的。如果他能把思想鬥爭與文學鬥爭、世界觀與創作方法之間既有聯繫、又有區別的對立統一關係講得更清楚，把自己理解的融階級鬥爭、思想鬥爭、文學鬥爭於一爐的「現實主義與反現實主義的鬥爭」這個單一的規律的「線性概括，分解為階級鬥爭在文學思潮中的反映，思想鬥爭（包括政治的與哲學的諸多層面）在文藝思潮中的反映，與文學上現實主義、非現實主義、反現實主義的對立與鬥爭這樣三條貫串線；在分別描述的基礎上就三條貫串線之間的複雜聯繫加以整合性論述，這就可能更辯証，因而更具科學性。這就能避免把「現實主義與反現實主義的鬥爭」擴大化；當然也就避免了簡單化傾向。

學術界圍繞這公式的討論，同樣存在著簡單化與片面性，包括何其芳、劉大杰在內，他們忽視了茅盾的意見的合理內核，對其確有文學史根據，具科學性、基本上可以肯定的意見，不夠重視與尊重，未能給予應有的肯定。對其不夠科學處的挑剔，顯然有些過分。而且確如茅盾所說，他們多是只破不立的搖頭派。

四

《夜讀偶記》論述的另一重點，是世界觀與創作方法的關係。它針對的是以下觀點：一、「強調了創作方法的絕對性」；導出「正確的創作方法（指現實主義）可以克服世界觀的落後性。」「世界觀對於他的創作方法則不起作用。」二、「強調文藝的特殊性。……不承認不同的創作方法本源於不同的思

〔註20〕《茅盾全集》第 25 卷，第 244 頁。

想方法。」「不承認歷史上文藝流派的興衰起伏，根源於社會經濟的變革和階級鬥爭的發展情況。」〔註21〕

茅盾針鋒相對的觀點是：「創作方法不但和世界觀有密切的關係，而且是受世界觀的指導的。怎樣的世界觀，就產生了怎樣的思想方法，而怎樣的思想方法，又產生了怎樣的創作方法」；「這是分析了不同創作方法的理論與實踐以後所得的結論。」茅盾舉出大量史實：唯理論的思想方法決定了古典主義詩學；唯物主義的自然觀和熱衷空想社會主義與幻想的未來社會制度等等決定了浪漫主義；逃避現實決定了把「光」當繪畫主角的印象派；崇拜「力」與「速」的工業社會精神決定了未來主義；確信感覺的復合（這是他們獨特的思想方法）是全面表現對象的首要條件決定了「三度空間表現手法」的立體主義……茅盾由此作出結論：這証明「任何表現手法（包括純技術的技法，如格律、結構、章法、句法等等）都是服從於思想方法的。」〔註22〕

茅盾論証世界觀決定並指導創作方法時，正視了二者關係間的全部複雜性。這是《夜讀偶記》的精華所在。茅盾指出：一、作家不是「自由地」選擇其創作方法。「而是在他的世界觀的『作用』下進行了不自覺的『選擇』的。」二、同一作家的世界觀並非「完全清一色的，有進步的方面，也有保守落後、甚至反動的方面；而且也不是一成不變的，常常因時因地因事而異：有時進步的成分很突出而掩蓋了保守、落後的成分；而另一時卻保守、落後乃至反動的成分占主導，因而失去了進步性。這一些世界觀的複雜和變化，一定也要反映在作家的作品；但也是錯綜而複雜的，不但會表現在作家的前後期作品中，也會表現在同一作品中。」〔註23〕

茅盾以《矛盾論》、《實踐論》所論証的馬克思主義認識論、反映論原理爲據，對世界觀與創作方法之間種種複雜、矛盾情況，作了精闢的分析。他首先承認生活第一性、實踐第一性，認識則是第二性；指出其制約被制約的關係。「生活實踐是作家認識現實的唯一不二的途徑；離開了這途徑，作家不能正確認識現實，也無法忠實地典型地反映現實。」同樣，「作家之所以不用這個創作方法而用那個，和他長期生活實踐有關。」據此茅盾把世界觀與創作方法產生矛盾的種種複雜情況概括爲以下幾種：一、盡管作家具備進步立

〔註21〕《茅盾全集》第 25 卷，第 153～154、172 頁。
〔註22〕《茅盾全集》第 25 卷，第 188～189 頁。
〔註23〕《茅盾全集》第 25 卷，第 154 頁。

場，但其藝術工力不足，還是不能借此對社會現實進行藝術概括。二、作家「對現實有怎樣的認識和他們對於現實抱怎樣的態度，也不是常常一致的」。他以英國作家高爾斯華綏爲例：他的一個作品從現實主義出發寫一資產階級家庭時，曾得出其「所屬的階級是沒有前途的」結論。但這並未改變其「仇視工人階級，仇視社會主義的政治立場。」據此茅盾說：作家的「進步的創作方法並不一定帶來了進步的政治立場，反過來說，反動的政治立場不一定阻礙了作家或藝術家採用進步的創作方法。」但茅盾否定有些人把巴爾扎克的「創作方法克服了他的政治偏見」普遍化，認爲這種把個別當一般的做法是講不通的〔註24〕。

　　茅盾對這些現象作出了多種解釋。首先他承認以下兩種通常的解釋：一、「作家的世界觀本身就很複雜而有矛盾，有進步的方面，也有落後的甚至反動的方面，進步的因素使作家接受進步的創作方法（作爲認識現實的方法），而落後乃至反動的方面使作家對於某些實際政治問題採取了反動的立場。」二、「當作家世界觀中的主導思想和人民的要求相符合的時候，他的世界觀和創作方法（指現實主義）是一致的，否則，就發生了矛盾。」但茅盾提出了第三種解釋：「一種久遠的創作方法（如現實主義）在其發展過程中，……形成了一套完整的藝術規律，具有相當的獨立性，這……當然是這一創作方法的一面——即關於形式的一面，而且是內容決定的，可是，資產階級作家卻往往把它看作創作方法的整體，而且從這樣的觀點接受了這個創作方法。」「而完全沒有意識到，這是接受了一種認識現實的方法。但是藝術規律中確也包含著認識現實的方法，因此，只從藝術規律方面接受現實主義的作家，也會在他自己不自覺的情況下學會了認識現實，從而產生了現實主義的作品。這樣產生的作品當然會受到作家世界觀中矛盾因素的牽制，因而就只能反映了現實的半面，或小半面，甚至會歪曲了現實。這些情況，常常在同一作家身上發生。我們看到某些作家，先後的作品頗不一致（例如海明威、潑列斯脫萊），這就說明了他們的世界觀中矛盾的性質以及他們對現實的態度，也是時時在變化的。可是他們的創作方法基本上還是那一個，並沒有換過。」〔註25〕茅盾還指出，存在第四種情況：「還有些傑出的世界知名的作家，在政治上，創作方法上都堅定地站在進步的立場，可是文

〔註24〕《茅盾全集》第25卷，第211～213頁。
〔註25〕《茅盾全集》第25卷，第213～215頁。

藝思想上卻還不能脫離唯心主義的影響。」「可見，現實主義作家世界觀中的矛盾，異常複雜。」據此茅盾論証了改造思想的重要性，以及由舊現實主義過渡到不存在世界觀與創作方法之矛盾的社會主義現實主義創作方法的重要性。

至此，茅盾已經論述了世界觀與創作方法之關係及二者間存在種種矛盾的全部形態與複雜性。這些論述充分、全面、精闢、深刻，充滿了新意與創見，起碼在中國，臻於超越前人的境界。

五

在《夜讀偶記》中茅盾批駁了把社會主義現實主義作爲產生公式化概念化根源的謬論，揭露了以現主義取代現實主義的妄想。

茅盾指出：公式化、概念化由來已久。作家在認識生活過程中回答「我所感覺到的是怎樣的？應該是怎樣的？實際是怎樣的？」三個問題時，或由於「脫離生活，脫離鬥爭」，或由於思想方法有問題，使用不同創作方法的作家及其作品，都產生過公式化、概念化問題〔註26〕。「古典主義者和浪漫主義者就其思想方法而言，一個主要是寫了『我認爲應該如此』，另一個主要是寫了『我感覺到是如此』」，因此在其二、三流作家作品中，常常產生公式化概念化傾向〔註27〕。現代派從非理性主義出發，用扭曲生活的抽象、變形、怪誕的形式主義方法表現自我感覺，表面看不像是寫抽象的概念，它實際上表現的悲觀、失望、困惑、迷惘、消極、頹廢、自暴自棄，大都是公式化、概念化的東西。以爲現代派就不產生公式化、概念化，是一種誤解。何況其形式主義表現方法又往往和公式化相通〔註28〕。

茅盾認爲：通常把公式化、概念化產生的原因歸結於脫離生活，這是對的。但他又指出：思想方法不對頭，也是其產生的原因。本不應如此的現實主義、特別是社會主義現實主義作家，產生公式化、概念化，其原因往往在思想方法不對頭〔註29〕。對此茅盾作了令人信服的分析。他指出：公式化概念化通常有兩種。一是常見的模式：「思想貧乏，結構簡單，人物沒有血肉，文字呆板，故事的發展有一套公式，看了頭就會猜到結尾。」另一種是「高

〔註26〕《茅盾全集》第 25 卷，第 218 頁。
〔註27〕參見《茅盾全集》第 25 卷，第 223 頁。
〔註28〕參見《茅盾全集》第 25 卷，第 176～186 頁。
〔註29〕參見《茅盾全集》第 25 卷，第 223 頁。

級的」模式：其結構「頗有些曲折，人物也生旦淨丑齊全，而且還描寫了他們的精神境界」，文字也「花俏」。總之「該做的都做了」，「從各方面看，都合規格。」但就是使人「未能『激動心弦』或者『靈魂深處受到震撼』，缺乏「大家意識中模模糊糊存在著而卻被作者一口喝破的事理和思想。」原因是作者思想方法有問題：他「缺乏觀察力，不能透過表象，深入本質」，作者缺乏分析、提煉這些生活現象的辯証唯物主義和歷史唯物主義的「特殊裝置」，故不能「取精去蕪」、「分別主次」，「搔著癢處」。這是作者靠書本知識把「積累的素材（生活經驗）加以『科學方法』的處理」的產物。其思想方法中有主觀主義、經驗主義、教條主義成分所致〔註30〕。因此茅盾提出的克服此症的「有效的辦法，還是在生活實踐中加強鍛煉，使得自己的思想方法完全擺脫經驗主義與教條主義。」而且「也只有通過生活實踐，才可以幫助作家們擺脫唯心的歷史觀，進而掌握唯物主義的歷史觀。」〔註31〕

　　茅盾一向強調遵循藝術規律。他之所以要求把思想方法搞對頭，旨在使作家正確處理認識生活與運用現實主義創作方法二者之間的關係。他說：「現實主義者的思想方法是注重認識的感覺階段而亦不忽視理性階段的重要性」；「邏輯的概括能達到的客觀真理雖然和藝術的概括所能達到的相一致，可是藝術的概括畢竟有它的特殊性」；這就是「形象思維」。「就因為有這特殊性，作家從認識的第一階段進入第二階段時，常常是不自覺的；換言之，很少作家就其豐富的生活經驗（感性知識）先寫一篇社會科學理論性的『總結』……然後又依據這『總結』布置人物與情節。」因此現實主義作家在運用這個認識現實的方法時，「常常不是他們自己意識到的」。這是他們和「完全意識到自己是唯理論者」的古典主義者，及「就感性知識作了理論的概括，然後又加以理想化」的浪漫主義者的不同之處〔註32〕。

　　從20年代末到1958年，茅盾多次論述過公式化、概念化（「標語口號」化）問題。《夜讀偶記》對此問題的論述，不僅集茅盾這方面理論之大成，而且有重大的發展。就是放到中國現代美學史上考察，能像茅盾這樣就其各個複雜層面作如此透徹的理論分析，且能結合創作實踐作規律性的總結與升華、整合與理論突破者，除茅盾外，沒有第二人。

〔註30〕 參見《茅盾全集》第25卷，第220～223頁。
〔註31〕 《茅盾全集》第25卷，第223、220頁。
〔註32〕 《茅盾全集》第25卷，第219頁。

六

茅盾對現代派的剖析，不論深度廣度，在當時的我國，也都是超越前人，超越自己的。

富戲劇意味的是，現代派一再以其公開的宣言與創作實踐証明：茅盾的「現實主義與反現實主義的鬥爭」公式，的確有充分的根據。所以它成了確立這一公式的主要支柱與基石。茅盾指出：現代派的反現實主義的本質，在於其「思想根源是主觀唯心主義」。現代派「反對任何一成不變的表現方法，高叫獨創，不拘成規，反對描畫事物的外形，而自詡他們是能夠揭露事物的精神而『翹然不群』的；但是實質上……只是在歪曲（極端歪曲）事物外形的方式下發泄了作者個人的幻想或幻覺，只是在反對陳舊的表現方法的幌子下，摒棄了藝術創作的優秀傳統，只是在反對『形式的貌似』的掩飾下，造作了另一種形式主義。」茅盾稱之爲「抽象的形式主義」，用以標明它和假古典主義的形式主義的區別〔註33〕。

茅盾一一描述了現代派的各種形態，並和古典主義作了比較研究，從而得出以下結論：一、現代派「產生於資產階級沒落期，自稱是極端憎恨資產階級社會秩序」與相應的現代文明，拋棄一切文藝傳統，「要以絕對的精神自由來創造適合於新時代的新文藝。」二、其作家大都是既憎恨資產階級，又「看不起人民大眾」的「小資產階級知識分子。」他們自以爲起了破壞資產階級腐朽生活方式的作用，實際「卻起了消解人民的革命意志的作用，因此莫索里尼的法西斯政權把未來主義作爲它的官方文藝，希特勒的納粹政權也保護表現主義，都不是偶然的。」三、現代派共同的哲學思想基礎是「非理性」。這「是 19 世紀後半以來，主觀唯心主義中間一些最反動的流派（叔本華、尼采、柏格森、詹姆士等）的共同特徵。這是一種神秘主義。它否定理性與理性思維的能力，否定科學有認識眞理的能力，否認有認識周圍世界的可能性，而把直覺、本能、意志，無意識的盲目力量，抬到首要的地位。」其某些流派「還加了一味作料，這就是荒謬的弗洛伊德心理學說。」四、「現代派諸家是徹頭徹尾的形式主義，是抽象的藝術。」它「堅決不要思想內容而全力追求形式。」「只問怎樣表現，不管表現什麼」是其基本特點。從「它對現實的看法和對生活的態度」說，「它是頹廢文藝」；從「它的創作方法」

〔註33〕《茅盾全集》第 25 卷，第 124 頁。

說，它「是抽象的形式主義的文藝。」〔註34〕

茅盾對現代派諸形態如象徵主義、未來主義、表現主義、印象主義、達達主義、超現實主義和動力派等等，一一作出精闢的論述，特別是對新浪漫主義的論述，糾正了他「五四」時期的誤認。他指出：「『新浪漫主義』這個術語，20 年後不見再有人用它了，但實質上，它的陰魂是不散的。現在我們總稱為『現代派』的半打多的『主義』，就是這個東西。這半打多的主義中間，有一個名為『超現實主義』。『超』現實，事實上是逃避現實，歪曲現實，亦即是反現實。因此我以為『超現實主義』這個術語，倒可以大體上概括了『現代派』精神實質的。也是在這個意義上，『現代派』和 50 多年前人們曾一度使用過的『新浪漫主義』，稍稍有點區別；當時使用『新浪漫主義』這個術語的人們把初期象徵派和羅曼・羅蘭的早期作品都作為『新浪漫主義』一律看待的。」〔註35〕其實茅盾是這「人們」中最主要者。後來他多次糾正過這個「誤認」，而以《夜讀偶記》為最徹底。他借此了結了中國現代文學思潮史上一直懸而未決的一椿歷史公案，其間經歷了 38 年！

茅盾指出：50 多年來現代派發生了裂變與分化。有些仍相信自己「真正是文化上的革命，新時代的燕子」；堅持寫「脫離群眾、孤芳自賞」，不僅群眾看不懂，其同派人、甚至連他自己也看不懂的東西。另一些「真正有才華」、「嚴肅地工作著，抱著打開一條新路的熱忱」者，「終於悟到」「他們所用的這個創作方法和他們所抱的目標是背道而馳的，於是改變道路。」「這個悟與不悟的關鍵，就在於他們對人民的革命運動的態度。」茅盾舉出一大串悟者的光輝的名字：馬雅可夫斯基、艾呂雅、阿拉貢等等。其實在中國現代文壇上，艾青、田間、何其芳等文學家，也是走過此彎路的悟者。

不過茅盾一面預言了現代派「必然要走到絕境」，一面也承認「象徵主義、印象主義、乃至未來主義在技巧上的新成就可以為現實主義」所吸收，用來豐富自己的技巧。這是《夜讀偶記》的一條基本貫串線。從茅盾的創作實踐與上述的理論立場可見，茅盾既是一位現實主義主流論者；又是一位「開放」的現實主義的倡導者與實踐者。

茅盾當時無法預料，結束「文革」進入新時期，在他溘然長逝之後不久，現代派竟然又打出反現實主義旗幟，夢想取現實主義文壇主流地位而代之。

〔註34〕《茅盾全集》第 25 卷，第 175～177 頁。
〔註35〕《茅盾全集》第 25 卷，第 123 頁。

茅盾當然也沒想到，他這部《夜讀偶記》，30 年後竟成了這次現實主義對現代派進行生存競爭的理論依據與理論武器。但他那現代派必然會「走到絕境」的預言，卻再次被現代派一度崛起，不到五年就又偃旗息鼓，悄然退出中國文壇的歷史事實所証明。

從科學性、眞理性考察茅盾的《夜讀偶記》，它的確瑕瑜互見。但又瑕不掩瑜。那些占主導方面的精闢論述，至今仍放射著大作家、大理論家那種超越常人的洞察、膽識與智慧的光芒。

七

在《夜讀偶記》寫作與定稿時，周揚和郭沫若先後以介紹毛澤東的意見的名義，倡導「革命的現實主義與革命的浪漫主義相結合」（以下簡稱「雙革」）的文章尚未發表〔註 36〕。因此書中並未論及「雙革」問題。但茅盾對此問題的認識與論述，和《夜讀偶記》密切相關。因此我想在這裡一併論及。

現實主義與浪漫主義相結合的問題，最早是高爾基 1912 年 11 月 4 日在《致華‧伊‧阿努欽》的信中提出來的。他說：「關於社會主義的藝術──尤其是文學……這既不是現實主義，也不是浪漫主義，而是兩者的一種綜合。」〔註 37〕1928 年他又說：「現實主義和浪漫主義精神必須結合起來。不是現實主義者，不是浪漫主義者，同時卻又是現實主義者，又是浪漫主義者，好像同一物的兩面。」〔註 38〕後來高爾基與斯大林合作，把這些理解傾注在 1934 年全蘇作家第一次代表大會通過的《蘇聯作家協會章程》所作的「社會主義現實主義」定義中。所以高爾基又說：「革命浪漫主義實質上是社會主義現實主義的化名。」〔註 39〕這些說法本身，就証明所謂「相結合」的不明確性與不穩定性。

在中國，自毛澤東《在延安文藝座談會上的講話》宣布：「我們是主張社會主義的現實主義的」之後，特別在建國以後，它被公認是社會主義文學唯一正確的最佳的創作方法。1956 年秦兆陽、周勃在文章中指出《蘇聯作家

〔註 36〕周揚談這問題最早的文章是 1958 年 6 月 1 日刊於《紅旗》創刊號的《新民歌開拓了詩歌的新道路》。

〔註 37〕《文學書簡》上冊，第 448 頁。

〔註 38〕《蘇聯作家論社會主義現實主義》，人民文學出版社，1960 年版，第 16～17 頁。

〔註 39〕《蘇聯作家論社會主義現實主義》，第 18 頁。

協會章程》中對社會主義現實主義所下的定義存在弊端後，於是引發了一場大論爭。茅盾的《夜讀偶記》的目的之一，就是維護此定義的正確性與權威性。此後，1958 年周揚、郭沫若宣布了毛澤東提倡「雙革」；1959 年蘇聯又修改了上述章程中的定義，並作出新寫的定義。兩者都使茅盾處在尷尬境地。

迄今為止，從未公布過所謂毛澤東提倡「雙革」的直接的文字依據。我們所能看到的最直接的話，是毛澤東 1958 年 3 月 23 日在成都會議上講的以下這段話：「中國詩的出路，第一條是民歌，第二條是古典，在這個基礎上產生出新詩來。形式是民歌的，內容應當是現實主義和浪漫主義的對立統一。太實了就不能寫詩了。」毛澤東在這裡所說的「現實主義和浪漫主義的對立統一」，是指新詩的內容；並非指新詩的創作方法，更沒像後來郭沫若〔註40〕、周揚那樣，把它「普泛化」；並將「內容」當作「創作原則」與「創作方法」。更不像周揚所說：這「應當成為我們全體文藝工作者共同奮鬥的方向。」但毛澤東也未公開或在內部，對此加以否認或否定。因此又可以理解為：他對提倡「雙革」是默認了的。

茅盾對「雙革」，有個從持異議到不得不接受的「思想轉變」過程。他最早涉及此問題的文章，是 1958 年 6 月 10 日《關於革命的浪漫主義》〔註41〕的講話：「社會主義現實主義包括革命浪漫主義，這一點我們深信不疑。」「在一個具有馬列主義世界觀的作家或藝術家的藝術實踐中，現實主義和革命浪漫主義的結合，是到達社會主義現實主義的道路。」在周揚文章發表之後，茅盾顯然仍固守著當年高爾基的論述。他承認大躍進時代的「現實生活」是「有史以來從沒有過的壯麗的革命浪漫主義的時代。」「如果沒有革命浪漫主義的精神」，就不能反映這時代。但這時他並沒下決心從社會主義現實主義跨到「雙革」提法上去。

因為茅盾堅決反對當時存在的兩種傾向：一是在理論上有人說，在歷史上「越是偉大的作家越難劃定他是浪漫主義或是現實主義，並由此推論，在大作家身上，這兩個主義向來就是結合的。」此論也始於高爾基。在中國就有其信徒。他們認為：「歷史上偉大作家的作品幾乎沒有清一色的，前期作品和後期作品常常不同，有時多些浪漫主義，有時多些現實主義，並由此推論，

〔註40〕郭沫若最早透出此信息，是 1958 年 4 月《文藝報》第 7 期上的「答編者問」。
〔註41〕刊於《處女地》1958 年第 8 期，《茅盾全集》第 25 卷，第 289～290 頁。

這兩種主義在大作家身上向來是並存的。」茅盾稱它為「一體兩態論」。「因
為它把兩個主義看作本質上是一樣的。」茅盾認為這「不是從思想基礎上看
兩個主義的區別」，故「往往顧此失彼」，「不能圓滿」地解釋文學現象與作家
傾向。茅盾認為：「如果從一個作家的全部作品來看他的主要傾向，那麼，對
現實的冷靜分析多於對理想的熱情追求者，通常應當劃他為現實主義者，反
之，即為浪漫主義者。」「在高爾基以前，我們只看見有基本上是浪漫主義或
現實主義但個別作品也顯現不同色彩的作家，卻還沒有看見體現了兩個主義
的結合的作家。……因為兩個主義的結合不是技術問題而是思想方法問題。」
若看成技術問題，「勢必要把焊接代替結合，弄得一無是處」，「謬以千里」。
茅盾指出：「舊時代的大作家由於時代的限制，不能以辯証唯物主義和歷史唯
物主義」世界觀指導認識與反映生活，故「常常提出了空想的脫離實際的方
案。因此，他們經常感到理想與現實的矛盾。古典文學中有些被認為難以確
定為浪漫主義或現實主義的作品，其實是反映了作家思想上的這種矛盾。」
這說明：「就其主要傾向看來是浪漫主義者或現實主義者，但他的個別作品卻
兩者都不是。……當然不能視為『結合』。」因此茅盾得出結論：在樹立馬克
思主義世界觀之前，不可能達到「雙革」的「結合」。因此歷史上根本不存在
「雙革」的作家或作品〔註42〕。

　　茅盾反對的另一種傾向，是表現在創作上的兩種情況：一是他一直批評
的大躍進以來把冒進、浮誇、空想誤認為革命浪漫主義的作品。另一種是把
「誇張」、「比喻」當作浪漫主義的「專利品」。茅盾指出：前者是認識錯誤；
後者則是藝術上的誤解。事實上古典主義、現實主義、浪漫主義與現代派，
都常用誇張與比喻；它決非浪漫主義的專利品。

　　茅盾對理論上與創作上這兩種傾向的批評，是正確、及時的。和當時頭
腦發熱，一窩蜂鼓吹「雙革」的文藝界大量的趨時者比，茅盾不僅是謹慎、
冷靜的，而且也是較有分寸的。連周總理都在特定環境下提出「既要是浪漫
主義，又要是現實主義。即革命的現實主義與革命的浪漫主義的結合。」「主
導方面是理想，是浪漫主義」〔註43〕的看法。茅盾卻指出：創作實際中「革
命浪漫主義固然很充分，革命現實主義，也就是對現實的科學分析，還嫌不

〔註42〕參見《短篇小說的豐收和創作上的幾個問題》，《人民文學》1959年第2期，
　　　　《茅盾全集》第25卷，第415～416頁。
〔註43〕1959年5月3日《關於文化藝術工作兩條腿走路的問題》，《黨和國家領導人
　　　　論文藝》，第25頁。

足。」他說：1958 年的作品「的確是夠轟轟烈烈了，不過就大部分作品而言，還不夠踏踏實實」，總覺得「欠缺細緻的科學的分析。」〔註44〕他看透了所謂「躍進」，所謂「共產主義理想正在實現」的判斷，都是浮誇和不切實際的幻想。這証明，不論在政治上、美學上，茅盾都目光敏銳，具有把「時識」升華爲「史識」的過人的膽識。

但是任何遠見卓識，都難以超越時代與歷史環境的限制。由於 1958 年以來舉國上下大刮「共產風」，1959 年廬山會議又由反「左」急轉直下掀起「反右傾機會主義」鬥爭的政治運動，國內外，包括當時的蘇聯，都認爲向共產主義社會過渡已迫在眉睫，生活中普遍存在著「共產主義的萌芽」；加之推行「雙革」是打著毛澤東的旗號，其凌厲的形勢不難想見。茅盾很難在理論和實踐上長期堅持自己的見解，而不屈從於種種政治上的壓力。因此 1959 年春夏之交，茅盾的觀點發生了微妙的變化。他保持了美學理論的一貫性，從他在《夜讀偶記》及其《後記》中論述的創作方法的內涵（包括對生活的認識和看法、對生活的態度和立場、藝術手法三個因素）這一立足點出發，從認識生活（審美感受）與反映生活（審美表現）及其相互關係的角度，從世界觀、思想方法、表現方法三個層面及其相互關係的視角，對「雙革」作了與別人不盡相同的論述與闡述。

他開始承認：樹立了馬克思主義世界觀的無產階級作家的作品，有可能運用「雙革」創作方法。他認爲「雙革」的哲學思想基礎，是辯証唯物主義和歷史唯物主義的哲學觀〔註45〕。其政治思想基礎，一面「是高超遠大的理想和昂揚奮發的鬥志，亦即共產主義風格；另一面是踏踏實實的求實的精神與態度。」所以「雙革」的「結合」，是「理想和現實」的結合。從作家認識生活講，是「對理想的熱情追求」和「對現實的冷靜分析」的結合。沒有前者就不會有革命浪漫主義，沒有後者就不會有革命現實主義。從作品的審美表現講，則是要「塑造出精神振奮，鬥志昂揚，意氣風發，敢想、敢說、敢幹，而又踏踏實實從實際出發，從群眾出發，善於保持冷靜的科學分析的英雄人物」，借以體現「衝天的幹勁和科學分析相結合」。「如果不這樣去理解結合問題，那就不可避免地要發生從形式上看問題的偏差。」「也就不會看見我們社會現實的本質的革命浪漫主義和革命現實主義的結合體。」

〔註44〕1959 年 3 月 8 日《創作問題漫談》，《茅盾全集》第 25 卷，第 447 頁。
〔註45〕參見《茅盾全集》第 25 卷，第 416 頁。

〔註 46〕因此茅盾認爲：「學會兩個主義的結合問題，也就是加深馬列主義修養、培養共產主義風格的問題，也就是善於把衝天幹勁和科學分析相結合的問題。」他認爲「毛主席的詩詞是革命的現實主義和革命的浪漫主義相結合的典範。」〔註 47〕

由此可見，茅盾妥協一步承認了「雙革」，實際上他是從「雙革」創作方法轉移到「雙革」的指導思想即世界觀與思想方法上去了。因此，他的「妥協」實際上是非常有限的。我大膽地猜想：他這「妥協」也許是策略性的。

茅盾的上述理論，總體地看，其精華集中於一點：他指出包括從高爾基到中國大躍進以來的文學在內，存在一條普遍的文藝規律：全世界有史以來所有的作家作品，包括偉大的作家作品在內，從未出現過現實主義和浪漫主義達到眞正意義上的有機結合的境地。倒是非近乎甲，即近乎乙；有時以甲爲主，包含乙的成分；有時以乙爲主，包含甲的成分。這只是主導因素占支配地位前提下又存在非主導因素而已。這已經被無數的迄今爲止的全部文學史現象一再証實過，今後還會一再被証實。即便毛主席詩詞也不例外。茅盾在理論上妥協後，承認了毛主席詩詞作爲作家作品支柱，以支撐其妥協後的「理論」，用實際來檢驗，這是站不住的。

結束「文革」進入新時期，文壇已經放棄了「雙革」的「理論」與「創作方法」，重新起用了「革命現實主義」（實際上它與社會主義現實主義沒有本質的區別）這一範疇。這是勢所必然的歷史取向。這本身就証明了茅盾總結的上述文藝規律是客觀存在的。

關於這個問題的論述，和茅盾在《夜讀偶記》中關於許多重大問題的論述同樣，都顯示出茅盾的這些理論的思想豐富性，精闢性，又顯示出其理論的複雜性。至今這筆寶貴的文學遺產，仍然是我們應該深入研究，無比珍惜，認眞繼承的精神財富。

〔註 46〕《茅盾全集》第 25 卷，第 410、414～415、417 頁。
〔註 47〕《茅盾全集》第 25 卷，第 417 頁。

茅盾的歷史劇美學觀及其思辨性特質
——剖析《關於歷史和歷史劇》對歷史劇論爭與創作的理論考釋

茅盾的《關於歷史和歷史劇》〔註1〕從 1961 年 6 月 4 日寫起，於 1961 年 12 月 2 日完稿。此著面世，具一定的社會政治背景。

一

在中國現代文學史上，掀起過兩次歷史劇創作高潮：一次是 40 年代抗戰最困難時期；一次就是建國後的 60 年代初。1960 年 4 月，文化部副部長，當年在延安被毛澤東充分肯定的京劇《逼上梁山》的作者之一的齊燕銘，根據國家主席劉少奇的指示，提出「現代戲、傳統戲、新編歷史劇三者並舉」的方針。這和柯慶施提出的「大寫十三年」的「方針」，顯然是對立的。1960 年 4 月文化部在北京舉辦了現代題材戲曲觀摩演出。全國各地在上演現代題材戲之同時，也演出了許多傳統戲和新編歷史劇。當年 9 月，文化部副部長周揚在一次座談會上傳達了中共中央總書記鄧小平的指示：「編一點歷史劇，使群眾多長一些智慧。」1960 年 11 月，周揚在他召開的歷史劇座談會上的講話〔註2〕中講了新編歷史劇的意義、寫什麼樣的歷史劇、如何寫歷史劇等問題。他指出：寫歷史劇「不是借歷史反對現實」，而是「用新的觀點去解釋歷史事

〔註 1〕 初刊於《文學評論》1961 年第 5、6 期，1962 年經茅盾修訂後由作家出版社出版。現收入《茅盾全集》第 26 卷。以下引文只注此書及頁數者，均引自《關於歷史和歷史劇》。

〔註 2〕 此文當時沒有發表，現收入《周揚文集》第 3 卷。

實，去教育人民，教育青年，鼓舞他們的愛國主義精神、革命精神、鬥爭精神、國際主義精神，培養歷史唯物主義觀點」，普及歷史知識。會上文化部請著名歷史家吳晗負責編「中國歷史劇擬目」。這期間中國劇協也組織戲劇界、歷史界座談歷史劇問題。這和 1961 年至 1962 年周總理、陳毅副總理先後在紫光閣會議、新僑會議、廣州戲劇問題會議上的講話精神都是一致的。

事實上既然要貫徹「古爲今用」的方針，就不可能不借古鑒今或借古諷今。任何時代、任何國家歷史題材的創作，大都表現出這個規律。這期間中國劇壇的新編歷史劇，集中在海瑞戲與臥薪嘗膽戲兩大焦點，也說明了這個問題：在當時，這反映了時代的要求和人民的意願。當時天災人患使民怨沸騰；很需要像海瑞那樣敢於仗義執言、犯顏苦諫的人站出來爲民請命。所以不僅吳晗先後寫了論文《論海瑞》與劇作《海瑞罷官》，全國還有《海瑞上疏》、《海瑞背纖》相繼推出。後來把海瑞與彭德懷及廬山會議彭老總仗義執言一事掛上鈎，認爲其有具體政治寓意，也不能說沒有一點道理。因爲這雖不一定是其創作動機；但其社會效果，卻是勢所必然的。作品思想大於作家思想，本來就是文藝規律之一。

以臥薪嘗膽爲題材的戲就更多了。「全國數以百計的劇院和劇團（代表了一打以上的劇種）」在 1960 年秋冬至次年春「都以此同一題材編了劇本」。據文化部不完全的統計是 71 個，茅盾估計約「百來種」〔註3〕。茅盾搜集到的計「50 來種」。這同樣說明這確實有鮮明的社會需求。一方面是中蘇衝突、大躍進帶來的惡果和嚴重自然災害這人患與天災導致的嚴重的「三年困難」時期；一方面是黨領導全國人民自力更生、艱苦奮鬥，表現出臥薪嘗膽般的奮進精神。這和越王勾踐臥薪嘗膽，以及「十年生聚十年教訓」的奮發精神，實際上存在著歷史的契合。新編歷史劇集中在這熱點題材上所反映的時代取向，當然使茅盾格外關注。當時劇壇圍繞歷史劇創作展開了激烈的爭論。李希凡連發表三篇文章扭住吳晗；以另兩篇文章扭住朱寨；三代學者的激戰，分歧點即在於此。

茅盾的《關於歷史和歷史劇》，也是參與論爭的。但他仍採用寫《夜讀偶記》的方法，持比較宏觀、比較超脫、更爲概括的態度；與具體論爭保持著距離。他力爭在史實與論理上求真務實。因此採用考証考釋爲主、立論駁論爲輔的有別於《夜讀偶記》的寫法。

〔註 3〕 《茅盾全集》第 26 卷，第 239 頁。

全文六節：一、怎樣甄別史料。二、先秦諸子兩漢學者對吳越關係的記載和看法。三、先秦諸子、兩漢學者對於吳夫差、越勾踐的評價。四、先秦諸子、兩漢學者對吳、越兩方的大臣武將的評價。五、從歷史到歷史劇：我國的悠久傳統和豐富經驗。六、對傳統的繼承和發展。外加一個很長的《後記》。大體統計其篇幅分布：談古占四，論今占一。考釋甄別占四，論述占一。這反映出茅盾步步爲營、紮紮實實的治學態度。至於甄別史料之嚴謹，考釋之精當，涉獵之廣泛，則充分顯示出茅盾學識之淵博與治學之工力。

所據「臥薪嘗膽」史料，以《左傳》、《國語》、《史記》、《吳越春秋》、《越絕書》爲主。茅盾甄別所得的結論是：「今天我們要探索吳越當時的歷史眞實，與其重視後二書，毋寧重視前三書。」〔註4〕考察先秦諸子、兩漢學者的看法，涉獵更廣，除上述五書外，還有《管子》、《墨子》、《莊子》、《韓非子》、《荀子》、《孟子》、《戰國策》、《晏子春秋》、《呂氏春秋》、《漢書》、《尹文子》、《淮南子》、以至《方言》、《說文》、《鹽鐵論》、《論衡》、《新語》、《新書》、《潛夫論》……等等。旁及的單篇論文則難計其數。其視野已臻驚人的程度！

在總結歷史劇傳統經驗時茅盾聲明：他論及的作家作品，僅是舉例性質。但亦達 13 部之多。元朝：宮天挺的《死生交范張雞黍》、秦簡夫的《趙禮讓肥》、紀君祥的《趙氏孤兒》、馬致遠的《漢宮秋》。明朝：徐元的《八義記》、張鳳翼的《竊符記》、葉憲祖的《易水寒》、王恒的《合璧記》、吳玉虹的《如是觀》、湯子垂的《小英雄》、無名氏的《和戎記》、無名氏的《鳴鳳記》。清朝：孔尚任的《桃花扇》。值得注意的是：茅盾所舉的例，大都不是常見的名篇。足見他總結歷史劇創作經驗時，立足於十分廣闊的視野，也反映了其超人的學識。

二

茅盾研究前人取歷史題材作劇的經驗，得出兩條結論。一、「古爲今用」：先輩取材歷史，多抱『『借古諷今』或『借古喻今』」目的。「爲古（歷史）而古（歷史）」者「絕無僅有」。既「要古爲今用」，就會對史實有取捨更改。特別從其立場觀點「看古人的行爲而覺得不可解時，就要大改而特改。」他們「做過多種不同的修改歷史的方法」，眞正達到「古爲今用」者，是「能夠反

〔註4〕《茅盾全集》第 26 卷，第 257 頁。

映歷史矛盾的本質」，「眞實地還歷史以本來面目。」二、「歷史眞實與藝術眞
實如何統一」：茅盾認爲「歷史劇不等於歷史書」，其「一切人和事不一定都
要有牢靠的歷史根據。」〔註5〕在主要人物主要事件有歷史的眞實依據基礎
上，是允許藝術虛構的。否則就不成其爲文學創作了。但是茅盾對藝術虛構
提出三點要求：「首先不要主觀主義，其次不要強加於古人，最後是眞正掌握
充分史料，眞正進行科學的分析。」〔註6〕「可以有眞人假（想像）事，假人
眞事」，「乃至假人假事。」「其所以需要這些虛構的人和事，目的在於增強作
品的藝術性。」但虛構應以「不損害作品的歷史眞實性」爲原則：「假人假事
固然應當是那個特定時代的歷史條件下所可能產生的人和事，而眞人假事也
應當是符合於這個歷史人物的性格發展的邏輯而不是強加於他的思想或行
動。」但主要的人和事應該是歷史上實有的而非虛構的。如果能合乎上述原
則，即是「歷史眞實與藝術眞實的統一。」但茅盾考察古人所作上述10多個
歷史劇所得是：「當作家對某一歷史事件發生思想矛盾的時候，他就很難做到
歷史眞實與藝術眞實的統一。」而往往出於「古爲今用」的需要而「犧牲了
歷史的眞實」。其態度是「又嚴肅」（「意在借古諷今，絕不爲古而古」），「又
不嚴肅」（「對於歷史事實任意斬割裝配，乃至改頭換面」）。「至於心存影射」、
張冠李戴、「意圖熱鬧、唐宋人歡聚一堂」等「不顧史實，錯亂時代的毛病，
在古典戲劇中早已視爲逢場作戲、理所當然。」因爲作者「心目所注，雖在
譏刺，而服務對象，實非廣大群眾而只是他那一小圈子的人們。」據此茅盾
斷定：我們的歷史劇傳統既有精華也有糟粕。「我國近年來歷史劇正是在發揚
優秀傳統的基礎上，棄其糟粕，取其精華，以歷史唯物主義與辯証唯物主義
武裝著我們的頭腦，因而獲得了超過前人的成就的。」〔註7〕

　　於是茅盾分四個方面展開論述「對傳統的繼承和發展」這個大題目：一、
「古爲今用」：他肯定了歷史劇討論與創作中進行愛國主義教育，階級鬥爭、
生產鬥爭教育，棄其消極面、存其積極面，作鼓舞人心與鬥志的助力，通過
認識歷史進行馬列主義思想教育等五條原則。他認爲：說來容易做來難。不
論選材還是把握藝術處理分寸，都應避免兩點：首先是古人借歷史劇「以古

〔註5〕　《茅盾全集》第26卷，第342、344～345頁。
〔註6〕　《關於歷史劇的筆記》，這是茅盾1963年3月所寫的一篇遺稿。可能是寫《關
　　　　於歷史和歷史劇》一書時所寫。茅盾生前從未發表過。他逝世後初刊於《文
　　　　學理論與批評》1995年第2期。《茅盾全集》中未收此文。
〔註7〕　《茅盾全集》第26卷，第345～346頁。

諷今或以古喻今」，在彼雖然可取，在今天卻是「不可取」、「不必要的」。他據「臥薪嘗膽」戲展開論証：如以越國這「奴隸社會的統治集團的所作所為」影射「共產黨領導下的建設社會主義的現實」，實際上構成「誣蔑」。但茅盾又主張不要一概否定「借古諷今和借古喻今」的宏觀作用。這顯然是對的。魯迅就曾說過：「歷史往往有驚人的相似之處。」因此作為一種精神、優秀傳統或歷史教訓，總有可資借鑒處。茅盾對「借鑒」的理解是：「劇作家的任務是通過藝術形象對此一歷史事件還它個本來面目。而在此本來面目中，既有正面教訓，也有反面教訓。」〔註8〕茅盾這意見固然是對的，但卻是不夠的和不全面的。因為這很可能限制了作家主體作用的發揮和強化作品健康的思想傾向的藝術感染力。事實上寫歷史題材，即便完全依據史料，也不可能完全再現歷史。因為古人留下的史料本身，那記述對史實就有主觀傾向的取捨。即便不存主見，其記述也不可能保存完整的全部的史實。何況任何史家都無一例外地存在傾向性。茅盾這意見一旦「普泛化」，必然有片面性。但茅盾的意見也有真理性。他以所讀50多個「臥薪嘗膽」劇為據，指出了大量事實：如在古今「表面相似之下硬塞進一個我們今天的思想意識」或做法（如寫勾踐也大搞「三反」運動、「勞武結合」等等），就相當普遍〔註9〕。茅盾認為，這是違背歷史唯物主義的，因而失去了分寸！

　　二、「歷史上人民作用的問題」：茅盾卓有見地地指出，由於古代歷史家多是統治階級中人，大都無視以至抹煞人民的作用。這方面可資借鑒的史料和經驗極少。今天的作家在這個方面，幾乎是「赤手空拳，開闢新天地。」因此茅盾以下的立論，建築在百多個「臥薪嘗膽」新編歷史劇的得失上。他肯定了「比較空靈的寫法」：「將人民的要求復仇雪恥，推倒外國統治，自力更生，發展生產等等的堅強意志，作為人民力量的表現，推動了勾踐的十年生聚，十年教訓的事業。」茅盾否定了那些「現代化」做法，如「人民創議，提『合理化』建議」，勾踐「走群眾路線」〔註10〕，等等。茅盾此論，顯然是妥當的和合乎歷史唯物主義的。

　　三、「歷史真實和藝術真實問題」：茅盾認為，「歷史真實與藝術真實之統一」，從指出歷史劇及其作家的基本任務方面說，當然是正確的。但容易產生

〔註8〕　《茅盾全集》第26卷，第356～358頁。
〔註9〕　《茅盾全集》第26卷，第359～361頁。
〔註10〕　《茅盾全集》第26卷，第364頁。

二者「是對立的」錯覺。因此茅盾改了一個提法:「歷史眞實和藝術虛構的結合。」並作了相當通俗的解釋:首先,「虛構的藝術形象(人物、環境、氣氛)必須符合於作品所表現的歷史時代的眞實性。」第二,不讓「作品中的人物有後代人的意識形態」,或「說出只有今天方能有的詞彙。」除最後這句話應改爲「不讓人物說出當時沒有、後來才有的詞彙」外,茅盾這些解釋顯然是對的。在此前提下,茅盾進一步肯定了前邊說過的古人創作歷史劇的「眞人假事,假人眞事,假人假事」這虛構三原則。他針對這些「臥薪嘗膽」劇,指出其存在的以下缺陷:包括把藝術虛構等同於改寫歷史,美化、醜化或漫畫化古人「失去分寸」等「反歷史主義」的做法〔註11〕等等。

　　四、「歷史劇的文學語言問題」:茅盾提出一條總原則,讓古人說古人的話,「不讓古人說今人的話。」〔註12〕其中也包括俗語、流行語、成語和用典。

　　以上這些相當系統完整的理論,可以說就是茅盾的歷史劇美學觀。茅盾的歷史劇美學觀,有個相當長的形成過程。從20年代起,在他的文章與創作中就有所表現。此後保存著一條逐漸形成的虛線。到《關於歷史和歷史劇》才集其大成。今天看來,茅盾的歷史劇美學觀,有較強的眞理性和普遍的美學深度。此外,茅盾寫這部書時避開具體介入論爭,紮紮實實研究史料與作品,由具體分析到抽象總結,從創作實踐到理論概括,以正確的立論糾正創作與論爭中存在的偏頗:最終則是重大理論原則的建樹。這種宏觀立點,頗具高屋建瓴之勢。

〔註11〕《茅盾全集》第26卷,第365～368頁。
〔註12〕《茅盾全集》第26卷,第375～377頁。「今人」應換爲「後人」才更妥當些。

茅盾與「現實主義深化」論、「寫中間人物」論——兼談批判「大連黑會」的指向問題

　　建國後有的文藝思潮現象，迄今並沒全部顯現其眞實面貌。1964 年批判「寫中間人物」與「現實主義深化」論，文革中再批此「兩論」及所謂「大連黑會」就是一例。許多史著教材迄今仍說批「兩論」矛頭所指是其提出者邵荃麟。這並非全部事實。

　　深入梳理 1956 年至文革這二十年的文藝思潮就會發現：「兩論」的最早提出者與多次論証者是茅盾，而非荃麟。荃麟在大連會議上確曾談過這「兩論」，但他是先引証幾天前茅盾的講話後再作發揮的。

　　1964 年批判「兩論」時，《文藝報》公布的邵荃麟關於「兩論」的言論資料中就夾有茅盾的話，只是大家對此張冠李戴心照不宣。好在茅盾大連會議上的講話並未發表，讀者也無從代爲對號入座。而且這場批判的主攻方向，也不僅是點名的邵荃麟和未被點名的茅盾。後來的事實証明，這是項莊舞劍，意在沛公。實質上它是八屆十中全會確定以階級鬥爭爲綱後所抓的文藝批判運動的重要一環，也屬於文革序幕，許多重場戲中的一場。因此，要澄清歷史迷霧顯現歷史眞貌，必須作宏觀格局情態發展的梳理。

一

　　宇宙運行規律表明，不論自然界還是人類社會，事物無不按馬克思主義的對立統一規律發展變化。蘇聯和新中國把文藝置於服從政治、爲政治服務

地位，並按照蘇聯作家協會舊章程中關於社會主義現實主義的舊定義行事的結果是無法控制的公式化、概念化現象的惡性膨脹。秦兆陽以何直筆名發表的《現實主義——廣潤的道路》，旨在糾正上述舊定義以拓寬現實主義的路。但卻不見容於極「左」思潮泛濫的政壇與文壇。此文挨批判，秦兆陽也被打成右派。此後公式化概念化變本加厲；在「三面紅旗」下 1958 年又掀起以共產風、浮誇風、瞎指揮風為核心的文藝大躍進，新民歌運動與「人鬼同台、暢想未來」的創作公式成為極「左」文藝思潮的標誌。

然而文壇如舞台，充滿戲劇性。正當我國堅持上述舊定義，繼續批判何直，蘇聯卻修改了其作家協會章程，社會主義現實主義舊定義被拋棄；新定義則比何直的文章走得還遠。這使得何直的批判者陷於相當尷尬的地位。恰在此時毛澤東於 1958 年 3 月 23 日成都會上的講話為其解了圍；為提新口號提供了條件。於是郭沫若、周揚先後著文誇大和曲解毛澤東的話，說他提出了「革命的現實主義與革命的浪漫主義相結合的創作方法」。這就為文藝共產風、浮誇風找到了理論根據。然而毛澤東的原話是這樣的：「中國詩的出路，第一條是民歌，第二條是古典，在這個基礎上產生出新詩來。形式是民歌，內容應當是現實主義和浪漫主義的對立統一。太實了就不能寫詩了」。這裡談的是新詩內容，並非是創作方法；即使是談創作方法，也是特指詩而非普遍實用的創作原則。但後來就以訛傳訛了。

針對何直及批評何直的文章，茅盾以遑遑大論《夜讀偶記》來回答：他提出了與階級鬥爭掛鈎的現實主義與反現實主義公式，旨在維護現實主義的文學史主潮地位。但對於「雙革」創作方法的提出，他顯然有很大的保留，並看出了它與文藝共產風浮誇風的聯繫。

茅盾最早論及「雙革」是 1958 年 6 月 10 日的講話《關於浪漫主義》：他不肯承認「雙革」是獨立的新的創作方法，他認為「社會主義現實主義包括革命浪漫主義」，「在一個具有馬列主義世界觀的作家或藝術家的藝術實踐中，現實主義和浪漫主義的結合，是達到社會主義現實主義的路」。盡管如此，在 1958 年茅盾並非一開始就意識到席捲文壇的共產風是一場危機。1958 年是他激動地鼓吹躍進的一年。散文集《躍進的東北》記錄了其心態軌跡。只是進入 1959 年，政治上、經濟上、文藝上的共產風的惡果已經顯現，茅盾也開始了他冷靜思考的反思年。當時中央也察覺了這個危機，周總理立即著手糾正。他約集出席人大、政協會議及在京的部分文藝界人士多次座談。59 年 5

月 3 日他在紫光閣發表了著名的談話：《關於文化藝術工作兩條腿走路的問題》。他提出必須理順文藝工作的十大關係。其第四點是「既要浪漫主義，又要現實主義……主導方面是理想，是浪漫主義」。茅盾抓住這一有利時機，利用各種場合以各種方式糾正文藝上的共產風、浮誇風、瞎指揮風。然而他的側重點卻在現實主義。

例如 1959 年 4 月他在全國人大一次會議上就大聲疾呼：「我們的這種幹勁必須同高度的科學精神與務實精神相結合。」我們的躍進首先要表現在「創作質量和工作質量上」。「必須有利於生產，而決不能不利於生產」。使群眾「享受到有益的娛樂，並提高他們的欣賞趣味」。「在藝術的表現形式和風格上，以及題材的選擇上，作家有充分的自由，而不受任何拘束」。在《新中國社會主義文化藝術的輝煌成就》一文中，他響亮地提出：「文化藝術工作的其他一切特點也必須加以重視，凡是文化藝術所固有的內部聯繫，文化藝術工作各項規律，我們都必須去認識和掌握它們。」（1959 年 10 月 9 日《人民日報》）他在人大二屆二次會上發言時再次呼籲：「必須堅持政治思想上的統一性同藝術風格、題材、形式的多樣性相結合的原則」，「充分調動文化藝術工作者的積極性，鼓勵各種不同學術見解進行自由爭論，提倡各種文藝樣式和風格進行自由競賽。」（1960 年 4 月 5 日《人民日報》）

正面引導之同時，茅盾也直截了當地批評「把革命浪漫主義誤解為浮誇、空想」的傾向。他指出：在當前的創作中，「革命浪漫主義精神固然很充分，革命現實主義，也就是對現實的科學分析還嫌不足。」「看得遠（目標堅定指向社會主義、共產主義的美妙生活），有了，站得高、鑽得深還不足」（《創作問題漫談》，1959 年 2 月在作協座談會上的發言）。他在新民歌紅得發紫的當時竟大膽剖析了許多新民歌，說它「的確是夠轟轟烈烈了」，但「還不夠紮紮實實」。甚至「比喻和誇大到了超現實的地步，就認為它進入了浪漫主義的境界」。敢於批評把革命浪漫主義庸俗化的偏向，在當時無異空谷足音。在頭腦發熱的五十年代末的中國文壇上，很難找到像茅盾這樣頭腦冷靜、敢於直言、有膽有識的理論家。

二

在批評領域糾偏之同時，茅盾又以更大努力同步作理論建樹。1958 年始，他推出正本清源闡述現實主義基本理論及其與其他思潮流派之關係的巨

著《夜讀偶記》。當「雙革」創作方法的討論達到高潮，茅盾又以相當清醒的態度，從概括文學史規律與現實創作的新鮮經驗入手，提出自己對於革命現實主義與革命浪漫主義的獨特見解。從 59 年起他跟蹤研究小說，特別是短篇小說創作。逐年發表系列論文把經驗升華爲理論。59 年第 2 期《人民文學》發表的《短篇小說的豐收和創作上的幾個問題》最系統地闡述了他對「雙革」的認識。他考察「雙革」的基本立足點是世界觀與創作方法的有機聯繫性。他指出：「把創作方法僅僅看作是藝術表現方法的觀點是錯誤的，它應該包括這樣三個方面：作家對生活的認識和看法，作家對生活的態度和立場，作家的藝術方法。」（《夜謂偶記》新版後記，《茅盾文藝評論集》（下），第 899 頁）可見他把審美感受與審美表現看作爲創作方法兩大基本要素和具有內在聯繫與連續性的認識與表現過程。

　　他認爲「雙革」的哲學思想基礎是辯証唯物論與歷史唯物論的哲學觀。其政治思想基礎一面「是高超遠大的理想和昂揚奮發的鬥志，亦即共產主義風格」。另一面則是踏踏實實的精神與態度。所以「雙革」是「理想與現實的結合」。從作家認識生活講，則是「對現實的冷靜的分析和對理想的熱情追求」的結合。從作品的審美表現講，則是「塑造出精神振奮、鬥志昂揚、意氣風發，敢想、敢說、敢幹，而又踏踏實實從實際出發，從群眾出發，善於保持冷靜的科學分析的英雄人物」來體現「衝天幹勁和科學分析相結合」。由此茅盾得出結論：「結合問題是一個思想發展的問題，也就是提高我們的馬列主義思想水平和培養我們的敢想、敢說、敢幹的共產主義風格的問題。沒有前者，就不會有革命現實主義，沒有後者，就不會有革命浪漫主義。」「也就不會看見我們社會現實的本質的革命浪漫主義和革命現實主義的結合體。」

　　在茅盾看來，對「雙革」起決定作用的不是表現方法，而是在上述立場、觀點、思想方法與態度支配下的作家對現實生活本質作深入的開掘、認識、概括與表現。不僅要「看得遠」，而且要「站得高、鑽得深」。「兩結合」「不是技術問題而是思想方法問題」因此兩結合不能用「焊接」來代替。

　　從這個立點出發，茅盾反對有關拔高古人的下述論點：歷史上「越是偉大的作家越難劃定他是浪漫主義或是現實主義」，「在大作家身上，這兩個主義向來就是結合的」。此論的提出始於高爾基；在中國頗有贊成者，還有人加以發展說「歷史上偉大的作家幾乎沒有清一色的，前期作品和後期作品常常

不同，有時多些浪漫主義，有時多些現實主義」，「這兩種主義在大作家身上向來是並存的」。茅盾稱此論為「一體兩態論」。認為這不是「從思想基礎上看兩個主義的區別」，其解釋就不能圓滿，「往往會顧此失彼」。茅盾認為：「如果從一個作家的全部作品來看他的主要傾向，那麼，對現實的冷靜分析多於對理想的熱情追求者，通常應當劃為現實主義者，反之，即為浪漫主義者。」「在高爾基以前，我們只看見有基本上是浪漫主義或現實主義但個別作品也顯現不同色彩的作家，卻沒有看見體現了兩個主義的結合的作家。……舊時代的大作家由於時代的局限，不能以辯證唯物主義和歷史唯物主義世界觀為指導認識和反映生活，故常常提出了空想的脫離實際的方案。因此，他們經常感到理想與現實的矛盾。古典文學中有些被認為難以確定為浪漫主義或現實主義的作品，其實是反映了作家思想上的這種矛盾」。這說明「就其主要傾向看來是浪漫主義者或現實主義者，但他們個別作品卻兩者都不是。……當然不能視為『結合』。由此茅盾得出結論：在樹立馬克思主義世界觀之前，不可能達到「兩結合」。因此歷史上不存在「雙革」的創作方法；也未出現達到「兩結合」的作家與作品。

總體看來，不論茅盾的理論還是評論，其側重點都在強調現實主義的主潮位置與主體地位。當「雙革」被鼓吹得炙手可熱時，他一度不承認其能獨立於社會主義現實主義之外而自成一新創作方法。後來迫於政治形勢，他口頭上承認了「雙革」的存在，但所作的解釋，仍然向現實主義傾斜；這就和旨在糾偏但仍不徹底的周恩來的「既要浪漫主義，又要現實主義……主導方面是理想，是浪漫主義」存在一定的距離。所以他對革命浪漫主義其表、共產風、浮誇風其裡的文藝傾向的批評就相當有力。這態度，是他自「五四」始倡導為人生的現實主義美學觀的長期繼續與發展。在假毛澤東之名推行「雙革」，行的卻是鼓吹共產風浮誇風之實和在「左」傾思潮壓倒一切情況下，茅盾這不肯苟同的取向，雖以扭曲形式表現出來，仍然十分難能可貴。他提出的既要看得遠，更要站得高、鑽得深的理論（《創作問題漫談》，《鼓吹續集》，第 87 頁），側重點不在「遠」，而在「高」和「深」，這是把三「度」審美空間當作有機統一體的理論。這也是最早的「現實主義深化」論。不僅當時有深化現實主義的現實意義，今天也未失卻這意義。

三

從文體學角度看，對創作方法言，在抒情文體中意象、意境是核心問題；

在敘事文體中典型人物與典型環境是核心問題。所以建國後倡導社會主義現實主義創作方法，58 年又倡導「雙革」創作方法，典型問題都是爭論的焦點。其熱點問題有兩個：一是英雄人物的塑造，一是一個階級是否只能有一種典型。茅盾不去單純談理論，他以跟蹤研究與總結創作實踐的成敗得失爲基礎，進一步作理論升華，借以澄清糊塗認識，糾正錯誤觀念。特別是他 59 年的《短篇小說的豐收和創作上的幾個問題》與《創作問題漫談》（兩文均收入《鼓吹續集》），破立結合，提出許多卓然不群的新見。

　　他針對群眾創作往往脫不開眞人眞事局限的傾向，反覆強調必須加強藝術概括，深化審美感受與審美表現力，以此爲基點才能提高藝術技巧水平。他指出不僅業餘作者，就是專業作家和名家，其創作中也存在寫英雄人物的庸俗化、公式化、概念化傾向。首先他批評了以田漢的《十三陵水庫暢想曲》爲代表的「暢想未來、神鬼同台」公式。暢想未來共產主義社會的新人也只是寫物質享受，而未能也無法寫出其精神面貌。茅盾稱這種典型是「騰空地理想的全能的人」，茅盾提出的建設性意見是：「與其這樣騰空地寫理想的全能的人，何如寫具有共產主義思想品德萌芽的人而提高一步？」因爲具此萌芽的人在當時已是客觀存在的新生事物。第二，茅盾批評了爲增添革命浪漫主義色彩，讓英雄人物在關鍵時刻一定「想起了未來的社會主義共產主義遠景於是乎勇氣百倍」。茅盾提出的建設性意見是：如果我們承認英雄人物的特點是其共產主義思想品質，那麼就「主要應當表現他對事物的立場和態度，對人與人的關係」。兩點建議基於一個立足點：必須以客觀的眞實的現實生活爲基礎，按照現實主義原則深化英雄人物的典型性格。由此尋求避免公式化、概念化和庸俗化傾向的濟世良藥。

　　茅盾還以追求眞理的膽識，正面觸及了寫英雄典型可不可以寫缺點、應不應該寫缺點的問題。這個問題的風險性在於，反右鬥爭後發表與毛澤東的意見不合的言論會被人上綱上線。陳毅同志 1962 年 3 月 6 日《在全國話劇、歌劇、兒童劇創作座談會上的講話》（見《黨和國家領導人論文藝》）中披露說：「1954 年還是 1961 年，周揚同志他們在毛主席那兒討論這個問題，向英雄人物寫不寫缺點？毛主席講了，恩格斯有個意見，說寫英雄人物要抓他主要方面。主要方面是好的，細節問題就可以忽略，可以不必寫。」陳毅解釋說：「我想毛主席介紹恩格斯這個話是對的，看一個人看他主要的，不去找他蔥根蒜皮的事情，也不勝其煩。我想補充一下恩格斯的意見，寫英雄人物也

可以寫他的缺點，寫他的缺點更可以看出他的長處，……有時反而更有教育意義。」陳毅還說：「不僅歷史上的人物都有缺點，就是我們這個時代的人，也都有缺點。毛主席從來沒有講過他沒有缺點。」「我們今天不要把毛主席神化，凡是把毛主席神化的人是別有用意的。」1962 年講這些預言仍令人有石破天驚之感。何況在 1959 年，神化毛主席的現象已普遍存在，他的「可以不必寫」的意見也被發展到極端，成為寫英雄人物不能寫缺點，甚至說英雄人物沒有缺點，誰敢提反對意見？

但是茅盾敢。他的話早於陳毅的話三年多，他旗幟鮮明地反對把英雄人物寫成「超人」。他指出：「英雄人物是發展的，也就是說，英雄人物的思想品質有發展，英雄人物也可以有缺點，不過他在鬥爭中最後還是克服了缺點。寫一個英雄人物從一開始就是全智全能全德，不但從不犯錯誤，而且政治上、思想上高度成熟，那也很好；可是這就像個超人了，超人是很少的，會引起不眞實之感。事實上倒是有缺點、也能犯錯誤，但在鬥爭中，在自覺的努力下，終於把自己鍛煉成為更完善的英雄人物，對於群眾的教育作用會更加大些。……有人也許要說：有缺點，經過鬥爭，終於改正，這又是公式。但是我說：這不是公式，這是生活的邏輯。」茅盾 59 年說的這些話和三年後陳毅的話幾乎毫無二致，不謀而合，那原因只有一個，他們依據的都是「生活的邏輯」和文學創作必須堅持生活眞實性與藝術眞實性相統一的現實主義典型化原則。

以此為基礎，茅盾進一步澄清了被混同了的英雄人物和典型人物這兩個不同概念；並提出反對「一個階級只有一個典型」論，堅持典型人物多樣化的理論原則。他以此為基礎，率先提出了「寫中間人物」的理論。茅盾說：「典型人物和英雄人物，這兩個術語，常常混爲一談。據我看來，典型人物應該有所不同。我們日常生活中的典型，有正面的典型，也有反面的典型，還可能有一種中間狀態的典型。典型人物也有正面的和反面的（即好人的典型或壞人的典型），英雄人物可不同。英雄人物沒有反面人物。但英雄人物同時又一定是典型人物。典型人物卻不一定是英雄人物。」（《創作問題漫談》，《鼓吹續集》，第 94 頁）這段話提出了三個問題：典型人物的多樣性；典型人物與英雄人物的聯繫性與區別性；中間人物也可以成爲典型。後者是最早提出的「寫中間人物」論。所以，從美學觀考察文學思潮發展史實，「寫中間人物」論的發明權應該歸茅盾，而不歸邵荃麟。但是從政治觀考察，其發明

權倒應該歸毛澤東。他在 1957 年 5 月 15 日寫的《事情正在起變化》一文中反駁「你們把人們劃分爲左、中、右，未免不合情況吧」的非難時說：「除了沙漠，凡有人群的地方，都有左、中、右，一萬年以後還會是這樣。爲什麼不合情況？劃分了，使群眾有一個觀察人們的方向，便於爭取中間，孤立右派」。55 天之後，他在《打退資產階級右派的進攻》一文中重申此觀點，且對其比例數作出估計。我們無法判斷 59 年茅盾提出「寫中間人物」論時一定看過毛澤東這兩篇文章，但有兩點很明確：首先他了解這精神，他的立論又得到周恩來 62 年《對在京的話劇、歌劇、兒童劇作家的講話》的支持。周恩來不僅支持寫中間人物，且是從典型人物必須多樣化的立場出發，反對一個階級只有一個典型論，他也贊成寫英雄人物可以寫缺點以加強典型性；第二，大連會議上茅盾在重申其「寫中間人物」論時，明顯地依據了毛澤東上述兩文的觀點。

四

從 1958 年大躍進到 1962 年 8 月 2 日至 16 日中國作協在大連召開的「農村題材短篇小說創作座談會」，這期間繼反右鬥爭又經歷了「拔白旗、插紅旗」、反右傾和反修等一系列政治與文藝批判運動，傷害了許多人，也搞亂了理論與創作上的許多是非問題。從 1959 年至 1962 年，周總理代表黨中央國務院支持或親自主持召開了紫光閣會議，新僑會議和在廣州召開的戲劇創作會議。他邀請五四時期參加過文學研究會既是詩人又是政治家的陳毅副總理配合自己，兩人分別作了多次講話。嚴厲批判了極「左」思潮，撥亂反正，重申毛澤東文藝思想，調動廣大文藝工作者的積極性，共同把文藝引向健康發展的軌道。這些講話精神包括以下幾點：一，正確估計了文藝形勢，提出與部署了糾正極「左」的錯誤的措施。他們指出 58 年破除了迷信，又產生了新的迷信，因此要再次破除迷信、解放思想，廣開言路，共同糾正共產風等造成的嚴重後果。二，正確處理兩類不同性質的矛盾，徹底糾正「五子登科」（即「有框子、抓辮子、戴帽子、打棍子、查根子」）等整人的錯誤。一再以知識分子爲論題，重申今天的知識分子是革命的知識分子，是勞動人民的一部分，公開向被整的同志賠禮道歉。對被扣上「資產階級知識分子」帽子的廣大文藝工作者舉行「脫帽禮」。並提出「整人者人恒整之」的響亮口號。三，重申看重文藝規律，反對瞎指揮和強迫命令的原則，要求各級領導對文藝要

負責任，少干涉；提倡寓教於樂，題材、主題、風格、形式由作家自由選擇。尖銳批判了「領導出思想、工農出生活、作家出技巧」的所謂「三結合」創作方法。四，擺正了繼承中外文學遺產與創新的關係。

這些講話茅盾或讀過，或親聆，1962 年 2 月茅盾率團出席亞非作家會議後返回廣州，還參加了周恩來、陳毅出席的廣州戲劇工作會議，並聽了他們的報告。他被這些報告所鼓舞，也感到在文藝方針和指導思想上，中央領導層內部存在著分歧。他當然是擁護周總理、陳毅副總理一系列講話的精神的。他出席大連會議並作長篇講話時，很自然地也貫徹了這些精神。

後被當作「黑會」批判的大連會議，迄今未作詳細報導，我查閱了唐達成、涂光群二同志所作的會議記錄（今存中國作協檔案室）和茅盾日記。會議 62 年 8 月 2 日開幕，16 日閉幕，由作協副主席、黨組書記邵荃麟主持，周揚、茅盾先後作了報告（均未發表）。開幕式上由邵荃麟宣布了議題：以農村題材小說如何反映人民內部矛盾為中心，具體討論人物創作、題材的廣闊性、戰鬥性、深入生活、藝術形式等問題。8 月 3 日由長期在農村落戶的趙樹理、康濯、李准、西戎、周立波分別介紹了近些年農村生活，農民思想的變化的情況，然後展開漫談，發言涉及 58 年以來共產風、浮誇風、瞎指揮風造成的危害，有的人情緒確實激動，但整個氣氛和發言內容均是健康向上的，沒有一句離經叛道之言。更不像後來上綱批判時所說是什麼「黑會」。據會議記錄和茅盾日記載，他白天與會並多次插話，晚上讀有關作品，作札記，準備大會發言。餘暇則看《林則徐日記》。其插話以 8 月 6 日的補白發言最長最完整。因他剛率團訪蘇回國，講話也多以蘇聯文藝界為例。他就文學反映人民內部矛盾與黨內鬥爭問題，談到文藝寫農村人民內部矛盾問題。談到如何表現農民典型時他說：「束為同志發言說近年來我們有個誤會，以為農民覺悟很高，農民反封建是很積極的，熱情的，但也為了自己的利益。大躍進時，他們也是按自己的認識……以為一年後就會改善生活，後來就有些失望。要把農民小生產者的思想改變過來是很不容易的。存在決定意識。」茅盾例舉了蘇聯情況後承接著他 1959 年提出的「寫中間人物」的論述，並以毛澤東「嚴重的問題在教育農民」和「兩頭小、中間大」的論述為指導，展開了話題說：「中國過去有性善性惡說。荀子說：「人是沒有好德性的，後來變好，是環境影響，教育的。孟子說人性善，壞的是後來學的。我們現在看是要受教育。」茅盾仍舉大量蘇聯材料為証，最後作出結論：「教育農民還是重要的。」他談

了通過文學教育農民的難度和辦法:「我們寫的小說,廣大的農民是不看的。只有少數青年看。如果我們能達到教育幹部的目的,已經很不容易了。要通過幹部來教育群眾。農民是要看戲的。」所以茅盾特別強調加強戲劇創作。並宏觀地談了文學創作的指導思想:「我們是一個新時代,有新任務。如果寫『五風』用暴露手段,那就反而成了時代的罪人了。所以我們的任務更其微妙。我們不能像批判現實主義那樣去寫。一個新時代、新任務,寫起來是困難些。因爲困難,所以也是光榮的,不要性急。有些東西現在不能寫,有些也可以寫,要寫出本質的東西來。而且給人以勇氣和樂觀主義的東西。自留地也可以寫,看怎麼寫,爲什麼對自留地還有興趣。蘇聯也還有興趣,這改變是長期的。小有產者的意識是頑強的。如果我們寫得很恰當,經過綜合,對幹部的教育是可以達到的。一方面是教育農民、幹部加強對集體的信心,一方面是教育性急的幹部。改變兩頭小、中間大的狀況。」這番話具有鮮明的反「左」傾向,也留有否定「三自一包」的「左」的時代烙印。總的說它高屋建瓴,既談清了寫中間人物旨在教育群眾的目的;也提出如何寫中間人物的看法。較之 1959 年的觀點具體化多了。

茅盾日記 8 月 11 日記:「上午在寓所準備明天在擴大會上講話的提綱。」12 日記:「上午開會,講了兩小時多些的時間。」這長篇講話只有大綱無文稿。現存一份油印稿是據記錄整理的。對照原稿記錄可知,整理時略去了一些具體材料與不太重要的話。它從未發表,我根據油印稿參照記錄校勘後編入《茅盾全集》第 27 卷。講話共四部分,前三部分是概論,第四部分談他對《老堅決外傳》、《賴大嫂》和《四年不改》三個短篇的看法。「文革」後茅盾據發言大綱稍加補充成一文章,刊於 1981 年《文藝研究》第 2 期。後收入同年出版的《茅盾文藝評論集》。講話的第一部分談題材問題。他表示同意周揚 10 日的講話所說「題材還不夠廣泛,有的題材現在還不能寫」的看法並發揮道:「有的題材……這一個時候可以寫,有的題材確實不寫好,但如果用側面的方法使它不會產生副作用,即不是寫了缺點,而是有人與之鬥爭,不是單純的暴露,而是鞏固社會制度,不是挖牆角」,也還是可以寫的。第二部分談人物創作問題。他肯定「最近幾年短篇小說不少,創作的人物比過去進步得多。……不但有個性,而且從說話中也表現了個性,人物一開場到以後,說話調子是一樣的,表現出了個性,這是幾年來很顯著的成績。」他列舉《水滸》,魯迅小說與當前創作對比後批評我們的作品寫幹部的「幹部腔」和寫知

識分子的表面化，「內心深刻的表現比較少」。他肯定「工人農民寫得很多是過去沒有的。工人農民也是兩頭寫得多，中間狀態的少，寫中間狀態的也有，但不是作為典型。即不是作為學習榜樣，也不能作為批判對象的就不寫。其實還是可以作為典型的。比如馬烽的《三年早知道》，是中間狀態的人物，既幽默而不油滑。我們寫兩頭的典型，寫得非常生動鮮明，但是還是太簡單些，事實上精神狀態還要複雜些。」這是茅盾在大連會議上再次先於邵荃麟談其「寫中間人物」論。並在寫中間人物複雜性問題上把話拉開講。他例舉文學史上特別古典戲曲中帝王形象寫得很多，但都沒有寫得好。他舉崇禎的很多事例並作出概括：「崇禎很容易聽別人的話，不能識人，卻自詡聰明，他有他的複雜性。」茅盾又舉自己剛看的《林則徐日記》中的材料說明林則徐性格的複雜性，然後收回話題說：「我們現在寫農民，我們相信他覺悟確實是提高的，但究竟是小生產者，有些尾巴是不能硬割的，我們寫農民有時是簡單化些。農民思想是進步的，但由於文化水平，思想修養的關係，是不是對社會主義看得那麼清楚？人是不同的、多樣的、農民也是複雜的。我們的作品有了很大進步，但典型人物還不夠多樣化，還有點簡單。」這裡提出的是「寫中間人物」的多樣化與寫其性格複雜化的要求。第三部分是談形式問題。他簡單地談了人稱視覺與結構問題後，就轉向他的「現實主義深化」論。茅盾說：周揚前幾天說的所見、所感、所信，「『所信』是與作家的廣度與深度有關，如果廣度有，深度不夠，看人不會很透徹。他進一步從提高與拔高之區別的角度發揮其深化現實主義的觀點：「所謂提高是指概括，即高爾基所說的寫小商人要綜合概括許多小商人，這種概括是我們生活中出現的，不過把它概括在一起，使之典型化。拔高是把人物沒有達到的，你把它搞在身上，就不那麼真實。」因此茅盾強調必須以加強深度的出發點去求典型概括的高度。至此，茅盾從 1959 年提出的「既要看得遠，更要站得高、挖得深」的觀點，發展到 1962 年提出的「既要有廣度，又要有深度和高度」，借開拓與概括的廣度求深度，以深度為出發點求高度的觀點。這就形成了以生活真實性與藝術真實性相統一的原則為基礎的完整的「現實主義深化」論。

邵荃麟贊成並引用了這些觀點。他在大連會議上有三次發言。第一次是開場白，內容是布置會議中心與開法。第二次是在會議期間，也是有關會議程序性的。這兩次講話既沒定任何調子，也沒有隻字片言涉及「寫中間人物」

與「現實主義深化」論。倒是茅盾的插話和報告，引起其他與會者發言中表示贊同的補充性意見。邵荃麟最後一次發言是閉幕式上所作的結束語。此文在他受批判之前也從未發表。1964 年被斷章取義地摘入《文藝報》批判他時整理的材料中。1981 年人民文學出版社出版的《邵荃麟評論選集》時收入此文，文末注明「根據記錄稿整理」的字樣。我對照了兩分記錄稿後發現，記錄整理稿和茅盾講話的記錄整理稿情況大體相同，也是較之原記錄稍簡單一些，去掉了部分材料和不太重要的話。講話的主要篇幅是講農村題材小說和寫人民內部矛盾，當中穿插和概括地談了人物插寫和創作方法問題。

其被稱作提出「寫中間人物」論的是以下這段話：「強調寫先進人物、英雄人物是應該的。英雄人物是反映我們時代的精神的。但整個說來，反映中間狀態的人物比較少。兩頭小，中間大；好的、壞的人都比較少，廣大的各階層是中間的，描寫他們是很重要的，矛盾點往往集中在這些人身上。」「有些簡單化的理解認為，似乎不是先進人物就不典型。一個階級只有一個典型，這是完全錯誤的看法。從這個理論出發，又發生拔高問題。」這「也是從一個階級一個典型來的，『拔高』就是拔到他們所訂下的標準上去。」「茅公提出『兩頭小、中間大』，英雄人物與落後人物是兩頭，中間狀態的人物是大多數，文藝主要教育的對象是中間人物，寫英雄是樹立典範，但也應該注意寫中間狀態的人物。」

被稱作「現實主義深化」論的是邵荃麟以下這些話：「現實主義則是我們創作的基礎。沒有現實主義，就沒有浪漫主義。我們的創作應該向現實生活突進一步，紮紮實實地反映現實。茅盾同志說的現實主義的廣度、深度和高度，這三者是緊密相連的……除熟悉生活外，還要向現實生活突進一步，認識、分析、理解……現實主義深化，在這個基礎上產生強大的革命浪漫主義，從這裡去尋求兩結合的道路。」因為「現實主義創作的基礎，生活是現實主義的基礎」。從以上情況可以得出以下結論：一、「現實主義深化」與「寫中間人物」論最早是由茅盾於 1959 年提出來的。經過他不斷論述與發展，他又在 1962 年大連會議上再次提出並加以發揮，形成了較有系統的理論。二、邵荃麟是以茅盾關於「兩論」的論述為根據，並直接引証與發揮了茅盾的論述，也作出自己的補充闡述。因此他並非「兩論」的最早提出者；而是其贊成者和繼茅盾之後的倡導者。三、「兩論」是在討論「雙革」創作方法時對它持保留態度和不同意見時生發出來的。其重點一是批判打著「雙革」旗號，大搞

文藝上的共產風、浮誇風、瞎指揮風的「左」傾文藝思潮；二是正面倡導文藝創作必須以現實生活爲基礎，以現實主義爲主導。

今天看來，不論茅盾還是邵荃麟，其倡導的這些理論，和他們作的相應的批判，都經得住時代和實踐的檢驗，被歷史証明是完全正確的。對它的批判則是錯誤的。

五

但 1964 年卻發動了對「兩論」和邵荃麟的點名批判。今天看來其指向顯然是項莊舞劍意在沛公。1960 年黨的八屆十中全會確定了「以階級鬥爭爲綱」後，文藝領域抓階級鬥爭這根弦與搞文藝批判幾乎是和周總理所抓的糾「左」的努力併行推開的。

1961 年 6 月 1 日至 28 日中宣部召開《關於當前文藝工作的意見（草案）》（即「文藝十條」）的會議，文化部同時召開故事片創作會議。兩會都在北京新僑飯店開，俗稱新橋會議。周總理爲兩會作了《在文藝工作座談會和故事片創作會議上的講話》。（1961 年 6 月 19 日《黨和國家領導人論文藝》）會上根據總理報告精神修改了「文藝十條」。次年 5 月根據總理講話與新僑會議精神，《人民日報》發表了題爲《爲最廣大的人民群眾服務》的紀念毛澤東《在延安文藝座談會上的講話》發表 20 周年的社論。「文革」中「四人幫」把上述《人民日報》社論打成與「寫中間人物」論「現實主義深化」論等並稱「黑八論」的「全民文藝」論。爲澄清江青伙同何慶施在戲劇創作中搞的「左」傾混亂形勢，1962 年在廣州召開了全國話劇、歌劇、兒童劇創作會議。爲準備此會，在中南海紫光閣召開了預備會，周總理和陳毅副總理作了題爲《對在京的話劇、歌劇、兒童劇作家的講話》（1962 年 2 月 17 日和 3 月 6 日）。在廣州戲劇會議上，他們又分別作了題爲《關於知識分子問題的報告》（1962 年 3 月 2 日）和《在全國話劇、歌劇、兒童劇創作座談會上的講話》（1962 年 3 月 6 日），這些報告柯慶施、張春橋等對上海加以封鎖不予傳達。他們也拒絕派人出席廣州會議，更不傳達。反而向下打招呼說：廣州會議是黑會，「要提高警惕，經得起資產階級的猖狂進攻。」（參看《周總理與文藝》一書中張穎：《難忘的廣州會議——記周總理、陳毅以及對廣州會議的領導》一文。）也就在 1962 年八屆十中全會後，以批判長篇小說《劉志舟》是「利用小說反黨」打頭，繼而於 1963 年由康生、江青發動批判崑曲《李慧娘》和其評論文章

《「有鬼無害」論》。到了 1964 年，進一步批判《早春二月》、《舞台姐妹》、《北國江南》等電影；同時就開始批判邵荃麟的「寫中間人物」和「現實主義深化」論以及周谷城的「時代精神匯合論」了。

這場批判運動是以毛澤東 1963 年 12 月 12 日和 1964 年 6 月 27 日所作著名的「關於文藝工作的兩個批示」爲指針的。其實此前 1963 年 11 月毛澤東還有一個批示：「《戲劇報》盡是牛鬼蛇神，聽說最近有些改進，文化方面特別是戲劇大量是封建落後的東西，社會主義的東西少，在舞台上無非是帝王將相。文化部是管文化的，應該注意這方面的問題，爲之檢查，認眞改正。如不改變，就改名帝王將相、才子佳人部，或者外國死人部。」這裡點的是茅盾任部長的文化部；而那「兩個文藝批示」則點的是茅盾任主席的作家協會（所謂「裴多菲俱樂部」那樣的組織）。這時茅盾就全線首當其衝了。

其實茅盾挨批判的時間還要早，是始自大連會議前和廣州會議後他率團出席世界和平大會之後，會上茅盾所作的報告，是根據周總理指示精神由後來成了中央文革小組成員的王力起草，報中央審查批准的。回國後卻受到「中央」的批評，說是報告對蘇修與赫魯曉夫批判不力、調子太軟。從此就再不讓茅盾率團出國了。所以這次爲之挨批的出國，是他畢生最後一次出國，後來開展的一系列文藝批判，又無不和任文化部長、全國文聯副主席及中國作家協會主席的茅盾的領導工作有關係，在 1964 年第 8、9 期合刊《文藝報》，不點名批判茅盾，點名批判邵荃麟的「寫中間人物」與「現實主義深化論」之後，又於 12 月批判據茅盾小說改編的同名電影《林家舖子》。

也正是在 1964 年 12 月 20 日至 1965 年 1 月 5 日全國人大三屆一次會議與政協四屆一次會議期間，正式解除了茅盾的文化部長職務；改任全國政協副主席這一閒職。我在參加編輯《茅盾全集》過程中，看到韋韜同志提供的一分至今尚未發表過的手稿：《敬愛的周總理給我的教誨》（1976 年 12 月 21 日）其中有這樣一段記實：「第三屆人大最後一次會議前，我曾向總理再次提出不能勝任文化部工作，請予免職。在會議期間，總理在人民大會堂某廳召我談話。總理先說，准予免職，另安排我在政協工作。又說，文化部工作有原則性的嚴重錯誤，我的責任比較小，而文化部黨組兩個主要成員的責任大。這番話眞使我十分惶愧。我常聽說『黨內從嚴，黨外從寬』，我作爲黨外人，既然居於負責的地位，不應該以此寬慰自己，而且副部長們在工作上確也經常徵求我的意見，只是我的思想水平低，看不出工作中的問題

的嚴重性，不能提出意見，倒不是我提了他們不予考慮。我把這樣的意思
簡短對總理說，並且又說，江青說文化部黨組裡，一個是封建主義的魁首，
一個是資本主義的急先鋒。（此處分別是指齊燕銘和夏衍，即上文所說的黨
組裡的兩個主要成員，他們都是文化部副部長，當時都被批判。）我在舊社
會大半世，先受封建主義的教育，後受資本主義的教育，我想我思想上當
然也有封建主義和資本主義，請總理痛下針砭，我當繼續改造思想，或者將
來在工作中可以少犯錯誤。總理說：思想改造是終身的事，你碰到什麼問
題看不清大是大非的時候，可以隨時問我。我當即感謝。總理又說：所謂資
本主義急先鋒，抗戰時期我對他的思想教育狠抓過一陣，知道他容易犯原
則性的錯誤，近來我忙於外交工作，無暇幫助他，遂至於此，乃意中事；至
於封建主義的魁首呢，解放後一向在我身邊工作，沒有出過漏子，到文化
部才幾年，成為封建主義，這是很意外的。我說，他對於中國古代文化很有
研究，主張翻印一些古書是有的，此外，我沒聽說有什麼嚴重的事。總理
不作可否，一會兒後，他說：江青的言論並不總是符合主席的文藝思想。主
席的文藝思想，是馬列主義文藝思想的總結和發展，精深博大，誰敢說自
己完全精通，一言一行都符合主席的文藝思想，那就是狂妄自大，表明他實
在是不懂主席的文藝思想。……這次談話，給我以終身難忘的銘感，總理
是多麼誨人不倦，多麼謙虛！現在回憶他論江青的一段話，還是含蓄的，因
為那時江青還偽裝得很好，『偶爾露崢嶸』而已，但總理已經把她的本質看透
了。」

　　這時已經進入了 1965 年，茅盾從此封了筆。他冷眼向洋看世界，關注著
文藝界批判這批判那的種種舉動。其指向從歷史和戲劇兩方面雙管齊下，矛
頭正對吳晗及其新編歷史劇《海瑞罷官》，實則指向彭真為首的北京市委，其
上則瞄準劉少奇與鄧小平。

　　而茅盾最早提出的「現實主義深化」與「寫中間人物」論，「文革」中也
被提到與以周總理新僑會議講話精神為指導所寫的人民日報社論《為最廣大
的人民群眾服務》，被打成「全民文藝」論相提並論的地位，劃進所謂「黑八
論」中，進行嚴屬的批判。這時茅盾已被抄過家，頭上又頂著叛徒、三十年
代文藝黑線祖師爺等好幾頂帽子。要不是周總理乘毛主席寫下關於對章士釗
應予保護的批示之機，把茅盾作為政協副主席列入保護名單之內，他恐怕也
難逃被打倒的厄運。這時，1964 年批判「大連黑會」和「現實主義深化」、「寫

中間人物」論的真正指向，已昭然若揭了。中國的許多政治運動往往先拿文藝界開刀，在此又構成了一個實例。這種文藝界的中國國情特色，也算相當充分罷！

（1993 年歲末寫於佛山下，刊於《綏化師專學報》1995 年第 2 期）

《茅盾全集・補遺》的價值

　　在茅盾誕生 110 周年到來之際，我們翹首以盼的《茅盾全集・補遺》（上、下）終於面世。全書收文 169 篇，70 餘萬字。是 80 餘高齡的茅盾公子韋韜先生幾十年來孜孜以求，一篇篇搜集編輯，一字字校勘抄清的心血結晶；字裡行間，傾注了愛父敬父的濃濃親情。

　　此書雖為補遺，卻是更難尋覓之作。許多篇什從至今少為人知的獨特角度，提供了一扇通向作家心靈奧秘與深處之門。從這個意義講，其總體思想藝術價值，不亞於 40 卷本《茅盾全集》本身。

　　創作大綱、筆記、未完稿：通向作家形象思維心靈歷程之門。進入心靈很難；進入作家複雜的形象思維的心靈歷程更難。茅盾很少發表創作自述文字。在研究其小說時，我們只能以相關散文作比照，從而發現他從生活素材到提煉加工典型化，再到成品這一形象思維歷程的蛛絲馬跡。《補遺》提供了大量第一手資料，足以窺其堂奧。

　　《桂渝札記》是茅盾 1942 年 3 月到 6 月在桂林和重慶時觀察生活所得素材的部分札記。視野之開闊高遠，目光之洞幽燭微，隨處可見。從中不難發現《清明前後》、《鍛煉》的蹤跡。《清明前後》是茅盾惟一的一部多幕話劇。《補遺》所收的《〈清明前後〉大綱》分「壹」、「貳」兩份。長達 3 萬餘字。附舞台設計圖多分。三者比較，最能發現茅盾此作從生活素材到那原汁原味的形象思維歷程與匠心。

　　《〈鍛煉〉創作筆記》揭示：以中篇小說《走上崗位》為基礎重寫的《鍛煉》僅寫出第一部，其全書預計是六到七部的長篇小說多部曲。「筆記」概述了各部的內容，介紹了書中主要人物，尤其是新出現的人物，都寫了詳細

的小傳；展示出其性格發展。是一部人物關係與事件都十分複雜的抗戰歷史巨畫。

《霜葉紅似二月花》也僅出版了第一部。《補編》所收茅盾《文革》當中所寫的《續稿》，含 15～18 章的詳細梗概和正文片斷；以及 18 章以後各章的簡要梗概與片斷。引人注目的是增加了一位人物：頗有女俠施劍翹之風的革命新女性張今覺。圍繞她展開了大革命前後在中國和日本的革命黨人的種種活動。正面回答了幾十年來一直懸疑的「霜葉紅似二月花」所指為何的問題。那些片斷與已出版的文字相較真可謂更上一層樓。表現生活、品味生活之細膩，文筆之綺麗，更彰顯出《紅樓夢》型的美學風格。

最重要的當然是《子夜》創作的構思提要和大綱。大綱總共三份。第一份題為《記事珠》，是最早欲寫的「都市與農村交響曲」藍圖。第二份是改為寫以「城市為中心」的「提要」。第三份「分章大綱」（殘稿）共兩稿。所收的是第二稿 13～19 章。它最接近定稿。這些不斷修改變更的大綱，相對完整地保留了茅盾《子夜》的形象思維和起伏跌宕的構思狀態的真實過程，實為世界文學史上罕見之舉。此外還有一份從不被人知的《無題》殘稿。只寫了一節。寥寥數百字，勾勒出西南高原內戰時期血與火交織的恐怖氛圍。當是一個短篇中之一節。

學界公認：茅盾是中國現代小說史上社會剖析派的鼻祖與奠基人。這些札記大綱殘稿從特殊角度提供了充分依據和印證。而今天的作家特別是現實主義作家，會從茅盾深入生活、提煉典型的形象思維建構創新過程中獲得直接的教益。

文論：通向理論批評大家邏輯思維歷程之門。《補編》收論文 51 篇。相當多的篇什是首次面世。

其最大亮點是《夜讀偶記》寫作前後及發表後所寫的多篇文論與筆記。茅盾致力文學思潮史研究達半個多世紀。其里程碑是 20 年代末的出版《西洋文學通論》和 50 年代末出版的《夜讀偶記》。1956 年何直發表的《現實主義──廣闊的道路》，針對極「左」思潮史要求以文藝圖解政策，作宣講政治之工具，導致現實主義之路愈走愈窄等問題，發表了思路開闊的言論。不料引發激烈爭論。反右鬥爭中又被視為毒草；作者被劃為右派。茅盾對這場論爭極為關注，一直跟蹤閱讀思考。對何宜等人的觀點茅盾有的認同，有的反對。但對把學術討論搞成政治鬥爭之舉，則持保留態度。然而自幼養成的

「以天下為己任」的責任心，使他不能置身事外。遂選取居高臨下的立點，開掘古今中外文學思潮史及現實主義的產生發展之規律。他正面持論，不事辯駁。《文藝報》1958 年 1 月開始連載了他的這部史論結合的巨著《夜讀偶記》。此作既是針對這場論爭的總結性的宏論，又是自己文學思潮史研究所得的集大成之作。其突出貢獻就在：徹底拋棄了包括自己在內國內外普遍信奉過的「歐洲中心」論，代之以以中國文學發展史為主，對比西歐文學史，重新總結其基本規律，概括出中國文學思潮史是以「現實主義與反現實主義的鬥爭為貫穿縱線」的規律。

此論一出，引起廣泛認同，北大等校學生所編多部文學史就以此為貫穿線。但也引起誤解或反對。有人認為「現實主義與反現實主義的鬥爭」之說是簡單套用階級鬥爭「兩分法」的公式。《補編》所收茅盾在《偶記》之前寫的《關於藝術流派的筆記》、《法國的古典主義文學運動》等文揭示出盡管研究了數十年，茅盾在動筆前仍舊重新思考、重新論述諸多文藝思潮現象的嚴謹態度。《茅盾全集》第 25 卷所收的那篇洋洋萬言的《〈夜讀偶記〉的後記》，《補編》所收的《一九五九年文藝雜記》、《〈偶記〉之餘波》、《關於〈夜讀偶記‧後記〉之筆記》、《與劉大杰先生駁論》等文，則是對簡單化地批評與上綱上線批判的那些言論的論辯和反駁。但仍重在正面立論。鑒於當時在革命大批判政治運動一邊倒的壓力下很難直抒己見等原因，這些文章當時都未發表。

今天讀來，倍顯茅盾作為理論大家的那種堅持真理，信守原則，謙虛謹慎但也不畏辯難的科學立場與思辨水平。其中以下諸基本論點，仍能發人深思，促人猛醒。（一）對蘇聯學者率先提出的「現實主義與反現實主義之鬥爭」這個「公式」，剛開始茅盾自己也有保留，但經過重新系統研究自《詩經》起到近現代文學這漫長的中國文學思潮史後發現，這個規律起碼在階級社會的中國文學發展史上確是客觀的存在。遂從善如流，決定改變學術立場。新寫了三節文論作為《偶記》的前三節。這些文字據文學思潮史實具體闡明了此規律的歷史發展變動的形態。（二）自己所反覆論証的這「公式」，並非如某些論者所誤認的所謂「兩分」，而是「三分」。即：在「現實主義與反現實主義」之外，還有不反現實主義的非現實主義（如積極浪漫主義、早期古典主義等）存在。它和現實主義並存互補、相競爭地發展，共同構成了文學主流。（三）「反現實主義並非一個單一的創作方法，而是包括許多主義（如現

代派中的許多主義）」。它們之間也有區別與衝突。但都屬於形式主義性質。中國文學歷史上反現實主義的許多思潮，大抵都屬於形式主義。（四）這三股文學思潮的碰撞與消長在階級社會中不僅貫穿中國文學歷史，世界各國文學史中，大抵也出現過這種規律性現象。（五）總結文學規律，首先應以中國文學史現象爲依據，也要同時考察外國文學史現象，但決不能把中國文學史的研究建築在套用「歐洲中心」論爲指導所歸納出的「古典主義──浪漫主義──現實主義──現代主義」這個公式的生搬硬套上。否則勢必經不住歷史的檢驗。上個世紀 20 年代茅盾自己也信奉過這一理論，30 年過去之後茅盾勇於自我糾正。（六）反對我提出的這「三分」法「公式」的論者雖多，卻無一人提出新的規律來取代。自己也並不認爲自己的「公式」就是定論，而是拋磚引玉，歡迎別人提出新的眞正能更切近於文學規律的立論。在此之前，大家不宜對自己的立論簡單化地否定掉；因爲它建築在文學史基礎上，言之成理，持之有據。

　　茅盾 50 年代寫了這些文論之後，又過了半個世紀，至今我們仍未見新的規律性的立論足以取代他。我們見到的卻是更加崇洋法歐、食外不化、鸚鵡學舌、照搬西方舊名詞以爲新名詞，照抄洋人老掉了牙的舊思潮，以爲現代新思潮的泛濫。對比這種文壇現狀，更顯出茅盾立足中國文學實際，科學探討，深入開掘了大半個世紀那種持之以恒的精神的彌足珍貴。而忌諱把茅盾的觀點作反思性研究，認爲它不值一哂者，並非持實事求是的學術立場和科學態度。

　　《補編》中這些文論的另一亮點，就是前面稍稍涉及過的、面對極「左」思想，不怕壓力，獨持己見，倡導唯物辯証立場與方法和馬克思主義美學觀的許多文論。其最搶眼的是 1953 年寫的《「雜技」是不是藝術》和 1957 年寫的《漫談國畫及其他》。針對「雜技並無政治意義與教育意義因而不是藝術」的責難，茅盾從「美學定義」高度切入駁論：「有些人」把「意義」的範圍看得太狹，一提到意義就馬上要求和現實的政治、教育、社會現象聯繫起來，「這是縮小了而不是擴大了藝術」，「是貧乏了而不是豐富了藝術」。藝術的教育作用、思想作用是在多種多樣直接或間接的方式中表現出來的。看後在我們情緒上發生了健康、愉快的反應，那就是教育意義。所謂健康愉快，「具體地說來可以是勇敢、機警、柔和、豪放。」而雜技給人的激勵是「膽大心細、矯捷雄壯、勇猛、柔軟、有時如猛虎、有時如狡兔，有時還翩翩如蝴蝶……」

雖有驚險，但其激發的情緒「不是壓迫」而是「激動的快感」。這就是積極的審美愉悅和激勵精神的教育意義。何況雜技是從人民的「勞動中產生的，具強烈的人民性。茅盾也承認個別雜技有恐怖、殘忍的內容，並予以否定。這種有揚有棄，具體分析的態度與論述，不僅反了「左」傾粗暴簡單化傾向，還堅持了辯証唯物的思想方法與馬克思主義美學立場。此類具示範意義的文論，《補編》收錄了好多篇。

建國後茅盾以文化部長、中國文聯副主席、中國作協主席多種身份作了許多報告。包括文代會、作代會的主題報告。他大部自己捉筆。1959 年和 1960 年他發表了《短篇小說的豐收和創作上的幾個問題》等一批跟蹤研究小說與兒童文學以及歷史劇的評論文章。準備寫作前他閱讀了大量作家作品，寫下數以萬字計的大批筆記。除個別篇什外均未面世。《補編》收入了《夜讀抄》（一）（二）、《「藝術技巧」筆記一束》、《筆記一則》、《關於童心說》《六〇年短篇小說讀書筆記》、《六〇年兒童文學讀書筆記》、《關於歷史劇的筆記》、《從歷史到歷史劇──關於「臥薪嘗膽」劇本的筆記》、《讀「臥薪嘗膽」劇本的筆記》、《茹志鵑小說稿的筆記》等等，既顯示了從實際出發概括出理論觀點的嚴謹態度，又時時發出睿智思考、多有卓見的光芒。涉及的作家數以百計，作品則包括長、中、短篇小說，各種體裁的散文、詩歌、獨幕劇、多幕話劇與多種地方戲曲等各類文體作品，當以千為單位計。這些作家作品並非都很知名，更多的是當時名不見經傳，後來也未成名的業餘作者。茅盾正是廣泛梳理，深入開掘文學現象，從中昇華概括出帶傾向性、普遍性、規律性的問題並作理論深層闡述，借以引領文壇新潮流與正確導向。這一切也折射出茅盾對廣大文學作者與普通文學愛好者的熱情關懷、積極扶植的拳拳之心。這是《補編》所收文論的又一亮點。

散文、詩歌、史論、古詩文注解和書信：記錄了以政治家、編輯家、教育家和史學家多重身份與時代脈搏契合的心靈軌跡。建黨初期茅盾曾任中共上海兼區執委會委員和其下屬的分管工農婦運動的國民運動委員會委員長。「五卅」運動後，他以商務印書館黨支部成員、罷工委員會成員身份參與領導了商務大罷工。罷工的勝利使「五卅」運動後低落的工人運動為之振奮。《補篇》所收散文中打頭的《商務印書館工會罷工宣言》與《復工宣言》兩文，就是茅盾為此起草的文件，體現出茅盾原則性靈活性相結合的政治家風采。《資本主義之中興及其將來──資本主義動搖後之穩定及其最後之命運》

（殘稿）和《最近國際形式與中國革命策略》是茅盾 1925 年和 1926 年兩次演講的底稿。分別從經濟與政治的角度，站在中共高層審時度勢的高度，分析了國際國內形勢，給黨的決策提供了重要參考。特別是《資本主義之中興及其將來》一文，通篇都用大量統計數字與數據圖表為據，支撐其簡明扼要的論斷，儼然以一位經濟學家身份說話，也從一個側面展示出《子夜》等社會剖析文學作品之所以能成為經典，與茅盾上述政治家與經濟家的功力密不可分。

　　茅盾是「五四」時期主編《小說月報》，左聯時期主編《文學》，建國後主編《人民文學》等權威刊物的大編輯家。大半個世紀，一直以其主編的各種大刊站在時代前沿引領文學新潮流。其起點就是初入商務印書館所編注，而今已很難找到，但為《補編》所收的《中國寓言初編》、《節本〈莊子〉》、《淮南子》和《「楚辭」讀本》。文論與書信中還收入多篇編輯工作中所寫的文字。這從不同角度，展現出茅盾作為編輯家那認真負責嚴謹紮實的態度，廣博的知識與視野，以及對作者、讀者熱情服務的態度。《古詩文講解》是「文革」中給孫輩編注的課文，不僅顯示出諄諄善誘的師德，還和上述古代典籍的編注一起，証明了茅盾古典文學淵博的修養。也從特定角度彌補了茅盾古代文學研究著述相對較少的不足。

　　說茅盾是教育家，當然不是指他教過兒孫，而是指上個世紀 20 年代中期他執教中國共產黨辦的上海大學、平民女校，為中國革命培養了大批骨幹。大革命時期他任武漢中央軍校教官，為北伐大軍培養軍事人才。30 至 40 年代之交又執教新疆學院和延安魯迅藝術學院，參與培養了各民族、尤其是少數民族革命文化工作、革命文藝工作的骨幹力量。《補編》所收史論《中國通史講授大綱》和《西洋史講授大綱》就是他給新疆學院各民族學員講課時留下的部分殘稿。茅盾在抗戰最艱苦的時期遠赴新疆開拓抗日革命文化戰線，他身無長物，遑論圖書？新疆文化落後，圖書更加匱乏。兩份殘稿卻大量論及古今中外許許多多的歷史事件、人物史跡、文獻典籍，其史料幅度之多之精之廣，其歷史分析之精闢透徹，都令後人嘆為觀止。展示出茅盾自幼至長，廣覽群書，博聞強記，取精用宏、精於思辨的過人功力。平時蓄勢待發，應急時才能如此這般信手拈來，涉筆成著；多學科地顯示出學力。遺憾的是 1940 年 6 月茅盾在魯藝講《中國市民文學概論》時本來印過講義，學員人手一冊。而今卻找不到了！《補編》只好付之闕如。相信中國之大，有心人總有。若

存此稿，定會貢獻出複印本，以饗廣大讀者。

《補編》收詩多首。打頭兩篇是 1927 年在廬山寫的自由體抒情詩《我們在月光下緩步》，和打油詩《留別》。兩詩曾被個別論者認作是茅盾叛黨的「鐵証」，或曰「宣言書」。其實如果不存偏見，只要細讀原詩就不難判斷：前者只是宣泄大革命失敗後一度產生，後來還被集中反映到《蝕》中的那些鬱積的幻滅憂鬱情緒。後者則用調侃方式表達出當時看不到出路的迷茫心境。我在一篇題為《有點幻滅，但沒動搖》的文章中詳盡分析過：此情此境此詩，只是証明了茅盾關於「我幻滅了，但是沒有動搖」的眞實心境。他幻滅的又是帶「左」傾幼稚病的革命憧憬，並非共產主義的理想信仰。這些只是消極沉悶情緒，怎麼會成了「叛黨」鐵証或「宣言書」？至於這兩種詩體，茅盾直到晚年還運用過。「文革」後期打倒了「四人幫」時所寫的《迅雷十月布昭蘇》一詩，不就是既屬自由體抒情詩又是打油體諷刺詩麼？《補編》所收另一首《聞歌喜賦》也類乎此。前後對照說明，在革命大動蕩時期茅盾的激蕩情懷，往往會借這兩種詩體傾訴心曲，這也是有規律可循的。

《茅盾全集・補編》在茅盾誕生 110 周年紀念之際面世，其思想藝術價值遠不止此。唯其如此，定會受到學界與讀者的珍視。這是人民文學出版社，尤其是韋韜先生告慰茅盾在天之靈的一份厚禮，也給四十卷本加附集的《茅盾全集》的出版畫上了句號。遺憾的是僅印了兩千冊，且都是精裝本。1984 年《茅盾全集》第一卷出版時印數達十數萬冊，平裝精裝兩全。此後時日延宕，印數屢減。歷時 22 年，今年才出齊，最多卻只能配齊兩千套了！泱泱中華大國，人口逾 13 億，如此宏篇巨著，印數如此寥寥，令人感慨繫之！

（2006 年 6 月酷熱中寫於泉城，刊於 2006 年《新文學史料》第 4 期）

茅盾的主要文學建樹及其主要特色

　　偉大的人物一無例外是特定時代的產物，同時又是特定時代的推波逐瀾、促使時代前進的弄潮兒。偉大的人物往往是在成批湧現的一代人才中湧現出來的，同時又往往能哺育和獎掖一代又一代的傑出人才，所謂人才輩出，就是這個道理。作為魯迅的同輩人，作為與郭沫若並駕齊驅且在文學成就上略勝一籌的偉大的無產階級文學巨匠茅盾及其光輝的一生，特別是他在現代文學史上的璀璨建樹與累累碩果，充分証明了上述規律。

　　茅盾登上現代中國文壇，正值中國社會的歷史陣痛期。他的少年時代適逢資產階級舊民主主義革命及其高潮辛亥革命；他在文壇上初露鋒芒則是在新民主主義革命伊始及其第一個高潮「五四」文化革命到來之際。他隨著中國共產黨的建立而開始了自己的政治生命，並走完新民主主義革命各個歷史時期。社會主義革命和建設的曲折複雜的途程，以其新時期即三中全會以來的時期開闢了歷史新篇章。茅盾又作為革命先鋒戰士和文壇主將經過了全部征程。遺憾的是他的生命的句號劃在以實現「四化」為宏偉目標的新篇首章。使我們在當代文學面臨新的征途時失去了偉大的開路人和帶路人！然而經歷了我國資產階級舊民主主義革命、新民主主義革命、社會主義革命和社會主義建設漫長歷史時期的偉大作家和文壇旗手，他的精神遺產和足以為人師表的遺風，是我們取之不盡、用之不竭的精神寶庫。所以，茅盾將永遠伴隨中國人民和中國文學事業沿著歷史道路高歌奮進。他的傳統我們將永遠繼承。

一

作爲歷史交替期中湧現的歷史人物，其思想發展當然要極鮮明地打上歷史的烙印，留下時代的痕跡。反之，他如果眞正是一個偉大的歷史人物，他的思想及其社會實踐，也必然對歷史、對時代有所促進。茅盾作爲「五四」新文學的奠基人，他的思想發展與社會活動恰恰就是這樣的情形。

茅盾思想的胚胎期是中學時代和大學預科時代；一九一六年開始商務十年生活的前期則初露鋒芒。到「五四」運動前後特別是一九二一年主編《小說月報》和加入中國共產黨之後，他如雄鷹展翅，大展宏圖。到一九二五年止，完成了由革命民主主義到共產主義的思想發展期。進入三十年代他逐漸成熟。此後的思想發展日趨穩定，日臻爐火純青期。而此前後十餘年的思想歷程則呈曲折回環、螺旋上升的特色。既不像魯迅那麼穩步漸進，也不像郭沫若那麼高潮低谷，大起大落。可見，茅盾自有其獨具特色的思想歷程。

他的學生時代的思想胚胎期，受著相互對立的兩股潮流的深刻影響。一方面是傳統思想、傳統教育的影響：正如他自己所回憶的，「我從中學到北京大學，耳所熟聞者，是『書不讀秦漢以下，文章以駢體爲正宗』。」〔註1〕「詩要學建安七子；寫信擬六朝人的小札；舉止要風流瀟洒；氣度要清華疏曠」。〔註2〕另一方面則也受我國資本主義思潮之萌芽和西歐資產階級的民主與科學潮流的影響。這個源流始自戊戌維新，通過其父母的開明的家庭教育爲中介左右著這顆年青的心靈；在同盟會的革命黨人和新派教師不斷改革的學校教育中也得到培育，經過辛亥革命的初步洗禮，在《新青年》的巨大影響下蔚然定型。兩方面的影響對立統一、前消後長，及至「五四」運動前夕，茅盾的革命民主主義世界觀已經形成。他在《學生雜誌》一九一七年十二月號發表的第一篇社會論文《學生與社會》和同一雜誌一九一八年正月號上發表的第二篇社會論文《一九一八年之學生》中提出的觀點足茲佐証。這兩篇文章最早地以「革新」爲旗幟，體現了他愛國主義與革命民主主義的政治主張。前文中說，「浩浩黃胄，其果有振興之日耶，闇闇社會，其果有革新之望耶，會當於今日之學生覘之。」後文則提出「革新思想」、「創造文明」、「奮鬥主義」三大口號，他大聲疾呼要「翻然覺悟，革心洗腸，投袂以起」，去改造社

〔註1〕 《我走過的道路》（上），第114頁。
〔註2〕 《我的中學生時代及其後》，見文藝書局版《學生時代》，第11頁。

會，改造人生。最值得注意的當然是「革新思想」一節，其含意就是「力排有生以來所重染於腦海中之舊習慣、舊思想，而一一革新之，以爲吸收新知新學之備。」所謂舊，當然指的是封建主義。所謂新，目前學術界的解釋其說不一。有說是進化論的，有說是個性主義的，也有說是尼采思想的。茅盾晚年自己作了解釋：「那時候我主張的新思想只是『個性之解放』、『人格之獨立』等等資產階級民主主義的東西，還不是馬克思主義」。他說到了「一九一九年尾，我已開始接觸馬克思主義。」〔註3〕轉過年來的十月份，他就參加了成立於兩三個月前的上海共產黨小組。次年共產黨誕生時，他已是當時五十多個黨員中之一個，成爲中國現代文學史上第一個黨員作家，同時也是最早致力於馬克思主義研究與宣傳的作家之一。正如茅盾自己所評價的，這對他「算是初步懂得了共產主義是什麼，共產黨的黨綱和內部組織怎樣的」。〔註4〕然而這時在他的思想內容，馬克思主義思想是有的，資產階級革命民主主義思想也是有的，而且比較而言，後者占了相當重要的比重和位置。

這也符合當時的歷史情況和時代特點，關於這，毛澤東和周揚先後作過追敘。周揚是這樣追敘的：「我們中間的許多人出身於沒落的封建地主或其他剝削階級家庭，就教養和世界觀來說，基本上都是資產階級知識分子。『五四』新文化運動給我們帶來了科學和民主，也帶來了社會主義的新思潮。那時我們急迫地吸取一切外國來的新知識，一時分不清無政府主義和社會主義、個人主義和集體主義的界線。尼采、克魯泡特金和馬克思在當時幾乎是同樣吸引我們的。到後來我們才認識了馬克思列寧主義是解放人類的唯一眞理和武器。我們投身於工人階級的解放事業，但存在於我們腦子裡的資產階級個人主義的思想情緒和習慣卻沒有根本改變。我們有了一個抽象的共產主義的信仰；但支配我們行動的卻常常是個人英雄主義的衝動。我們和工人農民沒有結合，甚至很少接近。民主革命是我們切身的要求，而社會主義革命還只是一個理想。那時候，我們許多人與其說是無產階級革命派，不如說是小資產階級革命民主派。」〔註5〕毛澤東在作了類似的追敘之後則指出：「學了這些新學的人們，在很長的時期內產生了一種信心，認爲這些很可以救中國，除了舊學派，新學派自己表示懷疑的很少。」「帝國主義的侵略打破了中

〔註3〕《我走過的道路》（上），第 127～128、133 頁。
〔註4〕同上，第 176 頁。
〔註5〕《文藝戰線上的一場大辯論》，《社會主義現實主義論文集》第二集，第 108 頁。

國人學西方的迷夢。很奇怪，爲什麼先生老是侵略學生呢？中國人向西方學得很不少，但是行不通，理想總是不能實現。多次奮鬥，包括辛亥革命那樣全國規模的運動，都失敗了。國家的情況一天一天壞，環境迫使人活不下去。懷疑產生了，增長了，發展了。第一次世界大戰震動了全世界。俄國人舉行了十月革命，創立了世界上第一個社會主義國家。」「中國人和全人類對俄國人都另眼看待了。這時，也只有在這時，中國人從思想到生活，才出現了一個嶄新的時期。中國人找到了馬克思列寧主義這個放之四海而皆准的普遍眞理。中國的面目就起了變化。」〔註6〕周揚是著重於橫剖面分析，毛澤東則作了歷史的總結。茅盾當時的思想發展，大體上正是縱橫交織地表現爲這種情況。

關於這一錯縱變化，許多論著敘述的很多了。這裡要著重說明的是以下幾點：第一，當茅盾以《小說月報》爲基點衝上文壇；又以上海共產黨小組組員身份加入剛剛成立的中國共產黨並從事上下結合的革命活動時，他的思想發展正是呈現了這種複雜的狀況。在他以編輯爲職業，以文學爲事業，掩護著他那處於地下狀態的黨的活動家和宣傳鼓動家的活動時，他的共產主義的革命活動和他的對立統一的複雜思想並非永遠統一，而是時時產生矛盾的。隨著黨的建立，從「二七」到「五卅」的工農革命運動的日趨高漲，茅盾的無產階級思想也逐步成長，頭腦中的非無產階級因素退居次要地位，但從北伐到「四・一二」的革命浪潮的大起大落，使這兩種思想的主次地位又有借助外力而重新顚倒位置之可能。所以「從牯嶺到東京」他經歷了思想曲折的幻滅苦悶期。但茅盾畢竟是最早接受馬克思主義並最早從事工農革命運動的現代文學史上的第一個黨員作家，他的兩種思想的鬥爭終究以共產主義思想的勝利而進入左聯新時期，並沒有發生主次顚倒的悲劇。「從東京到上海」的艱難歷程結束之日，也是一掃幻滅苦悶情緒之時。他以眞正的共產主義戰士的姿態踏上左翼文壇。但這曲折卻造成中國現代文學史上的這樣一種奇特現象：第一個共產黨員作家並非是第一個成爲共產主義戰士的作家。我以爲這種歷史現象對於中國的小資產階級革命知識分子的道路來說，是非常具有典型意義的。第二，茅盾在二十世紀頭兩個十年的活動，既具有革命活動與文學活動緊密結合的特點，也具有破和立相結合、批判舊道德、舊理論、舊文學和建設新道德、新理論、新文學相結合的特點，此外還具有繼承民族傳

〔註6〕 《論人民民主專政》，《毛澤東選集》橫排本四卷，第 1406～1407 頁。

統和借鑒外來的進步因素並使二者緊密結合從而逐步使民族新文化、新文學繁榮滋長的特點。在這些特色突出的建樹與戰鬥裡，既有革命民主主義的因素，也有共產主義的因素；這兩種因素錯綜交織，有機結合，起伏消長，統一在這一時期茅盾所留下的精神遺產裡。有時甚至還呈現瑕瑜互見、精華與糟粕混雜的複雜形態。因此不宜以簡單地劃分歷史階段的方法作整齊劃一的區分、更不能像處理魯迅的思想分期以一九二七年為界那樣對待茅盾。因為茅盾思想發展期非常長，像一條曲折回環的河流，並沒有也不可能走筆直的路。要找分水嶺顯然是困難的。所以我寧願採用如實描摹的方法而不願採用「截流工程」的方法，為的是防止簡單化。

但是進入三十年代之後，茅盾的黃金時代就到來了。其顯著標誌是：第一，思想上的無產階級體系的建立。第二，創作上的社會主義現實主義的確立。第三，文藝理論和文藝批評上的馬克思主義觀點的成熟。第四，思想發展道路上的方向明確、步子穩健紮實，有小曲折卻沒有出現大曲折。茅盾顯然從此進入了無產階級思想的成熟期。最值得注意的特點則是，或由於三十年代初期黨內的「左」傾機會主義路線統治了黨中央，或由於四十年代國共兩黨時而聯合、時而兵戎相見的複雜狀況所提出的需要，雖然茅盾多次要求恢復黨的組織生活，但他的申請或未遭批准，或由中央決定有意識地讓他留在黨外起黨員作家難以起到的作用。但茅盾卻始終如一地像忠誠的黨員那樣對待組織；從思想到行動不折不扣地是一個共產主義戰士。直到臨終前中央恢復他的黨籍，黨齡從一九二一年算起為止。他在任何歷史時期都是黨的忠誠的兒子。絕非如美籍學者夏志清所說，存在著什麼政治傾向與感情傾向的矛盾；他是偉大的布爾什維克，絕不是黨的同路人。

二

茅盾的文學活動的突出特色的集編輯、理論批評家、翻譯家、文學史家、作家和文藝運動組織家與領導人於一身。在世界文學史上，只有別林斯基、車爾尼雪夫斯基和魯迅等少數佼佼者才顯示出這樣的特色。茅盾又是縱跨資產階級舊民主主義革命、新民主主義革命和社會主義革命與建設時期的歷史巨人。而這，由於國情不同，即使偉大的高爾基也沒有這種歷史的幸運。茅盾的編輯、理論批評、文學研究、翻譯評介、創作與文藝組織領導工作無不具有歷史的和時代的豐富多采的特色。而作家的才華借助獨特的歷史機緣和時代條件得到了充分的展現，並給他的時代以不可或缺的促進。

他把社會活動和社會批評結合起來，這使他的社會活動具有清醒的認識，得到理論的指導，從總結規律中獲得了歷史自覺性。同時這又使他的社會批評文字具有充分的依據，帶有理論與實踐相結合的特質。他把生活實踐與創作實踐結合起來，把革命活動和革命文學實踐結合起來，使他能在革命活動中充分借助文學家的靈敏嗅覺和富於理想氣質的想像力；又使他的創作獲得取之不盡，用之不竭的源泉，使他的作品具有深厚的生活基礎和工力。他把他的理論建樹和文藝批評、文學史研究（在文學史研究中又具有索本求源的特點）結合起來，於是使他的美學思想建立在從古到今、從中到外的廣袤土壤上；這又使他的文藝批評具有紮實的理論根基，具有高屋建瓴、縱橫開闔的視野。他把創作和翻譯、文藝批評、文藝理論研究結合起來，使自己的理論批評和自己的創作實踐相互印証，使創作活動既能借鑒前人，又有理論指導，具有更強的自覺性；使其理論批評因自己有充分的實踐體驗而易於中肯，具有理論與實踐結合的特長。他還把翻譯和評介結合起來，這就使他的翻譯工作更易把握作家的風格和作品的基調；使他的評介建立在紮紮實實的具體研究的基礎之上。而兩者的結合又大大方便了讀者。他的編輯工作雖先於他的創作實踐，但卻和他的理論、批評、研究、譯介同時開始，緊密結合的。於是他一開始就避免了「管窺」的局限，而能從全局觀點發現新作，獎掖新人；編輯工作又使他把理論、批評、研究、譯介的觸角伸向歷史和現實的縱深，既鍛煉了敏感性，又吸取了新滋養。他把自己的文藝實踐和領導文藝運動結合起來，這就使自己的文藝實踐能居高臨下；又使自己的組織領導工作點面結合，以親身體驗去推己及人。而他的文藝實踐和文藝組織領導工作又是他的革命活動與社會實踐的重要組成部分。於是，茅盾就不僅僅在中國現代文學史上，而且在中國現代革命史和中共黨史上也占有一角獨特的地位。

要概括這樣一位偉大歷史人物和傑出文藝戰士的歷史功績，一篇文章的篇幅是不可能容納的；也不是筆者的力量所勝任。下面，僅從美學思想、小說創作和散文創作的特色這三個角度略作管窺。以期記載他那豐功偉績於萬一。

三

茅盾的文學活動、如果從商務印書館的編輯工作算起，共計六十五年。在長期的理論批評、創作譯介、編輯研究與文藝領導工作實踐基礎上，他形

成了自己的美學思想體系，這一美學思想的豐富內容又體現在他上述一系列的文學實踐中。茅盾美學思想體系的顯著特點已逐漸爲大家所認識。

他從登上文壇起，就一貫重視文藝的社會作用和社會效果；一貫自覺地去完成文藝人生爲、爲人民、爲社會革命盡力的社會使命。在這一總目標下，一方面他經歷了從倡導「爲人生」的文藝到倡導爲無產階級的文藝的戰鬥歷程，另一方面則致力於鼓吹反映現實、暴露黑暗、追求理想、謳歌光明的主張，並且不懈地奮鬥了一生。

他在一九一九年四～六月的《學生雜誌》上連載的第一篇文藝論文《托爾斯泰與今日之俄羅斯》中就肯定了俄國十九世紀文學「富於同情」的特色，熱情肯定了它反映專制統治下人民「切膚之痛苦。故其發爲文字，沉痛懇摯；於人生之究竟，看得極爲透徹。其悲天憫人之念，恫矜在抱之心，並世界文學界，殆莫能與之並也」。他還高度評價了托爾斯泰這樣的藝術思想：「以藝術爲人類之活力，其目的在藝術家一己之經驗，藉此以傳達於他人。」以此喚起人們的覺悟，喚起對被壓迫者的同情心。這是茅盾早年倡導「爲人生」的文藝之始。到了一九二一年成立文學研究會時，他以該會理論代表的身份在倡導文藝「爲人生」並且改革社會人生之同時，明確地提出了文學「是社會的工具，是平民的文學，是大多數平民生活的反映，是大多數平民要求正義人道的呼聲，是猛求真理的文學。」〔註7〕次年，他又進一步提出文學家的社會使命應該是「注意社會問題，同情於第四階級，愛被損害與被侮辱者。」〔註8〕一九二三年他要求文學能「擔當喚醒民眾而給他們以力量的重任」。〔註9〕一九二四他年號召「不同派別的文學者聯合起來」，「一致鼓吹無產階級爲自己而戰。」〔註10〕一九二五年他更明確地主張拋棄籠統的「民眾藝術」之口號，代之以一個「頭角崢嶸，鬚眉畢露的名兒──這便是無產階級藝術。」〔註11〕一九二八年他參予了無產階級革命文學的倡導。一九三〇年以後他一再倡導左翼文藝和大眾文藝。並且把「中國蘇維埃革命與普羅文學之建設」有機地結合起來作深入的論述〔註12〕。茅盾從主張「爲人生的」

〔註7〕 見《近代文學體系之研究》，上海新文化出版社，1921年出版。
〔註8〕 見《自然主義與中國現代小說》，《小說月報》1922年第7期。
〔註9〕 見《大轉變時期何時來呢？》，《文學週報》第298期。
〔註10〕 見《歐戰十年紀念》，《文學週報》第133期。
〔註11〕 見《論無產階級藝術》，《文學週報》第173期。
〔註12〕 見《中國蘇維埃與普羅文學之建設》，《文學導報》第1卷第8期。

文藝到主張「爲無產階級的」文藝，這些主張的歷史發展，反映了他對文藝與社會之關係的認識、對文藝社會效果的估計，一天比一天更臻於本質；一天比一天更具革命傾向性。這是一個重要的側面。

另一個重要的側面是他主張文藝要暴露黑暗，歌頌光明；反映現實，追求理想；充分發揮作爲意識形態的文藝對社會的能動作用。他認爲文學的基本使命就是「或隱或顯，必然含有對於當時時代罪惡反抗的意思和對於未來光明的信仰」。他號召作家「要有鋼一般的硬心去接觸現代的罪惡」，同時他要求作家「要以我們那幾乎不合理的自信力去到現代的罪惡裡，看出現代的偉大來」。〔註 13〕一年之後，也就是一九二三年頃，他更明確地要求作家「教我們以處惡境而不悲觀，歷萬苦而不餒的眞勇氣」，從而「提起國內青年的精神」。因爲「文學是要指出現人生的缺點，並提出一個補救此缺憾的理想的」。〔註 14〕又兩年之後，他把文藝的使命提到這樣的高度：「文學決不可僅僅是一面鏡子，應該是一個指南針」。〔註 15〕大革命失敗後激起的幻滅情緒似乎使他的這一認識一度產生搖擺。他說過：「我實在是自始就不贊成一年來許多人所呼號吶喊的『出路』，這『出路』之差不多成爲『絕路』，現在不是已經証明得很明白？」〔註 16〕與此同時開始創作的《蝕》，的確是只揭黑暗、只提問題而未指出光明之路。但他的這一理論和實踐是特指「左」傾盲動主義而並非當作普遍的命題。一九二九年寫了《虹》之後，等於對《蝕》作了糾正。緊接著他提出要「對社會現象」作「正確而有爲的反映」，必須具備三個條件：「廣博的生活經驗」，「訓練過的頭腦」，和「認眞研究過社會科學。」〔註 17〕而這「社會科學」顯然指的是科學的共產主義理論。他要求在「透視的觀察與辯証法的分析上」，「從一切統治階級的崩潰聲中，革命巨人的前進聲中，互全社會地建立起我們作品的題材。」〔註 18〕而揭露的視野，則不僅僅放在敵對營壘，也包括我們內部的缺陷。他認爲「文藝家的任務不僅在於分析現實，描寫現實，而尤重在於分析現實描寫現實中指示了未來的途徑。所

〔註 13〕《樂觀的文學》，《文學旬刊》1922 年第 57 期。

〔註 14〕《雜感》，《文學周報》第 76 期，1923 年 6 月。

〔註 15〕《文學者的新使命》，《文學周報》第 190 期，1925 年 9 月。

〔註 16〕《從牯嶺到東京》，《小說月報》1928 年第 19 卷第 10 期。

〔註 17〕《我的回顧》，《茅盾自選集》，1932 年 12 月。

〔註 18〕《中國蘇維埃革命與普羅文學之建設》，《文學導報》第 1 卷第 8 期，1931 年 11 月 15 日出刊。

以文藝作品不僅是一面鏡子——反映生活，而須是一把斧頭——創造生活。」
〔註19〕表面看來，這些觀點似乎是二十年代的關於鏡子與指南針的觀點的重
複。實際上卻有很大的發展：其一是把側重點放在指示未來的理想和出路上；
其二是強調了揭露黑暗的雙重任務——對敵方的與對我方的，盡管這兩種揭
露是不同質的。但三十年代比二十年代辯証得多了；其三則是強調了無論歌
頌還是暴露均建立在科學的馬克思主義的觀察分析及形象再現的基礎上。可
見，三十年代的這些美學觀點，是二十年代的美學觀點的發展。美學觀點的
螺旋式上升與發展，在創作上得到了實踐。只要把二十年代末的《蝕》和三
十年代初的《子夜》比較一下，美學思想的發展會看得十分清楚。

　　當然，茅盾對文學的社會作用以及文藝與社會、與革命、與人民之關係
的理論不僅限於上述兩個方面；但從上述兩個重要側面已足以窺見茅盾的美
學思想及其戰鬥特色之一斑了。

　　與此相聯繫的，是茅盾美學思想的另一個重要內容：關於現實主義的理
論與主張。

　　眾所周知，茅盾早年曾經倡導過左拉的自然主義。但是他的最早的幾篇
論文卻把現實主義傑出的大師托爾斯泰作為自己的論題。年青的茅盾對托爾
斯泰的現實主義推崇備至。他的第一篇譯作《在家裡》的作者契訶夫也是俄
國文學史上傑出的現實主義大師。這都說明茅盾一開始就具有鮮明的現實主
義傾向。後來他之所以倡導左拉的自然主義，一方面是對自然主義有些片面
的認識。而當時現實主義和自然主義，不僅在中國，就是在西歐，也是分不
清楚的。另一方面則是出於批判封建文藝特別是「文以載道」的封建文藝思
想和鴛鴦蝴蝶派的創作傾向的需要。茅盾認為盡管這兩種傾向「是相反的，
然而同樣有毒」：都「不能觀察人生入其堂奧；憑著他們膚淺的想像力，不過
把那些可憐的膽怯的自私的中國人的盲目生活填滿了他的書罷了。」為了糾
正藝術上這種「不知道客觀的觀察，只知道主觀的向壁虛造」的「滿紙是虛
偽做作的氣味」的不良傾向而使創作走上健康發展之路，茅盾在批判之同時
開了一劑藥方。這就是自然主義。「自然主義何以能擔當這個重任？」因為它
帶來了「兩件法寶——客觀描寫與實地觀察」。〔註20〕茅盾選擇的出發點是文

〔註19〕《我們必須創造的文學作品》，《北斗》第 2 卷第 2 期，1932 年 5 月 20 日出刊。
〔註20〕《自然主義與中國現代小說》，《小說月報》第 13 卷第 7 期，1922 年 7 月 10
　　　　日出刊。

藝的真實性原則和真、善、美相統一的原則。他指出：「自然主義者最大的目標是『真』；在他們看來，不真的就不會美，不算善。他們以為文學的作用，一方面要表現全體人生的真的普遍性，一方也要表現各個人生的真的特殊性」，「所以若求嚴格的『真』，必須事事實地觀察。這事事必先實地觀察便是自然主義者共同信仰的主張。」茅盾不贊成龔古爾兄弟「把經過主觀再反射出來的印象描寫出來」的主張，而贊成左拉的「把所觀察的照實描寫出來」的「純客觀態度」，因為「左拉這種描寫法，最大的好處是真實與細緻。」在茅盾看來只有這樣才能「為表現人生而描寫人生。」〔註 21〕這顯然是一種誤解。因為作家的創作是現實生活在作家頭腦中的反映的能動的形象再現。無論反映還是再現，都難以絕對擺脫主觀傾向性。作家的任務在於使這種主觀傾向盡量符合客觀的本質真實性，而不是絕然摒棄主觀而追求「純客觀」。事實上連茅盾推崇備至的左拉也沒做到這一點，茅盾自己當然也做不到。一九二八年他就曾說：「雖然人家認定我是自然主義的信徒──現在我許久不談自然主義了，也還有那樣的話，──然而實在我未嘗依了自然主義的規律開始我的創作生涯」；相反地，他是一開始創作就採用現實主義作為創作方法的。

　　有些論者歷來以為《蝕》是純客觀描寫的，而《子夜》則是明顯地具有主觀傾向的。這種誤解也許始於茅盾的自述。茅盾在談到《蝕》時，多次說他是摒除主觀傾向作純客觀描寫的。但這並非實際情況，否則無法解釋為什麼《蝕》被茅盾北伐失敗後那暫時占主導地位的幻滅情緒所支配而具有相應的消極傾向這一客觀事實。反過來說，《蝕》盡管具有這種主觀傾向，但從總體來說，它是力求使主觀傾向與當時的歷史真實性相統一的，只是有時過分囿於追求細節的表面真實，也由於作家對當時歷史與時代的動向缺乏更為本質的認識，所以流入自然主義表象真實的描寫偶有所見。這當然是敗筆。

　　但從茅盾關於自然主義的美學主張及其創作實踐的整體來看，他所說的自然主義，基本上是批判現實主義。只有這樣才可以解釋他的理論和真正的自然主義理論存在區別的問題；也才能解釋為什麼他又把巴爾扎克這位偉大的現實主義大師叫作「自然派的先驅」。〔註 22〕

　　正因為茅盾是把批判現實主義當作自然主義加以倡導，所以他也很容易

〔註 21〕 同上。
〔註 22〕 同上。

地從倡導自然主義過渡到倡導「新寫實主義。」〔註 23〕歷來的說法是介紹蘇聯的社會主義現實主義的第一篇文章是周揚三十年代的那篇文章，其實早在一九二四年四月《小說月報》十五卷四號上茅盾所寫的《俄國的新寫實主義及其他》一文中就涉及這個問題。在次年寫的長文《論無產階級藝術》中，茅盾更明確地謳歌了高爾基為代表的無產階級文藝流派及其新現實主義的特徵。指出了他們在反映現實時還著重體現出無產階級的「階級鬥爭的高貴的理想」。「這理想並不是破壞，卻是建設——要建設全新的人類生活。」他號召「無產階級藝術也應向此方向努力」，以助成無產階級「達到終極的理想。」應該說，這就是革命現實主義的基本精神。後來，在一九三四年全蘇作家代表大會通過的《蘇聯作家協會章程》中名之為社會主義現實主義，這是在斯大林支持之下由高爾基正式提出並獲得通過的。但這是最終的理論上的權威表述。此前高爾基等偉大作家的理論和實踐中早就有了。它的產生「是一九〇五年到一九〇七年這些革命的年代裡人民群眾進行第一次猛攻的結果。」它以一九〇七年出版的反映一九〇五年俄國工人階級偉大鬥爭的高爾基的長篇小說《母親》為標誌。「而到了蘇維埃時代，則成了占統治地位的藝術方法。」〔註 24〕茅盾早在一九三四年《蘇聯作家協會章程》通過之九年以前，就根據高爾基等蘇聯作家的創作實踐和理論闡述加以總結和評介，可以說這實際上是中國倡導革命現實主義即社會主義現實主義的先驅。更可貴的是，早在一九三〇年著手寫《子夜》時，他就自覺地運用了革命現實主義創作方法。因此使《子夜》成為中國現代文學史上第一部社會主義現實主義的長篇巨著。這是他現實主義美學思想的光輝結晶。這個美學思想線索一直貫穿到一九五八年《夜讀偶記——關於社會主義現實主義及其他》一書的發表和一九六二年《關於歷史和歷史劇》的出版。一直到他臨終前發表的許多有關創作方法的言論和評論革命現實主義創作的文藝批評文章，都作過系統的論述。特別是《夜讀偶記》一書，總結了中國文學發展史和世界文藝思潮史，從文藝與生活、創作方法與作家思想、理想與現實、現實主義與其他創作方法之關係的多種角度對現實主義及其歷史發展作了精闢透徹的論述。茅盾關於批判現實主義——革命現實主義的美學觀點，成為他的美學思想體系的主

〔註23〕 《從牯嶺到東京》。

〔註24〕 布爾索夫：《高爾基的〈母親〉與社會主義現實主義問題》，人民文學出版社版，第 45 頁。

要貫穿線。而且這條批判現實主義——革命現實主義的美學思想貫穿線，和他的「爲人生」的文藝——爲無產階級的文藝這另一貫穿線，是互爲表裡、有機結合，並充分地體現在他的一系列創作裡。

早在寫小說處女作《蝕》時，茅盾就是既堅持「爲人生」的文藝又堅持現實主義的美學原則的。關於《蝕》的寫作動機，茅盾有過一段著名的話：「我是眞實地去生活，經驗了動亂中國的最複雜的人生的一幕，終於感得了幻滅的悲哀，人生的矛盾，在消沉的心情下，孤寂的生活中，而尙受生活執著的支配，想要以我的生命力的餘燼從別方面在這迷亂灰色的人生內發一星微光，於是我就開始創作了。我不是爲的要做小說，然後去經驗人生。」〔註25〕茅盾寫《蝕》時是「更近於托爾斯泰」方式即「經驗了人生以後才來做小說」的。這是茅盾創作的主要方式之一。所謂「之一」，是因爲還有「之二」：左拉方式。「左拉因爲要做小說，才去經驗人生。」茅盾說：「我愛左拉，我亦愛托爾斯泰」。總的說他的創作運用著這兩種方式，並且常常是兩種方式的有機結合。但兩種方式都是現實主義的。經過正反兩方面的經驗積累，茅盾對此有更深一步的認識。茅盾的悲觀失望情緒使他忽略了大革命失敗後革命主流和革命英雄人物的存在，從而他體會到「一個作家的思想情緒對於他從生活經驗中選取怎樣的題材和人物常常是有決定性的」。這是從世界觀與創作方法之關係的角度總結創作經驗的。《三人行》的缺陷使他認識到「徒有革命的立場而缺乏鬥爭的生活，不能有成功的作品。」這是從生活實踐與創作實踐之關係的角度總結創作經驗的。到寫《子夜》時，他的「準備工作算是比較做得多的。大部分題材都是「直接觀察了其人與其事的」，部分材料是「僅憑『第二手』的材料」。〔註26〕那是因爲「『無意中』積聚起來的原料用得差不多了」，加之《子夜》大規模反映中國社會的計劃使作家十分豐富的積累仍顯得不夠用，於是「就要特地去找材料。」也就是「爲了寫作而進一步經驗人生。」「於是帶了『要寫小說』的目的去研究人。」人是他研究的第一目標。這還不夠，他還認爲「必得有『人』和『人』的關係；而且是『人』和『人』的關係成了一篇小說的主題。」〔註27〕因爲「在橫的方面，如果對於社會生活的各環節茫無所知，在縱的方面，如果對於社會發展的方向看不

〔註25〕《從牯嶺到東京》。
〔註26〕《茅盾選集》自序。
〔註27〕《談我的研究》，《中學生》第 61 期，1936 年 1 月。

清楚，那麼，你就很少可能在繁複的社會現象中恰好地選取了最有代表性、典型性的，即是具有深刻思想性的一事一物」，作爲題材。〔註28〕這就涉及到茅盾現實主義美學思想的核心——典型化原則了。在這篇文章中不可能談茅盾那相當豐富、相當深刻、相當系統的現實主義典型化的美學思想了。然而，我必須指出：可以說，茅盾的典型化原則和他的左拉方式、托爾斯泰方式以及二者相結合的創作方式的美學理論，同樣都是他的現實主義美學思想的精華。

茅盾認爲「現實主義有其長遠的發展歷史的」，「現實主義的發展過程，是一個複雜的過程」；「同時，我們也不應當否認，象徵主義、印象主義，乃至未來主義在技巧上的新成就可以爲現實主義作家或藝術家所吸收，而豐富了現實主義作品的技巧。」〔註29〕正像浪漫主義也被現實主義吸收甚至於得到有機結合那樣。他還認爲在同一馬克思主義世界觀基礎上，「現實主義和革命浪漫主義的結合，是到達社會主義現實主義之路。」〔註30〕在茅盾自己的創作中，不僅有浪漫主義因素，而且對象徵主義的某些手法特別是象徵手法，對現代派的種種常用手法包括精神幻象手法和意識流心理描寫手法等等，都有許多吸收與創造性的運用。不僅小說如此，不少抒情散文亦復如此。所以，茅盾的現實主義理論與創作有如匯聚許多細流的長河大江，那麼浩瀚！

一貫堅持文藝的獨特規律、一貫強調與追求思想和藝術的辯証統一，是茅盾美學思想中又一個重要原則。正是從這個基點出發，他畢其一生力量和公式化、概念化與文藝庸俗社會學作持久的不懈的鬥爭。

早在一九二〇年，茅盾就提出了文藝創作要堅持思想與藝術有機結合、辯証統一的原則。當他參予《小說月報》半革新，並爲其專欄《小說新潮》寫《宣言》時，就明確指出：「文學是思想一面的東西」，「然而文學的構成，卻全靠藝術。同是一個對象，自然派（Naturcal）去描摹便成自然主義的文學，神秘派去描摹便成神秘主義的文學；由此可知欲創造新文學，思想固然重要，藝術更不容忽視。」〔註31〕九年之後，茅盾對已經進入成長期的新文學

〔註28〕《茅盾選集・自序》。
〔註29〕《夜讀偶記》，第40、64～65頁。
〔註30〕《關於革命浪漫主義》，《鼓吹集》，第251頁。
〔註31〕《小說月報》第11卷第1期，1920年1月25日出版。

進一步提出了更高的要求：「須先求內容與外形——即思想與技巧，兩方面之均衡的發展與成熟。」他針對當時「革命文學」倡導者和他們的創作的公式化概念化傾向不無批評地告誡說：「作家們應該覺悟到一點點耳食來的社會科學常識是不夠的，也應該覺悟到僅僅用群眾大會時煽動的熱情的口吻來做小說是不行的。準備獻身於新文藝的人須先準備好一個有組織力，判斷力，能夠觀察分析的頭腦，而不僅僅準備好一個被動的傳聲的喇叭；他須先的確能夠自己去分析群眾的噪音，靜聆地下泉的滴響，然後組織成小說中人物的意識；他應該刻苦地磨煉他的技術，應該揀自己最熟悉的事來寫。」〔註32〕說這些話時，茅盾已經積累了《蝕》與《野薔薇》等小說創作的豐富經驗。因此他能夠把理論闡述和形象思維與典型提煉過程之規律結合起來，從作家的生活、思想、技巧這三方面的創作準備及其相互關係的角度，從作品構成的內容與形式及其辯証統一關係的角度作深入淺出的論述。他還作過這樣的比喻。「文藝作品的形式與內容，猶之一張紙的兩面，是不能截然分離的。」「就兩者的關係而論，倒是內容決定了形式的。」他還指出：「中國文藝批評家向來注意到形式與內容的關係」。「中國傳統的文藝批評理論在形式論與內容論上始終不曾有過矛盾。〔註33〕」茅盾不僅從文藝民族傳統的角度，而且還從民間文學和人民大眾的欣賞習慣與美學要求的角度論述這個問題，他指出：「舊小說之所以更能接近大眾乃在其有接近大眾的技術而非在文字——技術是主，作為表現媒介的文字本身是末。」他認為人民大眾「藝術感應的特殊性」就在於「特別對於那種多動作的描寫方法起感動」，「這是一個要點。」〔註34〕這裡提出了兩個問題：其一，人民大眾的基本欣賞要求是文藝的形象化和人物描寫的動作化、以及人物關係的行動化。其二，在大眾文藝的藝術構成諸因素中，不能像三十年代關於文藝大眾化討論中某些片面看法那樣，僅僅片面強調文學語言的作用。在當時「左」的傾向甚囂塵上之際，茅盾竟提出「技術是主，作為表現媒介的文字是末」的口號，今天我們也不能不佩服無產階級文學巨匠這種膽識！而這種「膽」，恰恰又建築在其遠見卓「識」的基礎上。

非但此也，這膽識還更突出地表現在他畢其一生精力和公式化、概念

〔註32〕《讀〈倪煥之〉》，《文學週報》第 8 卷第 20 期，1929 年 5 月 12 日出刊。
〔註33〕《關於〈創作〉》，《北上》創刊號，1931 年 9 月 20 日出刊。
〔註34〕《問題中的大眾文藝》，《文學月報》第 1 卷第 2 期，1932 年 7 月 10 日出版。

化、臉譜化作不懈的持久的鬥爭上。當然，他也注意分析這種傾向形成的多種原因，除了「左」傾文藝思潮之外，還有文藝及作者處在幼稚階段的主觀原因，並且針對這不同的情況，分別開出治病的藥方。早在一九二一年，他就以郎損的筆名在他主持的徹底改革後的《小說月報》上經常發表創作漫評。在《評四五六月的創作》中他〔註35〕統計並剖析了「一百二十幾篇小說在題材的分野上」的情況。後來茅盾又在《中國新文學大系小說一集導言》中指出了此文所考察的「五四」以後頭五年「創作界的兩個很大的缺點」：「第一是幾乎看不到全般的社會現象而只有個人生活的小小的一角，第二是觀念化。」茅盾分析了形成原因，總的認為那是沒有在藝術上下「水磨工夫。」「學習技巧」下的力量很不夠是主要的。此外也談到和文藝活動開展不夠以致使青年文藝者的「文藝才能尚未覺醒」；「生活的單調」「限制了他們的覓取題材的眼光」等等。然而關鍵在於藝術追求不夠。因為不論「太熱心於『提出問題』」還是「太不注意到他那題材中所包含的『問題』」，兩種傾向「犯了同樣的失敗」。「所以要點不在一個作家是不是應該在他的作品中『提出問題』，而在他是不是能夠把他的『問題』來藝術形象化」。〔註36〕這顯然是文藝幼稚病所導致。

到了「左聯」時期，問題就複雜了。關鍵在於「左」傾教條主義自一九二八年前後「革命文學」論爭很快影響了文藝創作。不僅創造社諸作家如此，「和創造社的轉變同時有太陽社也提倡普羅文學」，「據說這是一部分有『革命生活實感』的青年」。「因為本來不從事於文學，所以文學技術不夠，結果便是把他們的『革命生活實感』來單純『論文』化了。他們的作品的最拙劣者；簡直等於一篇宣傳大綱。」〔註37〕更有甚者是故意把文藝作品當成宣傳品來寫。茅盾對此先後在《從牯嶺到東京》和《讀〈倪煥之〉》兩篇長文中作了批評。因為他「簡直不贊成那時他們熱心的無產文藝——既不能表現無產階級的意識，也不能讓無產階級看得懂，只是『賣膏藥式』的十八句江湖口訣那樣的標語口號式或廣告式的無產文藝」。〔註38〕即便出於好心寫普羅文藝者，也是「有革命熱情而忽略於文藝的本質，或把文藝也視為宣傳工具——狹義的——或雖無此忽略與成見而缺乏了文藝素養的人們，是會不知不覺走

〔註35〕《小說月報》第 12 卷第 8 號。
〔註36〕《中國新文學大系小說一集導言》，《中國新文學大系導論集》，第 100 頁。
〔註37〕《關於「創作」》，《北斗》創刊號，1931 年 9 月 20 日出刊。
〔註38〕《讀〈倪煥之〉》，《文學周報》第 8 卷第 20 期，1929 年 5 月 12 日出刊。

上這條路的。」〔註 39〕出於關懷文藝健康發展的茅盾當然要敲敲警鐘。盡管茅盾的好意「招來了許多惡罵」，但歷史証明：正確的未必是罵人的人。當然茅盾不僅僅滿足於申明正確主張、批評公式化、概念化的不良傾向。他更多地是作理論指導，一九三六年他出版的《創作的準備》就是理論指導和自己創作經驗之總結相結合的努力。解放以後收在《鼓吹集》、《鼓吹續集》裡那些批評公式化、概念化的文章和論述生活、思想、技巧的文章，是更爲成熟的對思想與藝術辯証統一的美學原則的論述。

　　在他的文藝評論中，同樣堅持了這一個美學原則。他指出：「文學作品雖然不同純藝述品，然而藝術的要素一定是很具備的。介紹時一定不能只顧這作品內所含的思想而把藝術的要素不顧，這是當然的。」〔註 40〕我們從他幾十年的文藝評論文章可以看到這條紅線。茅盾的文藝評論有三類：第一，作家論。如《魯迅論》、《王魯彥論》、《徐志摩論》、《廬隱論》、《冰心論》、《落華生論》、《論趙樹理的小說》等。第二，作品論。如《讀〈北京人〉》、丁玲的《河內一郎》、《關於〈呂梁英雄傳〉》以及解放後在《讀書雜記》中剖析作品的文字等。第三，創作綜論。如「五四」時期的《春季創作漫評》、《評四五六月的創作》，三、四十年代的《「九一八」後的反戰文學》、《中國新文學大系小說一集導言》、《抗戰期間中國文藝運動的發展》，解放後的《在反動壓迫下鬥爭和發展的文藝》、《短篇小說的豐收和創作中的幾個問題》、《一九六○年短篇小說漫評》、《六○年少年兒童文學漫談》、《關於歷史和歷史劇》，以及新時期所作的《在部分中、長篇小說座談會上的講話》等等。這洋洋百萬言的批評文章，始終貫穿著思想分析藝術分析並重、要求二者緊密結合的美學原則。茅盾還特別善於使用把思想分析與藝術分析結合起來的文藝批評方法，以及借藝術分析以達到思想分析之目的的方法。這在《讀書雜記》一書中表現得尤爲突出。

　　所以，一貫堅持文藝的獨特規律，一貫強調與追求思想和藝術、內容與形式的辯証統一，是茅盾美學思想的重要內容。這一切既體現在他自己的創作裡，也體現在他的理論批評裡。

　　在闡述茅盾的美學思想及其主要特點時，我有意識地把側重點放在早

〔註 39〕《從牯嶺到東京》。
〔註 40〕《新文學研究者的責任與努力》，《小說月報》第 12 卷第 2 期，1921 年 2 月 10 日出刊。

期，而不著重介紹其後期，一方面固然因爲對後期大家較爲熟悉，但也爲了著重描述他的歷史開拓作用。因爲在中國的馬克思主義美學史上，茅盾顯然是主要的先驅者之一。

今天看來，茅盾這一系列美學思想原則，不僅成爲我國馬克思主義美學寶藏中的瑰寶，而且是這批瑰寶中最民族化、最富於作家本人文藝個性色彩的一部分。

四

小說創作是茅盾最主要的文藝建樹。茅盾不僅和魯迅一起是中國現代文學史上最重要的短篇小說大家，而且又是長篇小說創作高手。他的小說創作以其難以取代、難以企及的成就和特色在中國現代文學史上占據著高峰的位置。

茅盾小說最突出的特色是具有強烈的時代性和歷史性，他從開始創作就注意大規模地反映中國社會、敢於正面觸及並展開重大社會政治矛盾。他的作品縱橫開闊，吞吐宇宙，具有極大的社會容量，明顯地具有史詩的性質。

縱線看來，自辛亥革命到解放戰爭時期，一部中國資產階級舊民主主義革命史和黨所領導的新民主主義革命史，在他的作品中得到相當系統的反映。長篇小說《霜葉紅似二月花》反映的是自辛亥革命以來中國資產階級民主主義革命的新舊交替期即「五四」運動前後中國社會的歷史場景。它原計劃寫到一九二七年大革命失敗，限於條件未能完成。目前留下的是「五四」前後到一九二三年這段歷史的形象寫照，取材雖僅限於一個小鎮，但卻反映了地主階級與資產階級的矛盾，它們與農民階級的矛盾，以及維新派與守舊派的矛盾，反映了中國共產黨成立前後的社會反響的一個小側面，也反映了農民對地主資產階級的壓迫所作的自發反抗。這部長篇和另一部未完成的長篇《虹》相銜接且略有交叉。因爲《虹》從「五四」前夕寫到「五卅」運動。它以北洋軍閥統治爲背景從四川寫到上海，從時代女性由家庭走上社會走向工農革命的角度取材，從一個側面展示了中國共產黨領導的波瀾壯闊的革命鬥爭。《蝕》三部曲和《野薔薇》中的五個短篇則從「五卅」運動起筆，著重寫一九二七年大革命前、中、後三期中國社會波瀾壯闊的歷史大動蕩。如《虹》一樣，也是從時代女性和新時代青年知識分子群著墨，展現出國共兩黨由聯合到分裂過程中黨內黨外、上層基層縱橫交織的階級鬥爭和路線鬥

爭。中篇《路》和《三人行》則承接《蝕》和《虹》，從青年學生的生活道路的角度反映大革命失敗後國民黨反動統治所激起的新形勢下的社會鬥爭。《子夜》、《農村三部曲》、《林家舖子》、《多角關係》、《當舖前》等長篇與中短篇以城市為主，把視野放在三十年代前半城鄉兩面整個中國社會全貌的歷史場景。它以民族資產階級為重點，從它和買辦階級、工農革命運動的激烈矛盾中揭示出中國不可能走資本主義道路。包括小資產階級知識分子在內的中國各階級、各階層，只能經歷黨領導的新民主主義革命的歷史必由之路。中篇《多角關係》可以作為《子夜》的姐妹篇看，因為它從橫剖面反映了三十年代前半的城市社會矛盾是怎樣地複雜與錯綜。《第一階段的故事》和《鍛煉》則從日寇侵華的上海戰事導致民族工業資本家搬遷內地的事件落筆，把民族矛盾與階級矛盾交織在一起。承接著抗戰前期的這兩部長篇的《腐蝕》則是把抗日戰爭最艱苦年代敵我對峙、蔣敵偽合流的種種矛盾凝鑄在特務魔窟內部的勾心鬥角及其與地下工作者及青年學生的種種衝突裡。帶有明顯《小說化》色彩的劇本《清明前後》則把抗戰勝利前夕解放戰爭即將到來國統區心腹地帶的矛盾搬上舞台。

馬克思和恩格斯認為巴爾扎克的著作提供的政治、經濟、歷史情況遠比相應的理論著作為多，從這個意義上他們認為巴爾扎克的小說具有編年史的性質。茅盾的作品也具有同樣的性質。茅盾反映的歷史比較真實，而且他的反映遠比作為保皇黨人的巴爾扎克正確。正確的表現之一在於充分體現了時代精神，使作品具有時代性。茅盾指出：「所謂時代性，在表現了時代空氣而外，還應該有兩個要義：一是時代給人們以怎樣的影響，二是人們的集團的活動又怎樣地將時代推進了新方向，……」〔註41〕這種時代性可以從茅盾作品反映社會生活的縱橫交錯的縱深感看得出來。上文所說是從縱線來看。橫地看來，幾乎每一個長篇和短篇都涉及廣泛的矛盾，都具有歷史本質的真實感，都或顯或隱、或深或淺地展示出歷史發展的動向。《蝕》固然寫現代青年在革命浪潮中生活道路的曲折，但革命前、革命中、革命後的三段，不正是大革命前後從領導核心內「左」與「右」的鬥爭、或這場鬥爭在革命前、中、後期的展現嗎？《子夜》固然著重寫民族資產階級的歷史命運，但是中國社會各階級、各政黨、各種社會力量不大致上都被作品中的九十多個人物典型概括進去了嗎？就是以某個人物的描寫而言，也具有統觀某一作品

〔註41〕 《讀〈倪煥之〉》，《茅盾論創作》，第236頁。

所能發現的同一特點。且不說林先生這樣上下左右溝通各種社會矛盾的作品主人公，就是次要人物也是各種社會關係的總和。例如《多角關係》中的小角色朱潤身。僅僅作者給他取的一個外號「弄不清」就大有名堂。他是華光綢廠的股東，作為三個大綢店的經理他又是該廠的客戶。作為股東廠家欠他，作為客戶他又欠廠家。在年關臨近，錢莊倒閉、廠家客戶雙雙吃緊的「多角關係」中，一個朱潤身就是社會歷史最典型的凝縮。他自己又怎麼「弄」得「清」呢。作家正是從「弄不清」們的形象解剖中給中國社會和歷史提供了一面又一面起能動反映作用的鏡子，借以把時代對人們的影響，和人們的活動對歷史與時代的促進（包括革命的作用，也包括反動的作用）囊括無遺。

茅盾說他「喜歡規模宏大，文筆姿肆絢爛的作品。」〔註42〕他的作品正是這樣。因為他有典型概括的高超本領。他有辦法加大作品的社會容量。他要求作家也要求自己對社會現象作「正確而有為的反映」。重要的法門就是把人和人的關係當成各種社會關係的總和來寫。上述作品任何一部都是以小篇幅凝聚大社會容量的範例。就是短篇如《當舖前》也不例外，王阿大的包袱是一家血淚史的縮影，王阿大一家的歷史又何嘗不是中國社會的縮影。王阿大等到輪船局鬧事的情節，後來不就擴展成《霜葉紅似二月花》的情節體系了嗎？小大由之，以小見大，正是作品思想容量大、密度也大的表現。

茅盾說「《蝕》與《子夜》發表時，曾引起了轟動」，其「原因之一」是他「敢涉足他人所不敢而又是人們所關注的重大題材」。〔註43〕「之二」呢？茅盾沒有說，依我看來，具有強烈的時代性，具有明顯的史詩性質，正面地大規模地展現中國社會全景和縱橫交織的社會矛盾，使作品容量大、密度濃，具有縱橫開闔、吞吐宇宙的氣勢，則是更為重要的原因。因為這才是對社會生活和人類歷史的最「正確而有為的反映」。

當然，這樣評價茅公，還其他方面的充分的理由，塑造了一系列栩栩如生的人物形象。構成幾組經得住時間考驗的人物系列，其中有相當數量的舉世公認的不朽的典型形象，通過一系列的藝術形象和人物系列真實地、歷史地、具體地反映了從我國舊民主主義革命到新民主主義革命的幾十年的歷史發展與時代內容，並在藝術實踐中形成自己獨特的塑造典型形象的藝術方

〔註42〕《茅盾的創作歷程》，第397頁。
〔註43〕《外文版〈茅盾選集〉序》。

法。茅盾這方面的成就，也使他對此評價當之無愧。

　　高爾基把文學稱爲「人學」。茅盾則說「『人』——是我寫小說時的第一目標。」他從各個側面研究人，他注意觀察研究人的各方面的社會關係。他創作之前非常自覺地去經歷觀察人物的三個階段：「最初是有所見而不全」，「其次是續有所見而愈看愈不敢說已有把握，此時就不敢冒然下筆，最後方是漸覺認識清楚」，〔註44〕這時已做到爛熟於心，這才下筆去寫。而且不只是觀察一個人。也「決不是單依了某一個人作爲『模特兒』。比方說，要寫一個商人罷，應當同時觀察了十幾個同樣的商人，加以綜合歸納。」而且還要「在矛盾中發展的關係上去觀察『人』和環境」「『人』與『環境』是同時在他觀照之中的」。此外還「必須使你筆下的『人物』和社社會上相當的那一群活人之間：——同中有異，異中有同。」〔註45〕這不僅是理論，而且是親身的經驗，茅盾的這些活生生的「典型論」，都生動地體現在他的一系列小說創作裡。

　　迄今爲止，學術界已普遍承認茅盾小說塑造了一組組人物系列，提供了幾條生動的人物畫廊。其中出現最早、也最精彩的是時代女性的人物系列。他的《蝕》的創作始於大革命失敗後，但創作動機則始於一九二六年，那時他就「打算忙裡偷閑來試寫小說」，「是因爲有幾個女性的思想意識引起了」他的注意。〔註46〕但在大革命失敗後才動筆，因爲這些時代女性在此方面有了很大的變化，作者也有了新的認識，提筆寫時就較之當年的構思有所不同。他所「著力描寫的」是兩種類型：「靜女士，方太太，屬於同型；慧女士，孫舞陽，章秋柳，屬於又一的同型。」〔註47〕有一種觀點認爲《虹》中的梅女士、《子夜》中的徐曼麗、張素素，《腐蝕》中的趙惠明等是慧女士型，是在不同環境、不同時代的慧的性格的發展。認爲《子夜》中的林佩瑤等則是靜女士在另一環境中的發展。可以同意這種看法，但還要作一點補充：不應該過分注意她們異中有同，而應該更注意其同中有異。因爲她們畢竟是不同的各自有獨立生命力的藝術形象，盡管不能說他們個個都夠得上典型。而且還要補充一點，我們也不能認爲茅盾筆下的女性都能歸入這兩型。因爲還有第三型甚至第四型。像《鍛煉》中的嚴潔修、蘇辛佳，《子夜》中的林佩珊、《林

〔註44〕《談我的研究》，《茅盾論創作》，第 17 頁。
〔註45〕《創作的準備》，第 43、49、48、45 頁。
〔註46〕《幾句舊話》，《茅盾論創作》，第 3 頁。
〔註47〕《從牯嶺到東京》，同上書，第 31 頁。

家舖子》中的林小姐，就很難說她們是靜女士型或慧女士型，那麼看的話將低估了茅盾描寫人物的成就。

茅盾的第二人物系列是形形色色的資本家形象。這裡有買辦資本家如趙伯韜（《子夜》），有各種類型的民族資本家如王伯申（《霜葉紅似二月花》）、吳蓀甫、王和甫、孫吉人、朱吟秋、周仲偉（《子夜》）、唐子嘉（《多角關係》）、何耀光（《第一階段的故事》）、林永清（《清明前後》）、嚴仲平（《鍛鍊》）。此外也有林先生（《林家舖子》）等和這一人物系列有點關係的小商人。第三個人物系列是形形色色的知識分子形象。從辛亥革命——「五四」前後的錢良材、朱行健（《霜葉紅似二月花》）到二十年代的張曼青、王仲昭、史循（《蝕》）、到三十年代的李玉亭、范博文（《子夜》）周為新、唐濟成（《鍛鍊》），茅盾塑造了一系列知識分子形象，其實女性系列中的絕大部分，都可以同時歸入這條知識分子畫廊的。第四個人物系列是地主形象。如趙守義（《霜葉紅似二月花》）、胡國光（《蝕》）、馮雲卿、吳老太爺、曾滄海（《子夜》）等，都是各具個性的動人形象。此外還應該提到大名鼎鼎的老通寶，盡管這類農民形象為數不多，但老通寶卻是可以和吳蓀甫、林先生等相媲美的有定評藝術典型。這些人物和人物系列說明茅盾的確「知人」善畫的大師，可以說他的腦子裡裝著一個複雜紛紜的中國社會。僅僅《蝕》中的三十幾個人物和《子夜》中的九十多個人物及其相互關係，就把二十年代到三十年代中國社會的各種矛盾，近十年的重大事件，從農村到城市，從經濟基礎到上層建築和意識形態的種種情狀囊括無遺，地地道道是時代的和歷史的縮影。

茅盾筆下的人物之所以能栩栩如生，其中還不乏有世界影響的典型，除了他對人及其社會本質、獨特個性等了解甚深，觀察極細，形象化個性化非常充分，達到呼之欲出程度而外，還得力於他塑造人物形象的高超的藝術本領。其中最突出的是心理描寫和在複雜的人物關係和激烈的矛盾衝突中展示人物性格的藝術功力，在中國現代文學史上很少有人能夠相比。特別是在複雜的人人關係和激烈的矛盾衝突中刻畫人物一節，和前面所述大規模地反映中國社會、敢於正面觸及與展開重大社會政治矛盾、使作品具有強烈的時代性和史詩性的特色，是緊密相關的。從這個角度，我們可以窺見茅盾處理人物與題材、主題、情節等文學作品構成因素之關係的功力，也可以而看出他獨特的美學追求和藝術情趣。

與此相聯的還有一個特點，那就是茅盾小說氣勢恢宏、複雜嚴謹的結構

藝術。談到《蝕》時茅盾曾作過自我批評，說「我的結構的鬆懈也是很顯然」。〔註48〕有的論者還抓住作家自謙和嚴於責己之詞說《蝕》是信手拈來，隨興之所之之作。這種說法是不妥的。固然，從三個中篇的關係看來，《蝕》缺乏統貫全書的中心人物是個不足。但就繼承《水滸》、《儒林外史》等古典名著的結構藝術經驗而言，這未始不是藝術結構之一種。何況就每個中篇作獨立的考察，其結構都是精心搭築的。

　　總體看來，茅盾小說的藝術結構有縱剖面的和橫剖面的兩種類型。長篇、中篇多用前者，短篇則多用後者，但也不可一概而論。如中篇《多角關係》用的橫剖面方法；短篇《農村三部曲》、《林家舖子》則用縱剖面方法。有的則是縱橫交織的。從具體結構方法看茅盾簡直是個高級建築工程師。舉例來說：《幻滅》、《虹》、《腐蝕》是以中心人物為軸單線平推的藝術結構形式。《動搖》是圍繞胡國光、方羅蘭兩個人物所安排的雙鏈條拱形結構形式。《追求》、《多角關係》等則是圍繞兩個以上的重要人物多線索平行發展、交錯推進的藝術結構。《霜葉紅似二月花》、《鍛煉》是以中心事件為軸心、以幾組人物構成同一事件和與同一事件有關的情節鏈條，採用「花開幾朵，單表一枝」的方法波浪式推進的藝術結構。《子夜》則最為複雜，它以主要人物吳蓀甫為軸心，圍繞著吳、趙鬥爭和吳蓀甫、趙伯韜、杜竹齋三巨頭的複雜關係，沿著三條主線（公債市場、辦工業、農村矛盾）、七條副線（由公債市場這條線枝蔓出的馮雲卿這群人物及其命運是條副線；由辦工業又枝蔓出四條線：其一，朱吟秋和陳君宜以及益中公司八個小廠的命運；其二，周仲偉的命運；其三，地下黨領導的工運和黨內兩條路線的鬥爭；其四，黃色工會及其兩派的傾軋；由農村那條線枝蔓出曾滄海和曾家駒父子使之勾連著吳府及其裕華紗廠；此外還有與各條線若即若離的被茅盾稱作「新儒林外史」的那一群）輻射式地舖展開去。除了農村一線展開不夠，其他均發展得非常充分。從《霜葉紅似二月花》、《鍛煉》的布局看來，如果全書完成，也可望達到《子夜》同一級別的複雜的藝術結構水平。

　　茅盾的結構藝術固然得力於文學遺產的借鑒（如《子夜》對《戰爭與和平》就有所師法），但首先來源於生活，他多次強調從豐富多采的現實生活中提煉藝術技巧。並認為「只有從生活中體認出來的技術方是活的技術。」〔註49〕

〔註48〕《從牯嶺到東京》。
〔註49〕《關於「創作」》，《茅盾文藝雜論集》上集，第 311 頁。

例如《子夜》與《多角關係》的結構藝術技巧就有直接來源於生活的範例。《子夜》寫了九十多個人物，舖開三條主線七條副線，怎麼收攏又怎麼組接呢？這顯然是個極嚴重的問題。茅盾的方法之一是借助人物之間親戚、朋友和愛情關係。如借助吳家的親戚關係連結著農村（舅父曾滄海）、工廠（表親屠維岳等）和公債市場（姐夫杜竹齋、遠親經紀人陸匡時及其寡婦劉玉英等），也聯結著「新儒林外史」那一群（表妹張素素、小姨子林佩珊等）。借助朋友關係聯結著益中公司（王和甫、孫吉人）和其他小廠（朱吟秋等）、聯結著趙伯韜及其托辣斯銀團計劃（借助李玉亭牽線）。借助婚姻愛情糾葛聯結著南北大戰及蔣汪派系鬥爭（借助吳少奶奶和早年的情人雷鳴）。連馮雲卿與趙伯韜在公債市場上的大魚吃小魚關係也是借助女兒搞男女關係聯結起來的。《多角關係》則是又一種類型。只要看看《上海大年夜》就會明白，茅盾是看到銀行破產商店倒閉引起的連鎖反應而進行小說的藝術構思的。這些都是來自現實生活，人人之間的經濟、政治關係、種種社會關係都帶有半封建半殖民地中國的特點，把它提煉成情節與環境，連帶著也提煉出小說結構藝術的技巧。正如茅盾所說：這種「從生活中體認出來的」結構藝術才是「活的技術」。

茅盾小說的思想藝術成就遠不止這三個方面，但僅此三者，已經蔚然可觀。這些地方都令人聯想到巴爾扎克。茅盾和巴爾扎克分處不同的時代，思想意識與政治態度也有本質的區別，但就其藝術成就及其在各自國家的文學史地位看，稱茅盾為「中國的巴爾扎克」，茅公完全當之無愧！

五

傑出的作家往往適應時代的需要而準備幾副筆墨，從而也顯示了其多方面的藝術才華。茅盾就是這樣的傑出作家。小說以外他還寫詩、寫劇、寫童話、寫散文。在散文創作中也是幾副筆墨並用的。

茅盾的散文創作開始於二十年代前半。「五卅」運動中他拿起筆，用散文形式為社會側面作時代的剪影。當時「五四」以來的散文創作呈現出分化狀態。一部分作家在追求閑適和性靈，逐漸失掉文學的社會價值，這時茅盾異軍突起。和後來的小說創作同樣，他的二十年代的散文也具有強烈的時代色彩，反映著重大的社會矛盾。郁達夫說他這時的散文具有這樣的特點：「唯其閱世深了，所以行文每不忘社會。他的觀察的周到，分析的清楚，是現代散

文中最有實用的一種寫法。」「中國若要社會進步，若要使文章和實生活發生關係，則像茅盾那樣的散文作家，多一個好一個；否則清談誤國，辭章極盛，國勢未免要趨於衰頹。」〔註50〕這是對茅盾散文成就的精闢估價。

茅盾散文包括報告文學、抒情散文、雜文、速寫等多樣品種。和朱自清有些類似，茅盾也是從抒情散文爲主轉向寫雜文爲主的，兩者的成就都高，而以抒情散文的藝術價值爲最。但各類品種的手法互相滲透，呈現出千姿百態。下面以抒情散文爲主，兼及其他，就其主要藝術特色作個綜論。

茅盾懷著大規模反映社會與時代的宏願，又面臨複雜的現實，政治環境的險惡和他個人思想發展的曲折，這一切有時使他難以直抒胸臆，他的藝術天才和借鑒西歐文學之所長使他往往用象徵手法寫抒情散文。從而也擴大了作品的思想容量。象徵手法的特點在於以具體的個別的形象來概括更普遍、更豐富、更複雜甚至較抽象的社會內容，它以其含蓄蘊藉、耐人尋味並具有獨特表現力的長處受到茅盾的喜愛，成爲他藝術手法裡的常規武器。

茅盾抒情散文中象徵手法的運用大體隨主觀與客觀的因素而分爲三個階段，每個階段自有其獨特的顏色。二十年代末期，由於大革命失敗後茅盾陷入思想苦悶幻滅期。剛剛結束的革命高潮之後的低潮期的政局與現實又迷朦混沌，使茅盾散文的象徵手法的運用和象徵寓意的展現，明顯地帶著苦悶的情致和朦朧的色彩，我想稱之爲「苦悶的象徵」。《賣豆腐的哨子》、《霧》等就是體現觀這方面特色的代表作。這些作品是把象徵手法納入到現實主義創作中去的。到了三十年代中期，情況發生了很大的變化。茅盾結束了思想苦悶期而進入更堅定地投入戰鬥的左聯時期，他對前景的認識明確、樂觀；他對理想的追求更加執著，他對社會的時代的認識和概括更爲眞切、準確、清醒、透剔。這一時期抒情散文代表作如《雷雨前》、《黃昏》、《沙灘上的腳跡》等既是時代的鏡子，又是生活的指南針。它們以小見大，體現了時代面貌，表現了極深的象徵寓意。可以稱爲「時代的象徵」。時代的象徵期與苦悶的象徵期相比其象徵手法和象徵寓意的區別有二：其一是多半納入浪漫主義的而不是現實主義的創作方法中。其二是一掃幻滅、苦悶的情致而代之以開朗、樂觀的戰鬥激情，既能準確反映現實又能揭示革命前景，恰恰和三十年代中期革命由低潮轉向新的高潮的時代特點相適應。進入四十年代，茅盾的抒情散文的基調又爲之一變。由新疆而延安，又由延安而西安，不到一年時間

〔註50〕《現代散文導論（下）》，《中國新文學大系導論集》，第222頁。

茅盾經歷了兩種根本不同的社會制度，體驗了兩種根本不同的人生道路。如果說過去把新社會看作理想，而今人民掌權成了主人的新社會已作爲現實呈現在面前。回到國統區後又回到黑暗的深淵，於是作家以空前高昂的激情歌頌共產黨所領導的陝甘寧解放區的新人新事新生活新制度。但在國統區的白色恐怖中又「吟罷低眉無寫處」，因爲在這時的代表作《風景談》、《白楊禮贊》等抒情散文裡，那象徵寓意就飽和著革命理想主義，可以稱之爲理想的象徵。

從苦悶的象徵——時代的象徵——理想的象徵的發展歷程中，我們看到作家在散文藝術中怎樣成功地把思想和藝術、內容和形式、主觀臆像和客觀物象結合起來，又怎樣把時代烙印和思想發展的痕跡滲透到作品中去。這發展過程中還留下了茅盾美學思想的客觀描寫傾向和主觀情感傾向、寫實性與主情性是怎樣相消長、相溶合的。在這裡，我們窺見了從他的小說裡較難窺見的東西。這個特色恐怕與美學思想有關，不單單是抒情散文體裁特點所致。

如果說象徵手法的運用及其發展主要是體現在茅盾的抒情散文裡，那麼情與理的結合形成了強烈的藝術美，則是茅盾絕大部分散文所共有的特色。即便在社會短評裡，只要偶而運用了文學筆法，就也隱隱滲進這情與理緊密結合凝成的藝術美。散文的感情濃度要次於詩，但它對散文本身的重要性不亞於對詩。作爲一個現實主義作家茅盾的創作偏重客觀描寫。但他也重視主觀感情的抒發，特別在散文裡；又特別是在抒情散文裡。不過他的激情的抒發往往萌始於敏銳的觀察、深刻的思索和豐富的聯想。他往往以議論和哲理的闡發爲間架，高視點地選擇抒發感情的渠道，使抒情與議論、激情與哲理結合而凝成散文的藝術美。

統觀茅盾散文，情理結合而形成藝術美，大體表現爲三種類型。其一是情調的捕捉與抒發。這種抒情和議論往往採取直抒胸臆，邊抒邊議的方式，有時甚至把捕捉情調的方式與過程都明確點出。最典型的例子是《賣豆腐的哨子》和《叩門》。那悵惘的情調、苦悶與焦灼難耐的情懷，反映了大革命失敗後尋求出路、擺脫黑暗現狀而不可得的普遍要求與時代激情，體現出這樣的深刻哲理：「歷史必然性的要求與這個要求實際上不可能實現之間的悲觀衝突」。〔註51〕其二是充滿哲理色彩的意象的捕捉與意境的追求。最典型的是

〔註51〕 恩格斯：《給拉薩爾的信》，《馬克思恩格斯列寧斯大斯論文藝》，第15頁。

《嚴霜下的夢》。以意識流手法出之的三個夢境的描寫形象概括了「革命的遭遇」和茅盾的心情以及他對「那時的盲動主義」的否定。〔註52〕對光明與黑暗交相搏鬥及其前景的哲理思辯性是通過三個夢構成的撲朔迷離的意境體現出來的。其情理結合的藝術美也寄寓在這朦朧色彩較濃的意境中。其三是情與理在物化中的結合，這就是託物寄情，情隨物移；借事寓理，理依事顯。不論是物象的捕捉還是事件的凝集，均保持著生活的本來面目，均以客觀描寫為主，激情與哲理則潛移默化地滲入其中，這種藝術美是以事物的本來面目直接注入讀者感觀的。像《白楊禮讚》就是借物以抒情寓理的。《紅葉》、《櫻花》是借事以抒情寓理的。《風景談》則較為複雜，它不寫一事、一物、一人，而是截取若干生活斷片用蒙太奇手法組接起來以抒情寓理的。一切激情與哲理、議論都在物化之中。

不論茅盾的哪種情理結合以構成藝術美的方式，都具有濃度極大的社會內容，都出自居高臨下的觀點，這是茅盾區別於別的散文作家的地方。而激情的熱度超過魯迅，哲理的深度遜於魯迅，但其犀利的鋒芒和藝術美的外溢，雖放在魯迅的散文之中似也可以比肩。這些都是難能可貴的。

取精用宏，一以當十，是茅盾散文的第三個特色。和小說的寫作不同，散文可以大至宇宙蒼穹，小至一花一草，不論從宏觀世界還是從微觀世界取材，都可達到取精用宏、一以當十的目的。茅盾慣用的材料是這樣幾類：其一是自然物。如霧（《賣豆腐的哨子》、《霧》、《霧中偶記》）、暴風迅雷（《雷雨前》）、白楊（《白楊禮讚》）、櫻花（《櫻花》）等。其二是日常瑣事，如《老鄉紳》之寫說謊；《桑樹》之論種桑。其三是生活斷片，如《人造絲》之寫同學邂逅、留學遭遇；《風景談》之寫高原駝隊、生產歸來、男女新貌、茶社剪影、戰士英姿等。其四是某種情調或物境。前者如《叩門》中的叩門聲，《賣豆腐的哨子》中的哨子聲等。後者如《黃昏》中的海濱風情，《故鄉雜記》之一《一封信》中的艙中雜景等。茅盾在追求取精用宏、一以當十藝術效果時都刻意追索其中更深的涵義，力求透過表象看本質，從一事一物一時一地的個別現象中展現出其普遍性的意義。為了精煉，為了使這「一」和「精」能收到「十」和「宏」的藝術效果，他常堅持兩個原則，一是形神兼似，借形似以求神似；二是虛實結合，避實以就虛。從而使散文既能窮萬物群像的外態內蘊，又能借個別以見一般。激起豐富的聯想，加重作品的思想負荷。既

〔註52〕《我走過的道路》，《新文學史料》1981年第1期，第8頁。

在寫實，但實中求虛，又虛得疏能跑馬；他在求虛，但虛中有「神」，使作品的思想成為主宰一切的精神和靈魂，對此又追求密度的加大；加大到了密不透風的程度。

所以茅盾的散文往往以少總多，情貌無遺。和他的容量極大的小說創作有異曲同工之妙。

六

茅盾說：「真正的作家必有他自己獨具的風格，在他的作品裡，必能將他的性格精細地透映出來。文學所以能動人，便在這種獨具的風格。」〔註 53〕作家六十年前說的這話被他六十五年的創作生涯所結的碩果充分証實了。茅盾說他「喜歡規模宏大，文筆姿肆絢爛的作品」，這不單反映了他的欣賞愛好，也反映了他在創作中的美學追求。他的作品不論小說還是散文，都具有這一特點。他的文筆機敏犀利，汪洋浩瀚；他的作品氣勢磅礡、恢宏雄渾。社會種種矛盾，盡在筆端；時代的風雲變換，悉收眼底。剖析透徹，形象逼真，使人感到作家那洞幽燭微的炯炯目光，力透紙背，熠熠有神。

從藝術構思來說，他的作品高視點，大手筆，「超以象外；得其環中」〔註 54〕。雖然大題小做，也能以小見大。縱使小題大作，亦常高屋建瓴，從時代的制高點和歷史發展的動向，概括社會生活的深廣內容，展示時代的恢宏風貌。

從作品氣度說，他通常抑制感情，偏於理智，偏重客觀描寫，不尚主觀闡發，然而情自寓於中而形於外。或援情入理；或借形傳神；或把人物推到滾滾濤頭；或把情節引進重重矛盾。寫事件鞭闢入裡，論世相切中時弊。在從容舒展中顯示出洞察世態的練達；閃射出目光的機敏與睿智。不管涉足多麼紛繁複雜的矛盾，自能使文筆顯豁開闊，給人以一覽眾山小的啓迪。

從寫法說，他的作品往往是立體感，油畫式，一向追求縱深，從不單線平塗。寫縱深，是生活的縱深，時代的縱深。面面觀，是社會的歷史的多層次、多側面。給人以豐滿厚實的生活真實感。

這一切，都是他汪洋浩瀚、恢宏雄渾的藝術風格的具體表現。

一九七七年三月十四日，茅盾在《奉和雪垠兄》一詩中有這樣兩句：

〔註 53〕《獨創與因襲》，《時事新報》副刊《學燈》1922 年 1 月 4 日。
〔註 54〕司圖空：《詩品》。

　　　　　頻年考史撥迷霧，

　　　　　長日揮毫起迅雷。

這是就姚雪垠寫完《李自成》後有再寫《天京悲劇》之計劃一事，和姚雪垠大規模反映歷史發展所表現的氣魄和毅力以及作品的氣勢而說的，拋開這些特指內容，用在茅盾史詩般的創作和年復一年反映現實的氣魄上，不也是非常合適嗎？

　　詩中還有這樣兩句：

　　　　　錦繡羅胸仍待織，

　　　　　無情歲月莫相催。

在茅公作古兩周年之際讀這兩句詩，不禁令人悽然淚下。一代文豪，滿腹經綸，他作為歷史老人，還可以揮動如橡大筆舖寫多少華章啊！他臨終前還懷著「無情歲月莫相催」的熱情與期望在艱難地命筆。遺憾的是正當他「錦繡羅胸仍待織」的時候卻溘然長逝！從今而後，誰還能像茅公那樣「考史」、「揮毫」，為我們寫《子夜》般「撥迷霧」、「起迅雷」的華章？

（1982～1983 年寫於內蒙——北京，

初刊於《山西大學學報》1983 年第 4 期）

茅盾及「五四」精英文化人格的
歷史內涵與時代局限

　　對人類社會來說，無論從哪個方面看，人格都至關重要。然而人格這個範疇，至今還沒有一個公認的科學、合理的定義。而且不同學科，如哲學、歷史學、法律學、社會學、心理學、生理學以至宗教學，都有不同學科的人格定義。據西方人格心理學家的探討，其內涵大體如下：人格是人在社會化過程中形成的人的特色的身心組織，它爲歷史所鑄就，具有明顯的歷史文化特徵。它又是個人的社會文化選擇的結果，具有顯著的個性特徵。因此，人格是共性與個性的統一體。這種特定歷史條件下個性心理的組合模式，具有外顯和內隱的較穩定、持久、連續的傾向性，是個體思想、文化、道德、學識、智能等品性的有序組合，是在社會中扮演角色和社會賦予其地位的一切特性的綜合。這種心理學人格範疇內涵，已經充分顯示出人格的複雜性。若從其他學科考察，還另有其複雜內涵的學科界定。

　　在中國，人格的範疇內涵及其界定也很複雜。在傳統文化領域，其影響最大者，是儒家的人格觀。其突出特點，是分層次比照性的人格價值判斷。儒家的創始人孔子談論人格，就常常分爲君子與小人，作不同視角考察。如：「君子坦蕩蕩，小人常戚戚」中的「君子」，就以個人對群體、社會、國家以至歷史的使命感、責任心，作爲道德自律和行爲準則；「小人」則一切圍繞個人利益欲望而行動；因此君子心胸坦蕩，小人則常患得患失。在處理社會關係上，孔子又有許多人格原則，如「己所不欲，勿施於人」，「己欲立，而立人；己欲達，而達人」等論述，就是很典型的人格自律標準。

　　茅盾人格的形成，雖因其學貫中西而兼具東西方文化之長，但他自幼養成的安身立命的人格準則，其核心是中國化、民族化的內涵，與儒家文化優秀傳統血肉相關。因此，就不宜照搬西方文化諸學科之人格定義，只能在參照的同時，從中國文化的優秀傳統中，汲取多學科人格理論之長，排除眾說紛紜的歧見，以公眾大體認同爲基準，對人格範疇，作出自己的界定。

　　人格雖因人有遺傳基因和動物自然屬性而兼具生理的自然屬性，但人是社會的高級動物，以其社會屬性區別於其他動物。人格的探討，當然應重在其社會屬性內涵，這才有完善自我、完善社會的廣泛意義。茅盾的人格，正是在這個方面特別具有垂範後世的意義。據此提出我的人格觀：人格是人的外在的言行實踐及其傾向和內在的思想情感欲望的眞實取向兩個層面所臻的境界，應得的客觀評價，及其產生的社會作用諸方面的綜合表現。在這裡，其外在蘊涵、內在蘊涵，以及內外雙重層面之關係的綜合蘊涵，都是特定人格的內涵。鑒於人的外在與內在的取向往往不能完全統一，因此對其內與外或統一，或對立，或矛盾的關係的多層意義與蘊涵，應該作對比觀照和統一考察。

　　人格的內涵的複雜性，固然能表現在其個別性、特殊性方面，但整體看來，人格的基本內涵，當以穩定性、全局性及其與別人的顯著差異性爲主要內容。

　　人的內心生活與社會行爲十分豐富，十分複雜，並且表現在許多不同層面，發生不同層面的社會行爲與社會關係。每一種層面與社會關係，都展示出其統一完整的人格內涵的一部、大部或全部。人格在不同層面或社會關係中的表現，就是品格。諸多層面和關係所表現的綜合的集中的最高品格，就是特定個體的完整的人格。品格既是人格構成的因子，又是人格的某一方面的展現與揭櫫。因此二者血肉相連，難以分割。中國人習言「人品」，就是這個道理。

　　就茅盾言，總體來看，他是「文學家與革命家的完美結合」〔註1〕。具體展開，茅盾人格表現他的許多建樹的重要側面中。他是學貫中西、博古通今的文化偉人，是卓有創見的思想前驅，是參與建黨、畢生叱咤革命風雲的政治家，是理論、學術均有建樹的大學者，是著作等身的文學大師，是幾乎能

〔註 1〕張光年：《文學家與革命家的完美結合》，《茅盾九十誕辰紀念論文集》，作家
　　　　出版社，1987 年版，第 3 頁。

一文定人終身的權威文學評論家，是辦報、辦刊、編書的大編輯家，也是嚴於自律與律人的以品德垂範於世的大賢者。所以，其文化品格、思想品格、政治品格、道德品格、學術品格、創作品格，評論家品格、編輯家品格以至教育家品格，是構成茅盾偉大人格的基本層面。

在區分層面，重在不同社會關係的內外兼顧、盡力整合的考察過程中，固然要兼顧生理屬性與自然屬性，但重點在社會屬性；在其人格表現的穩定性、整體性，及其與別人的差異性、獨特性的總體考察；結合其緣以產生的特定社會歷史條件，及其成因和發展，力爭作出科學、客觀、公允的評價。

1921 年 7 月 24 日，25 歲的茅盾剛剛參與了中國共產黨的創建，就著文和摯友張聞天討論人格問題。他認為：「個人的主張想取信於人，感動別人」，得「靠『前後無矛盾』，合於『嚴格的邏輯』然後可」；「如果僅用感情以衡量人們的人格，而不求理性、『嚴格邏輯』的觀察，為幫助，竊恐將陷入了蔡邕感董卓的『變態』人格觀的危險。聽他的話，觀他的行事，人還逃得過去麼？」〔註 2〕於是茅盾提出了「言與行相符」的衡量人格標準，和感情與理性相結合的衡量人格的方法。

不僅當時，就是今天，這標準與方法都至關緊要。且不說商場官場，即便一向被視為淨土的文壇學界，用此尺子鏡子量量照照，盡管有些人信誓旦旦滿口仁義道德，也難免現出男盜女娼的原形。惟其如此，我們才看重自我人格與社會人格、文品與人品的統一；堅持以此衡量一切人：包括茅盾和我們自己。

一

從這個視角反觀魯迅與周作人、茅盾與沈從文的歷史命運及其評價的升降浮沉，其意蘊不僅饒有興味，也頗能發人深思。

從「五四」到建國，作為時代前驅與文壇旗手，魯迅和茅盾在人們心目中一直如日月經天。「五四」前驅者周作人卻曇花一現，國難當頭時投敵變節。其談茶說禪，雖為美文，老百姓卻投以白眼。沈從文在當時也算得文壇新秀，但後來其「文藝與抗戰無關論」一出，頓時輿論嘩然。其充滿湘西風情的小說因遠離救亡時代而被側目，遂滑到文壇邊緣。

〔註 2〕《茅盾全集》第 14 卷，第 224 頁。

　　「文革」後新時期前期，1929 年和 1958 年兩度遭茅盾嚴厲批評的西方現代派思潮在新中國文壇再度崛起。相伴的則是沈從文被奉爲「大師」。周作人更是聲名鵲起，對其漢奸行徑則諱莫如深，好像壓根就沒這回事。魯迅反倒被硬戴上「神化」帽子拉下祭壇廣遭非議；茅盾則被從「大師」榜上除名，代表作《子夜》據說只是「一份高級的社會文件」，遂被逐出了文壇。然而曾幾何時，隨著市場經濟與民營經濟地位之確立，茅盾及其《子夜》的文學價值又被確認。「魯迅熱」則由大學生擴展到全民。

　　這一切恰恰驗証了魯迅的名言：「各種文學，都是應環境而產生的，推崇文藝的人，雖喜歡說文藝足以煽起風波來，但在事實上，卻是政治先行，文藝後變。」〔註3〕此前年僅 26 歲的茅盾也有一說：「有力的思想學術，決不是萬能的，亦決不是永遠有效的」；其改造社會促進發展的「能力」只在特定歷史階段有「造時勢」之效，「卻不可逾乎此範圍而多要求些」；它雖「能應最多數人的需要」，卻不「能應人人的需要」；即便「能解決人間最大最根本最普遍的問題」，卻不能「解決一切問題」。茅盾所得的結論則是：「凡一種東西，都有他正當的價值；我們最不可忘了他的本身的正價而任意貶褒。」〔註4〕魯迅和茅盾這些話不啻爲哲理預言，揭示的是思潮起伏的本質與規律；既說明了思潮與文潮何以會變動不定，又道出了客觀上確實存在著永久性的東西及其永久性存在之緣由。而人的自我人格與社會人格的統一，和文人的文品與人品的統一且合乎眞善美的要求，則是人格魅力永存的原因之所在。由此而觀，本文列舉的這四位前人，都有各自的歷史價值。但起碼在人格品位上，顯然不可同日而語。聯繫到列寧的遺言：「在分析任何一個社會問題時，馬克思主義理論的絕對要求，就是要把問題提到一定的歷史範圍之內」。「首先是考慮具體時間、具體環境裡的歷史過程的客觀內容」，以便確定在此具體環境中，什麼「是可能推動社會進步的主要動力」。恐怕情況就更加如此。

二

　　茅盾一度曾是文學家氣質極濃的革命家，不久就成爲畢生以之的革命家氣質極濃的文學家。不論前者抑或後者，都以其人格魅力爲基礎，做靈魂。

〔註3〕16 卷版《魯迅全集》第 4 卷，第 23～24 頁。
〔註4〕《茅盾全集》第 14 卷，第 334、336 頁。

而其自我人格和社會人格、文品和人品，不論用他的「言與行相符」的標準來衡量，還是用人民大眾公認的道德標準來衡量，都是統一的。其基本精神與內涵，在我看來，大致可用以下16個字來概括：急公好義，求眞務實，謹言愼行，剛柔相濟。

茅盾人格的形成，首先承傳了中華民族優秀的民族精神。在東西方文化交流碰撞的大環境中，又汲取了西方民主主義，特別是馬克思列寧主義的思想營養。在擇優而從的自主意識協調平衡條件下，保持不斷發展更新的動態，達到民族傳統優勢與現代意識、時代精神的有機組合。這又是他嚴於自律、勤於升華自身人品境界的必然結果。

茅盾所急的「公」之內涵，隨時代發展而不斷更新。最初是來自家教，其父用維新思想改造充盈了儒家優秀傳統，即「士」的人格信條：「以天下為己任。」「五四」前後，茅盾主動用從西方借鑒的革命民主主義、愛國主義和現代科學精神革新了這「公」的內涵。最大的突破當是接受了馬列學說，確立了共產主義理想信念。這時茅盾所急之「公」具有重新定義的內容：首先為解放全人類奮鬥獻身，最終必然徹底解放了自己。

一個「公」字，三次革新，靠的是求眞務實的執著追求，保証了他所「急」之「公」，成為他所「好」之「義」的靈魂。其「義」的主導層面，就必然是，實際上也是畢生以之「為眞理和正義而鬥爭」的忘我犧牲精神，和克己奉公、盡職盡責、無私奉獻的仁義之心。再加上恪守社會公德的嚴格自律，和為實現社會公德的仗義執言之舉，交友處世重誠實然允諾的信義之行。至此茅盾完成了人格的自我建構，也實現了自我人格與社會人格的統一。這一切相當有說服力地証明了他「言與行相符」的人格標準，並非他的一句空話，而首先是他人格自律的信條。

求眞務實是茅盾人格的有機構成因素。它不僅是人格建構與自律的科學態度，還是人格不斷革新完善的自我驅動力。為實現共產主義理想奮鬥終生甚至不惜忘我犧牲是「公」和「義」的靈魂。其內涵的深化，同樣經歷著由抽象到具體、由一般化理性認知到能結合中國實際的科學理論的不斷升華，為此不斷修正認識與行為中的幼稚甚至錯誤的艱難曲折的過程。在克服困難、修正錯誤、不斷深化認識的全過程中，始終貫徹著求眞務實的執著精神、科學態度和非凡勇氣。

建黨初期充滿文學家氣質的革命家茅盾心目中的為實現共產主義而奮鬥

的理想，是以蘇聯十月革命爲標準和模式的一般意義上的理想。照搬與套用的結果，初步形成了茅盾的政治觀，基本內容就是：解決中國「現代的社會問題還得從鏟除資本主義著想」，「還得從勞動革命入手」。他認爲「這是正當的有效的方法」。（見1922年作《「生育節制」的正價》）他堅信「最終的勝利一定在勞工者，而且這勝利即在最近的將來」。（見1921年作《自治運動與社會革命》）〔註5〕這種一般化理論認同，與「革命速勝論」的「左」傾急性幼稚病，直到「四一二」反革命政變發生當時他還保持著：他判定「蔣逆敗象畢露了」，「我們再努一點力，早些把他完完全全送進墳墓去呀」！（見1927年《蔣逆敗象畢露了》）〔註6〕

　　大革命失敗使茅盾吸取了血的教訓。停下來思考後，他既認識了自己「左」傾急性幼稚病的錯誤，也認清了當時中共中央負責人「左」傾冒險主義的錯誤。他充分認識到：「假革命者」蔣介石、汪精衛背後站著美英日帝國主義和中國封建勢力，他們及其走狗買辦資產階級這三種強大的反動勢力才是中國革命的主要對象。這種新認識使茅盾感到幻滅和悲觀。茅盾只能再次革新其理性的認知。

　　正如魯迅所說：「一般的幻滅的悲哀，我以爲不在假，而在以假爲眞。」「幻滅之來，多不在假中見眞，而在眞中見假。」〔註7〕茅盾因「眞中見假」、「以假爲眞」而幻滅，又靠求眞務實的自律精神與頑強意志而「假中見眞」。停下來反思經年，茅盾終於認識到中國社會的性質並非一般的資本主義社會，而是半封建半殖民地社會。中國革命的性質並非一般的社會主義勞工革命，而是共產黨領導下的資產階級民主主義革命。中國革命的對象並非此前自己認定的一般意義的資本主義，而是帝國主義、封建主義和買辦資產階級。中國革命的動力固然是「勞工」爲主，但不僅是聯合農民階級和小資產階級，而且在反對民族資產階級與工人階級對立的反動性之同時，多取其發揮反帝反封建的進步性。這就使茅盾由反「左」的立場轉變到反「右」的立場上來。急公好義精神與求眞務實態度的有機結合，使茅盾具備了無私無畏、襟懷坦白的品格。他既勇於公開承認自己的錯誤，也勇於公開批評黨的最高領導層所犯的「左」傾冒險與盲動主義的錯誤。顯然這是以文學家氣質極濃的革命

〔註5〕《茅盾全集》第14卷，第200頁。
〔註6〕《茅盾全集》第15卷，第204、333、354頁。
〔註7〕《魯迅全集》第4卷，第23～24頁。

家的人格、膽識和勇氣爲底氣的大家風範。

然而茅盾畢竟主要是一位革命家氣質極濃的文學家。經過數年的提煉昇華，這些全新的甚至頗具超前性的認知，最終結晶在屢遭非議，甚至給他帶來厄運的扛鼎之作《子夜》及其「餘韻」《春蠶》、《秋收》、《殘冬》、《林家舖子》、《當舖前》、《小巫》等長、中、短篇小說系列，及一大批散文特寫中。這是一項宏觀而形象化地概括 30 年代中國社會與革命全景的偉大工程。其中對農民暴動的隱約描繪，透出了特別可貴的信息。它分明展露出茅盾對毛澤東提出並不懈實踐著的中國革命正確路線，即「以農村包圍城市」，通過武裝鬥爭奪取政權的理解和認知，展露出茅盾身在白色恐怖的國統區卻深情向往著紅色蘇區的革命激情，爲追求時代精神的充分體現。社會眞實性與藝術眞實性的完美結合，茅盾寫這些作品時冒著作品遭禁、自己被捕坐牢甚至殺頭的危險。

茅盾的執著，獲得了很大的社會效果。他提供的這面映照出 20 世紀 30 年代中國社會全景的恢宏磅礴的鏡子，幾乎可與列寧給托爾斯泰的美稱相媲美。至今外國學者研究和了解中國時，還把《子夜》等系列小說當作重要史料來參考和研究。因爲它不僅原汁原味地描繪出當時中國的社會風貌，而且還指點出時代發展的動勢與主流。它也是照見革命家氣質極濃的文學家茅盾文品與人品、自我人格與社會人格有機統一的人格形象的一面鏡子。其最耀眼的光輝不是別的，正是急公好義、求眞務實這「一紙兩面」、水乳交融的人格魅力。

三

急公好義、無私無畏的精神，使茅盾畢生滿蓄著昂揚進取的陽剛銳氣。但他剛而不脆，既非衝動的書生意氣，更非莽撞的匹夫之勇。這得力於其求眞務實、睿智理性的科學態度，使他始終保持著穩重柔韌的氣質。這顯然是兩種區別人格的構成因素。之所以能在茅盾身上異質同構、優勢互補，原因之一是他「幼稟慈訓」，建立起「謹言愼行」的人格自律機制。經過調整、平衡、自我磨合的長期努力，茅盾最終臻於剛柔相濟的高境界。這一切固然與借鑑當時西方先進文化特別是其當時正盛的朝氣蓬勃的民主、自由、科學精神有關，與中華民族卓爾不群的民族精神特別是其博大精深的文化傳統淵源更深。

我們的民族精神與文化傳統的基質，是儒道互補的優化組合。在社會人格打造上，茅盾重在儒家。他摒棄了道家超俗避世的消極態度，汲取其達觀洞察的睿智理性。使之與儒家的入世精神，即「以天下為己任」的歷史使命感，經世致用、積極進取、「知其不可為而為之」的時代責任心有機結合，特別重要的是他也注入了馬列主義世界觀、無產階級人生觀的靈魂。但在自我人格鍛鑄上，茅盾則於儒於道，兼收並蓄。

總體看來，儒家重「剛」。儒家的思想核心是「仁」。實現「仁」的理想價值必具的人格力量與策略規範就是「剛」和「勇」。這才能使仁、禮、智等發揮綜合的作用。所以孔子反覆強調：「無求生以害仁，有殺身以成仁。」「剛毅木訥近仁。」「仁者必有勇。」「勇者不懼」故「臨危不苟」。「見危受命。」〔註8〕道家尚「柔」。道家思想的核心是「道」。實現「道」的理想價值必具的人格力量與策略規範就是「柔」和「弱」。這才能使道、常、玄、虛、無等發揮綜合作用。所以老子反覆強調「守柔曰強」、「柔弱勝剛強」、「天下之至柔，馳騁天下之至堅」，故「強大處下，柔弱處上」。〔註9〕

茅盾兼收並蓄，擇優而從，思辨昇華。故青出於藍而勝於藍；臻「剛柔相濟」的高品位，高境界。例如，他特別注意運用剛柔相濟、強弱適度的態度與策略正確區分和處理性質不同的矛盾。對敵以「剛」為主，堅持韌而不脆原則。其人生征程面對強敵必須戰而勝之毫不妥協者，莫過於20年代以黨的高級領導人之一的身份和北洋軍閥鬥，以「左聯」領袖身份和蔣介石新軍閥及其文化「圍剿」鬥，以抗日救亡文化戰線前驅者身份和日偽勢力鬥，特別是以極其特殊的身份和打著「聯蘇聯共」旗號實施法西斯專政的新疆軍閥盛世才鬥。在這「四大戰役」中，茅盾無不堅定從容，大義凜然，剛毅果敢，奮勇進擊；既不辱使命，又有理有力有節；既剛柔相濟，更以柔濟剛。

對內以「柔」為主，突出表現在堅持以和為貴的原則。大事講原則，小事講謙和、退讓、克己，甚至作必要的調和與妥協。目的是和衷共濟，團結對敵，凝聚最大的合力辦共同的大事。遇有分歧，首先自省。對方有誤，也開展批評，但頗注意方法態度和分寸。即便非進行不可的思想鬥爭和論戰，也堅持團結目的，求大同而存小異。這是與對敵鬥爭完全不同性質的，「剛柔

〔註8〕 《論語正義》，河北人民出版，1988年，第337、208、301、319頁。
〔註9〕 《老子注釋及其評價》，中華書局，1984年，第265、205、231、342頁。

相濟」與「以柔濟剛」。在茅盾漫長的人生旅途中，這固然表現在交友處事和處理人際關係上，更重要的是表現在協調革命統一戰線，共同制定與執行正確的方針策略以凝聚合力減少內耗上。他經受的最嚴峻的考驗起碼有三次。第一次是大革命失敗「停下來思考」，既認清了自己的也認清了當時中央領導人的「左」的錯誤。一旦思考成熟，就毅然糾正，既批評自己，也批評別人；特別是敢於批評黨的錯誤路線。為此，他不惜以犧牲黨籍為代價，面對「革命文學」論爭中對自己所作的「左」得可怕的打擊，他毫無懼色，挺身而出，作旗幟鮮明的說理論辯。但他也先責己，後責人；嚴以責己，寬以待人。針對論點，不傷及人，既無過激言詞，更不似論敵那樣作人身攻擊。為最後走到一條戰線留下充分餘地。果然後來雙方整合在「左聯」陣營，聯手對敵。第二次是 1936 年全民抗戰前夕，民族矛盾取代階級矛盾上升為主要矛盾。在這歷史轉折關頭，黨的方針路線策略正在調整時期。這時，上海地下黨與當時在陝甘寧蘇區的黨中央失去組織關係。在莫斯科的中共駐共產國際代表團受右傾思潮影響，其決策明顯失誤。一時間，與中共中央形成了「兩套馬車」。反映到上海左翼文學界，以魯迅為代表和以周揚為代表，雙方在「解散左聯」和「兩個口號」問題上發生分歧，展開了爭論。茅盾是惟一和雙方保持良好關係的文壇非黨的領導人。他雖有主見，但不急於發表，而是挺身而出，維護團結對敵的大局。他以和為貴，力爭求同存異，彌合分歧，避免分裂。他為此甚至委曲求全、折中調和。寧願兩面不討好，甚至遭到誤解責難。但局勢發展到無法彌合分歧、宗派主義膨脹到有破壞統一戰線之危險的極致時，他就毅然表明原則立場，旗幟鮮明地支持正確的，反對錯誤的。但同時又不懈地呼籲求同存異，顧全大局。由於茅盾發揮了剛柔相濟的特殊作用，最終幫助黨化解了這場危機，維護和建立了以正確方針路線為指導的文學界抗日統一戰線。第三次歷時最長，那是建國後到「文革」前夕，他執政為文，面對日甚一日的「左」傾思潮導致政治運動不斷的特殊歷史時期。這時茅盾面對的是中央領導人犯「左」的錯誤。這是處在執政地位，利用權力推行主觀意志所導致的情況極其特殊複雜的局面，又是動輒動用權力，發動政治運動，甚至動用公檢法專政工具，把內部持不同意見的同志打成敵人的這種嚴峻形勢。茅盾主觀上具反「左」意願，然而身為高級執政官員又不得不與中央保持一致，這種主客觀的矛盾與困境，很難用一般方法解決。因為他無法襟懷坦白，仗義執言。這就和他的表裡如一、「言與行相符」的人格自

律標準相左，剛柔「難」濟的尷尬，迫使他不得不外圓內方，以柔「蔽」剛：舉凡與「左」傾政治決策相對立時，他能不表態盡量不表態。非表不可時能拖則拖，實在拖不下去時，只得違心行事。但力爭降低調子，避重就輕。及至 60 年代前期「山雨欲來風滿樓」，「文革」前夕那政治局勢危急之至險峻萬分，茅盾只得再一次「停下來思考」，採取了韜光養晦策略：一是急流勇退，毅然辭官。二是從此擱筆，不著一字。正如同遭此類逆境的馬寅初所說：「寵辱不驚閑看庭前花開花落，去留無意漫觀天外雲展雲舒。」

茅盾憑「百煉剛化爲繞指柔」的人格素養，固然收到以靜制動、化險爲夷之效；但其內心並不平靜。他深知，韜光養晦雖合乎「謹言愼行」的「慈訓」，外圓內方也並未失卻人格品位，但和「急公好義」、「剛柔相濟」比，畢竟是人生的迂迴，是時代對人格的扭曲。可他除「戒急用忍」外又能奈何？這並非茅盾之餒，而是時代之過。

四

因爲建國後極「左」的政治運動是由黨和國家最高層所發動，所犯錯誤屬內部性質。健在的「五四」文化精英不能用當年對待敵人的方法來應對。手中的民主十分有限，又要服從「集中」。故既難糾「左」，甚至也難自保。放棄人格獨立固非多數人所願，這種尷尬與無奈又是生命不能承受之「重」！人格錯位甚至扭曲就勢所難免。這種全局性問題主要是歷史性而非個人性悲劇。必須認眞汲取教訓以警策後世。然而正如毛澤東所說：外因是變化的條件；內因是變化的依據；外因通過內因而起作用。故這種人格錯位扭曲甚至異化，也因人而異，大體呈現「左」、「中」、「右」三種類型。這種分化並非聞道有先後所致，因爲他們或早（如茅盾）或遲（如老舍、巴金、曹禺），無一例外，都以馬克思主義理論和社會主義思想程度不同地重塑了政治人格。原有的「五四」精神爲基質的文化人格都得到程度不同的改造與昇華。在正常情況下，他們的自覺性與積極性都能通過自律與「外援」使其自我人格與文化人格向社會主義時代要求的群體性社會人格與政治人格趨同並最終統一。無奈建國後對意識形態「革命化」的要求過高過急，操作方式又失之簡單粗暴，有時還帶明顯的強制性。參加體力勞動以改造思想如此；政治運動中既不得不統一到極「左」思想上去，還非被迫參與批鬥被錯劃爲敵人的同志不可則更是如此。這就使投機謀利者有可乘之機。人格錯位、扭曲甚至異

化為「左」、「中」、「右」就不可避免了！

　　周揚、郭沫若、夏衍，一定程度上還有曹禺，是「左」派的代表人物。周揚是文化領域「最高執行官」，在相當程度上能影響甚至部分參與黨內最高層決策，魯迅曾稱他「元帥」決非空穴來風。郭沫若緊跟毛澤東，甚至投其所好。名為文壇「首席」，實為周揚副手，諮詢雖為首選，實際無決策權。但為執政欲驅使他倒心甘情願。建國後的「郭詩」也從 20 年代末自稱的「留聲機」「政治喇叭」發展為「歌德」詩。「郭老不算老，詩多好的少」的自嘲實為自知之明。於是「五四」時以「狂飆突進」的「天狗」精神為自我人格文化人格內涵，這時被扭曲為「左」的依附性很強的社會人格政治人格了。對此郭沫若即或不十分情願，但卻處之泰然。而今被譏為「弄臣」，固然失當，但以魯迅常用的「媚態」一詞狀之，當不為過吧？夏衍更無掛帥資格，但起碼在反胡風與反右派運動中不愧為衝鋒陷陣的極「左」先鋒。曹禺性格軟弱，奇怪的是指斥摯友為「右派」「反革命」時他決不手軟，倒是有凌厲之勢！這兩位劇作大家在極「左」政治潮中寫的「遵命」劇作之蒼白，與 30 年代寫《雷雨》、《日出》之曹禺、寫《心防》、《法西斯細菌》的夏衍判若兩人，作品則何啻兩種手筆！直到「文革」罹難；周、夏、曹為階下囚，郭雖幸免，卻處在危險邊沿。他們親歷政治浩劫痛後反思，這才程度不同地擺脫了扭曲、異化，向獨立人格回歸。但新時期聽憑子女或他人亂改胡編《日出》等經典劇作都撫掌叫好的曹禺這態度，仍大出人之意外！上述這一切無不証明：「軟骨病」是人格扭曲內因。

　　胡風，一定程度上還有馮雪峰和丁玲，是「右」派的代表人物。胡風深得「五四」精神和魯迅「硬骨頭」精神的真傳。只有他保持住真正意義上的政治人格與文化人格、社會人格與自我人格的獨立性及有機統一。為此他付出幾十年身陷囹圄甚至一度精神分裂的慘重代價！更不用說其詩人與理論批評家的生命幾乎被徹底扼殺了！作為老黨員和老革命，馮雪峰和丁玲無法不與推行極「左」政治的最高領導層保持一致，故也有傷人整人之舉。但常與周揚、夏衍等文藝界極「左」路線代表者相抵牾。這是具黨員身份的他們保持獨立人格能作出的最大努力了。和胡風不約而同，他們往往也用類似「清君側」的方式上書言事，但這都無濟於事。下場之悲慘遜於胡風，後果也有別。這雖非所願，但又能奈何？

　　老舍和巴金是「中間」派代表人物。和上述兩類比，在意識形態「革命

化」中，他們步伐略顯滯後。基本上是建國後思想改造運動中以民主主義為基礎逐步確立起社會主義政治人格。為誠摯得有些天真的理想所驅動，他們甘願使其以「五四」精神為核心的文化人格向新確立的社會主義政治人格靠攏。明知帶有新時代特點的人格依附性，仍懷著美好的願望寫「遵命文學」。但時時陷入政治需要與生活藝術積累不足之間難以統一的矛盾，有時甚至違背藝術規律導致創作質量滑坡。更痛苦的是：迫於極「左」政治壓力，在實在頂不住時，不得不公開站出來斥友為「敵」。如老舍私下裡拉胡風來寓所勸說開導，會上則不得不批判胡風「反黨反社會主義」。反映了「中間」派處境之尷尬和人格自責的內心痛苦。但在嚴峻時刻生死關頭，寧肯「走向太平湖」捨生取義，也要保持屈原般的人格尊嚴與氣節。巴金在萬人批鬥大會上，任憑「造反派」前按後折，每次都奮發風燭殘年之生命力，一而再再而三地高高挺起那不屈的頭顱！正是在這種夕陽無限好的生命活力與人格底氣的支撐下，老舍以《茶館》、《正紅旗下》，巴金則以《隨想錄》等大器晚成之作，突破和超越了自我，強有力地証明：他們總體上始終能保持著「五四」精神與獨立人格。這是彌足珍貴的。

那麼在這極「左」政治運動壓力下這一代「五四」文化精英色澤迥異、瑕瑜互見的「左」、「中」、「右」分化比照的人格「光譜」中，該怎麼給茅盾的人格定位？這是極其困難的，因為他很難被定格在某一類中。

五

因為茅盾的身份、處境和人格內涵更為豐富和複雜，其實現人格的策略也更睿智和機敏。茅盾和具中共黨員與黨內高級領導幹部身份的郭沫若、周揚、馮雪峰、丁玲、夏衍大有區別。一是茅盾入黨最早、黨內資格最老。茅盾並非受黨成立後掀起的革命浪潮影響和衝擊才加入組織，而是獨立思考，自由抉擇，主動參與建黨工作，並成為首批黨員和黨的高級領導幹部的。二是茅盾黨的生命結束甚早，原因也非受「文革」戕害，而是大革命失敗後憑獨立思考所得之真知，公開反對黨內最高層所犯「左」的錯誤而不得不付出犧牲政治生命的慘重代價。然而離開組織並未離開共產主義信仰，他畢生以黨員標準自律，始終追隨，主動配合，作出甚至連上述黨員文學家、黨在文化戰線領導人都未必能作出的獨特貢獻，發揮了他們難起的作用。這無不充分表現出茅盾獨立人格的魅力。

化爲「左」、「中」、「右」就不可避免了！

　　第三個區別較爲複雜。茅盾雖是中共締造者之一，建國後卻以非黨身份官居高位。因此他不像周揚、郭沫若那樣在文藝界運籌帷幄、「掛帥整人」。他既無周的霸氣，也無郭的媚態，甚至也不像夏衍那麼主動，曹禺那麼積極。當自己和極「左」政治明顯存在分歧但高官身份使他不得不表態時，他不能不和中央保持一致。上文說過，茅盾通常能躲則躲，能拖則拖，非表態不可時則能低調盡量低調。這是他實在無法保持獨立人格時的無奈和尷尬。肅反運動中之對胡風，反右派鬥爭時之對丁玲、馮雪峰，大抵如此。對此我在《茅盾評傳》第十章第二節中作過詳細陳述，限於篇幅這裡從略。不必諱言，他也偶有主觀上存在「左」的意識（20年代犯過「左」傾幼稚急躁病，50年代也跟過「左」傾政治運動與「左」傾冒進風）的時候，但這是眞情流露導致政治失誤，並非作假和僞裝進步。迫於壓力有損人格的違心言行倒確曾有過。惟其如此，身處高位的茅盾和處在「中間」位置並非黨員的老舍、巴金存在明顯區別。

　　不論是情願抑或違心，爲與中央「左」的決策步調保持一致，茅盾以文化部長或作協主席身份發表的帶「左」傾色彩的講話，其危害不僅超過老舍與巴金，甚至也超過丁玲與馮雪峰。茅盾對此頗有自知之明。顯然他也刻意劃出界限，其署名有別就是明証。以文化部長身份講話作報告一概署沈雁冰。用文聯、作協領導人身份雖署茅盾，但通常冠以職務名稱。以個人身份發表講話與理論文章時才僅署茅盾。這類文章放得很開，有膽有識、有棱有角，既有抗辯之言（如表示不苟同「雙革」提法的那些論文），又有「出格」之論（如大連創作座談會上講話中提出的中間人物論與現實主義深化論）。建國後最能保持茅盾自我人格與文化人格的，是以「玄珠」這個老筆名發表的少量文章。其尖銳潑辣，使人耳目一新，引發那位眞正代表「五四」精神與文化人格的、活躍在20年代的權威評論家重返文壇的驚喜。可惜這種文章比重太小！

　　茅盾建國後的理論批評狀況，和老舍，巴金的創作近似，頗有些簡單化地爲政治服務甚至配合中心任務之作。但茅盾深知文藝創作必須合乎藝術規律，具眞情實感甚至眞知灼見，寫熟悉以至洞察的眞實生活。因此他在理論批評文章中經常強調這些原則，並不簡單或單一地宣傳爲政治服務。其文化人格表現得更加矜持。對待創作，他不像巴金更不像老舍。雖然一直渴望重操創作之筆，但試作多次，都主動中止甚至毀了手稿。即便這些試筆，也仍

選自己一向熟稔的民族資本家命運之類題材。但他深知，自己的眞實思想情感與審美取向一旦流露出來，必與主流意識傾向相抵牾。而老舍的《紅大院》之類「遵命文學」，又爲茅盾所不取。因此建國後茅盾基本上放下了如椽大筆。公開面世的只有散文集《躍進的東北》。那是前邊提到的 1958 年茅盾一度認同「左」傾冒進風後自己的眞情實感形諸筆端之作。政治取向當然是錯的，但其謳歌態度與審美取向卻是眞實的。1959 年初茅盾發現了「左」傾冒進浮誇之危害，從此他不僅不再謳歌，還在許多文章中提出尖銳批評，特別著重批評包括新民歌在內的文藝中的浮誇風、冒進風。

茅盾眞正回到合乎藝術規律上去的創作，是《霜葉紅似二月花》宏大的續書計劃與約四五萬字的續稿，那磅礴的氣勢和綺麗遒勁的文筆，確有重振當年雄風之勢。但時隔太久，他頗感昔日紅花難重綻，因力不從心，中途輟筆，直到謝世，從未示人。這種歷史遺憾在《我走過的道路》中多少得到彌補。它夾敘夾議，理論性與藝術性兼具。自傳體性質並未掩蓋借個人經歷反映歷史曲折前進的時代內涵與「史筆」光彩，是茅盾開創的社會剖析小說在新時期長篇敘事散文中的延伸與發展。值得注意的是，從規劃框架到寫作過程，茅盾始終「劃地爲牢」：只寫到建國爲止。茅盾顯然意識到，在自己的有生之年，不具備眞實描寫與剖析建國以來這段歷史及文化人眞實的內心矛盾的條件。與其吞吞吐吐不說眞話，倒不如付之闕如。故決心對建國後自己「走過的道路」不著一字。這既令人遺憾，又意味深長，顯出茅盾自尊自愛自重，維護獨立人格之壯舉！

行文至此敬愛的讀者當會了然，我之所以要列出建國後老一代文化精英的「左」、「中」、「右」人格光譜作爲參照，不僅意在揭示他們在「左」的壓力下人格錯位甚至扭曲之悲劇的社會根源，也意在揭示他們特別是茅盾爲維護自我人格與社會人格、文化人格與政治人格之統一，曾走過多麼曲折艱難的路，付出了多大的努力和代價！同時從中也不難發現，在這三「度」人格光譜中給茅盾定位並非易事。把他劃在哪一類，都有簡單化之弊。其人格內涵的豐富性與複雜性，突出表現在通過「謹言愼行」的自我調整機制，使其「剛柔相濟」和「外圓內方」人格特徵得到和諧統一。這樣既能經世致用，繼續實現「以天下爲己任」的抱負，又能保存自己。這與自私的明哲保身不同，更與「媚態」絕緣。所以特殊環境下茅盾這種略帶消極色彩的韜光養晦，並無負面作用。鄧小平生前就提出韜光養晦策略並身體力行過，其效果當然

是積極的。茅盾這一人格側面，也有鏡鑒意義。

<h1 style="text-align:center">六</h1>

魯迅晚年憑其豐富的閱歷與透徹睿智，留下了兩段發人深思的話。一段是：「世界有所謂『就事論事』的辦法」，「不過我總以為倘要論文，最好是顧及全篇，並且顧及作者的全人，以及他所處的社會狀態，這才較為確鑿，要不然，是很容易近乎說夢的。」〔註10〕這段話頗具方法論普遍意義。論文如此，論人和人格更當如此。站在這個立足點觀之，魯迅的人格基本內涵與特徵，不妨以其「橫眉冷對千夫指，俯首甘為孺子牛」這句詩來概括。站在同樣立足點觀之，茅盾的人格基質與魯迅上述人格內涵有共同性。若把茅盾的人格特徵與實現其人格的策略考慮進去，則用本文開頭所說以下16字概括，當更全面準確：急公好義，求真務實，謹言慎行，剛柔相濟。這些也和魯迅有許多相通之處。這就必然和魯迅另一段話相關。

1925年魯迅向許廣平坦露心扉說：「對於社會的戰鬥，我是並不挺身而出的，我不勸別人犧牲之類者就為此。歐戰的時候，最重『壕塹戰』，戰士伏在壕中，有時吸煙，也唱歌，打紙牌，喝酒，也在壕內開美術展覽會，但有時忽向敵人開他幾槍。中國多暗箭，挺身而出的勇士容易喪命，這種戰法是必要的罷。但恐怕有時會逼到非短兵相接不可的，這時候，沒有法子，就短兵相接。」〔註11〕如果說這就是魯迅實現人格的策略——壕塹戰，豈不是和茅盾的韜光養晦相通嗎？

不過兩位偉人雖都「橫眉冷對千夫指，俯首甘為孺子牛」，且以急公好義為人格自律，茅盾畢竟遜魯迅一籌。因為與魯迅比，茅盾「剛」「方」不足而「柔」「圓」過之。這是茅盾人格特點所在，但也是其所長與所短並存之所在。然而建國後茅盾從剛柔相濟發展到外圓內方，個別時候還「以柔『蔽』剛」，並非主觀上降低人格自律的標準，而是「所處的社會狀態」使然。特殊環境下運用特殊的「壕塹」戰術保存自己，避免無謂的犧牲，這種人格策略的變化發展，與解放前魯迅那種「對於社會的戰鬥，我是並不挺身而出」，也「不勸別人犧牲」的策略態度也一脈相通。假設魯迅活到此刻，難道就會放棄「壕塹」，而效許褚「赤膊」上陣嗎？果真如此，魯迅就不是魯迅，茅盾也就不是

〔註10〕《魯迅全集》第6卷，第430頁。
〔註11〕《魯迅全集》第11卷，第16頁。

茅盾了！可見實現人格也需要策略。偉大如毛澤東、周恩來、鄧小平都不例外，何況茅盾。戰略退卻與策略改變，若是局勢需要，不僅不是缺陷，往往還是長處。在黨內路線鬥爭，特別是建國後極「左」政治重壓中，毛澤東就曾強調戰略退卻。周恩來也曾委曲求全，甚至不惜出違心之言。鄧小平既曾綿中藏針，又曾韜光養晦，為復出以重整河山，他還曾作過違心的檢討，這並非就是缺陷。即便這算瑕瑜互見，也是瑕難掩瑜。作歷史評價，決不可以偏概全或求全責備。

「文革」結束那年，茅盾在《八十自述》詩中記載的其母教子方略中有「大節貴不虧，小德許出入」的遺訓。這是一把評價人格既嚴又寬的尺子。和魯迅那把論人、論文的標尺有異曲同工之妙。用這兩把尺子去衡量包括茅盾在內這一代「五四」文化精英建國後的幸存者們的人格自律、人格發展、人格錯位甚至扭曲，當能作出客觀公正、科學持平，既合乎公理人情，也合乎世道人心的歷史評價。

論茅盾人格，用邏輯語言作結論是很難的，但我聯想起老作家王火那首《漁家傲》詞：「七十七年如一夢，陰晴圓缺無寬容。白首窮經事已空。志未動，萬里江山楓葉紅。書生意氣世難用，寧靜淡泊不放從，心骨傲然石無縫。我與共，生命無悔笑金風。」〔註12〕這是王火晚年自述之作，與茅盾當然難盡吻合。但在觀照評價茅盾人格品位時，以此作為比照，也許並非畫蛇添足吧？

（2003 年末初稿，2004 年初改定，
刊於 2005 年《茅盾研究》叢刊第 9 期）

〔註12〕王火：〈漁家傲〉〔N〕，《文藝報》2001 年 12 月 14 日。